JN014154

都市建築
TOKYO

超高層のあけぼのから都市再生前夜まで

都市建築 TOKYO 編集委員会 編著

鹿島出版会

都市建築
TOKYO

まえがき
千鳥義典

事の始まりは2018年6月のことである。千葉大学大学院の豊川斎赫准教授から共同研究の申出をいただいた。当時、豊川先生は建築学会誌である『建築雑誌』の特集「巨大建築でまちをつくる／かえる」に、中心的な立場で関わっておられた。その発展的研究として、戦後の都心部における「超高層化」の経緯とこれからの「都心建築」のあり方を探り、そしてそれに関わる設計者・学識研究者らの新しい役割に迫りたいとの趣旨であった。その趣旨に賛同するとともに、日本設計の設立経緯ならびに今日までの活動を考えると、この共同研究への参画は組織としての社会的責務であるとの思いもあり、社内プロジェクトとして位置付けて取り組むことにした。

　私たちの組織は広く知られているように、日本初の超高層ビルである《霞が関ビルディング》のプロジェクトに参画したメンバーが中心となって設立された。設立当初より現在に至るまで、都市計画部門と建築設計部門が一体となって、それぞれのプロフェッショナルな知見や技術とこれを有効に活用するマネジメント力を生かして、東京のいくつものエリアで建築、都市、環境の質の向上に資するプロジェクトに取り組んできた。その中で、時代の節目となるエポックメイキングなプロジェクトにも数多く関わってきた。

　本書のタイトルでもある「都市建築」は「東京都区部にあり、時代の公益的な思潮を切り拓く建築」を指すと定義付けたが、東京という都市のもつ特質の一つは、都市と建築の新しい関係性を生み出しながら、つねにダイナミックに変化していくところにある。《霞が関ビルディング》竣工当時と現在の東京を写真で見比べると、経済の大きな浮沈を経ながらも、50年の間にその様相が大きく変わったことに誰もが驚くに違いない。東京は得体の知れない巨大な生き物である。

　そして当然のことながら、東京が直面する課題も交通、環境問題から防災、エネルギーへと、またまちづくりの方

向性は機能性や利益性の追求から地域性や多様性への尊重へと時代とともに変化していった。都市建築の関係者はこれらの課題に正面から向き合い、それぞれのエリアの自然、歴史、文化や構造を読み解き、過去と未来をつなぎながら、社会に求められる新しい価値を創出してきた。したがって、都市建築実現の歴史はそのまま東京という都市の変遷と重なる。このことから、本書はサブタイトルにある「超高層のあけぼのから都市再生前夜まで」の期間を扱う、建築、都市、環境の分野での東京の都市史である。

　また、私たちは時には既成の概念を打ち破ることも躊躇せず、都市の可能性を広げることに挑戦してきた。そうした観点から見ると、本書は都市建築の実務者と私が得体の知れない生き物と形容した巨大都市東京との50年にわたる闘いの記録でもある。首都東京に関する本は数多くあるが、都市計画や建築設計の実務者の生の声がこれほど多く収められた本は異色であろう。本書を読んだあとには、これまでとは違う東京の新たな一面が見えてくるに違いない。これからこの分野を志そうとしている方々には、理想と現実がせめぎあいながら進んでいく実務の世界を知る一助になるものと思う。

　そして、東京に人々が住み続け、日常の活動や生活の営みがある限り、私たちの活動すなわち闘いは続く。加えて、私たちの役割は増大しこそすれ軽くなることはないと、日々の業務を通して実感している。

　本研究は当初から出版を目論んで始めたわけではなかった。しかし、このたび思いがけなくその成果を1冊の本として出版する運びとなり、これを纏める過程を通して、私たちの組織が果たしてきた役割や存在理由についてあらためて問い直す機会を得られたことに心から感謝している。

　　　　　　　（ちどり・よしのり　日本設計取締役会長）

目　次

I 「都市建築」を考える

第1章　言葉の定義：本書で用いる「都市建築」の概念

山下博満

江戸が東京に変わってから150年。東京に超高層ビルが建ち始めてから50年。都市再生が叫ばれてから20年が経過した。その間、日本の首都は、経済／社会／環境の変化を受けると同時に経済／社会／環境の変化を生み出しながら、さまざまな紆余曲折を経て大きく様変わりしてきた。本書の執筆時点で私たちは、地球温暖化や高齢化・少子化をはじめとするさまざまな悲観的未来予測とともに「このままでよいのだろうか」という疑問と戦う渦中、コロナ禍に襲われている。

　本書では、「都市建築」という概念を軸に据え、超高層のあけぼのから都市再生前夜までの首都東京における建築／建築群が、現代の私たちにとってどういう意味をもつのかを明らかにすることで、これからの新たな都市建築のあり方を展望したい。

　本章では、都市建築の概念を確立するため、場所・規模・時代・機能の観点から整理してみたい。これらはいずれも都市や建築を考えるうえでの基礎となる切り口であり、本書の位置付けを明確にすることを目的としている。また、現在直面しているCOVID-19によるコロナ禍との関係にも焦点を当ててみたい。

1.1　「都市建築」とは

本書で扱う「都市建築」とは、ひと言でいえば「東京都区部にあり、時代の公益的な思潮を切り拓く建築」である。本節では、その場所的・規模的な側面を概説する。

江戸と東京

東京が日本の首都となったのは、明治維新（1868年）がきっかけだった。また、日本における都市の概念が誕生したのも明治期である。それ以前の江戸は、都であり市も立ち、今では都市史の中で重要な位置を占める城下町であり、江戸

図1　『江戸朱引内図』1818年（文政元）：図中外側の線（朱引：原本は朱色）内が江戸の範囲、内側の線（墨引：原本は墨色）内は町奉行の管轄範囲を示していた

期に構築された空間的構造はその後の東京の都市構造や場所性に強く影響している【p.42「江戸期：市街地の形成と防災施策」参照】。

また、現在の東京都の行政区画は、大きく東京都区部、多摩地域、島嶼部からなる。本書の「都市建築」の概念で対象とする範囲は、都市の概念が誕生した頃の東京府の範囲とほぼ同一である東京都区部としたい。

図2　東京府の11大区、1873年（明治6）：東京府は1871年（明治4）ほぼ江戸朱引内に大区小区制を導入し、1873年には隣接地域を編入して11大区103小区となった

東京都区部の都市構造

現在の都区部の都市構造は、江戸期以来の交通ネットワークの変遷に大きく影響されている。本項ではその概略を追ってみたい。

図3　東京都23区、1947年（昭和22）：1888年（明治21）の市区改正後、東京市の範囲や区分は数度の変遷を経て現在の23区となった

江戸期の主要な交通ネットワークは、水運（船）と街道（歩行者と馬）であった。運河網の物流に支えられた江戸城周辺はいわば江戸のセンターゾーンであり、武家地・町人地・社寺地が有機的に配置された。それに対して、日本橋を起点とする街道沿いの最初の宿場町、江戸四宿（千住宿・板橋宿・内藤新宿・品川宿）は江戸のサテライト拠点であり、江戸の出入口として、人と物資、活動や資金が集まっていた[*1]。

その後、これら城下町江戸の構造が、運河を埋め立てたり街道沿いを拡充したりして次の世代の交通ネットワークとして整備されていくことになる。

明治期には鉄道ネットワークの形成が進み、江戸期の道路網をベースとして乗合馬車から馬車鉄道、路面電車（市電）へと変遷した道路上の公共交通とともに、現在の都市構造が形づくられてきた。そして、大正期には東京駅が開業し、関東大震災後には市電から市バスへの転換が進んだ。

大正期から昭和初期までに私鉄各社の鉄道が宅地開発とともに郊外へと進展し、新宿・池袋・渋谷などは山手線と私鉄との乗換えターミナルとなった。さらに昭和期に入り、鉄道網はますます拡充される。

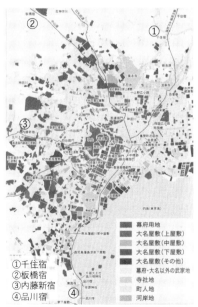

①千住宿
②板橋宿
③内藤新宿
④品川宿

幕府用地
大名屋敷（上屋敷）
大名屋敷（中屋敷）
大名屋敷（下屋敷）
大名屋敷（その他）
幕府・大名以外の武家地
寺社地
町人地
河岸地

図4　江戸後期の土地利用図：水運と街道と土地利用の密接な関係や、江戸四宿の位置付けが読み取れる

昭和初期からは銀座線を先駆けとする地下鉄も次々に建設され、山手線などのターミナル駅を含む複数の公共交通をつなぐネットワークが充実した。戦後には、高度経済成長にともなう慢性的な交通渋滞の緩和などを目的として、都市計画道路（放射、環状、補助／1946年〔昭和21〕最初の都市計画決定）や首都高速道路（1962年〔昭和37〕初路線開通）などの道路インフラ整備も進められた。

その後、平成期から令和期にかけて、バリアフリー・低炭素化・健康志向・データ駆動型社会への動きなどに応じて、車椅子・自転車・次世代モビリティなどに注目が集まっており、これらに対応した交通ネットワークの整備が求められている。

本書で扱う「都市建築」の概念は、江戸期から今日まで前記のような経緯で形成されてきた都市構造を背景としている。

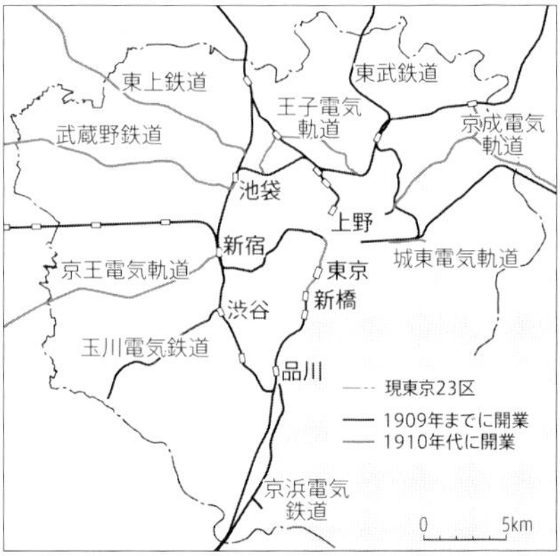

建築と都市とエリア

前項で見てきたような交通ネットワークは、運河や道路に代表されるように、その交通に供するための土地や空間を必要とする。鉄道のための土地や空間についても、鉄道敷や地下鉄構造物として一定の土地や空間を使用している。都市では、そのような文字どおり網状の交通ネットワーク用地を張りめぐらすこ

図5　鉄道網の拡張（1910年代）：1914年（大正3）に東京駅、その後武蔵野鉄道、京王電気軌道などの私鉄路線が開業し鉄道網が拡張した

図6　電鉄各社の郊外延伸（1920年代末）：1918年（大正7）、田園都市㈱設立後、目黒蒲田電鉄、東京横浜電鉄、小田急電鉄、西武鉄道なども郊外を開発し、山手線と私鉄の乗換え客が増加した

とで土地や空間が交通基盤として利用され、それ以外の土地が、農地や森林、河川敷や公園、建築敷地として利用されている。そのうち、特に東京都区部においては、建築敷地の割合が圧倒的に多いものと考えられ、都市を論じる際には、交通基盤と建築敷地が二大要素となる。この二大要素は土木と建築という二大分野を構成し、この分野の分け方が、明治期以来今日まで、大学における教育体系も、行政の体制も、企業の成立ちをも支配しているといってよい。

そして、建築敷地をどのように利用するかについては、今日では都市計画法と建築基準法の関連法令によって規定

され、敷地に建築される建築は、これらの制度が提供している選択肢のいずれかに基づいて設計され建設される。現時点では都区部の建築敷地はほぼ建築で埋め尽くされており、その意味で建築は交通基盤とともに都市の主要な構成要素であり、都市は建築のあり方によって大きくその性格を決定付けられることになる。その中でも本書で扱いたいのは、私的な建築行為がいかに公益的な影響を及ぼし得るのか、という点であり、そのような影響力をもつものとして「都市建築」を捉えたい。

　さて、東京都区部において、建築はどのようにして都市の性格に影響していくのだろうか。このことを考えるためにはまず、都市における建築のあり方を誘導する枠組みとしての法令のうち、基本的な部分に着目しておく必要がある。建築基準法では、一敷地一建築物を原則としており、交通基盤がネットワーク上の広がりをもつことに対して、建築はその定義からして敷地ごとに個々別々のものである。一方、都市計画法では、一団の建築敷地が用途地域区分ごとに色分けされており、一団の敷地ごとに建築物の用途・規模・高さなどの制限を定めている。

　すなわち、用途地域の色分けごとに建築のあり方がある程度一定の方向付けをされており、その色分けのしかたが建築のあり方による都市の基本的な性格を決める一つの要因になっている。しかしながら、この「用途地域による一団の建築敷地の方向付け」には建築を設計するうえでの自由度がかなり残されていることと、建築は基本的には敷地ごとに別々の主体によって建てられることから、実際の都市の性格への影響度合いには限度がある。

　そのほかに、建築が都市の性格に一定程度影響を及ぼすとしたら、それは、用途地域とは別の特定地域に対する計画、または数多くの同じ種類の建築行為によるものとなろう。ここでは、その私的・個別的な影響ではなく、公益的・広域的な影響を扱うため、「都市建築」の対象は面積の大きな敷地またはひとまとまりの敷地群となる。また、同様の理由で「都市建築」の種類は大規模な建築、主に建築規模を割増しできる制度を活用した建築を対象にすることとしたい。そのため、「第3章」で解説する「都市開発諸制度」

を適用したものを多く扱うことになる。その場合は個々の建築敷地ではなく、その制度を適用した単位を「都市建築」の単位とする。

　さらには「都市建築」とは、時代ごとに都市の性格を新たに切り拓くものを指す。つまり、単に面積の広い規模の大きい建築や、単に新築される建築ではなく、公益に資する建築思潮を切り拓くような着眼点、すなわち新しい思想や論理に基づいて計画・設計され、その着眼点がそれに続く多くの建築にも応用できるような新しい建築である。一つの「都市建築」は後続の同種建築により分布の広がりをもちはじめ、やがて時代背景などの変化によりさらに新たな種類の「都市建築」が現れて広がりはじめる、というように公益的な思潮は時代とともに更新されてゆく。

　もちろん、中小規模であっても、新たな着眼点に基づく同種の建築が分散的に配置され連携することによって新たな思潮を切り拓く可能性はあり、それを否定するものではない。しかし本書では、個々の都市建築がもつ都市的影響を重視して規模の大きいものを扱い、しかも先人の切り拓いた思潮を広げること以上に公益的影響をもたないものは扱わないこととしたい。本書が対象とする「都市建築」の概念は、このような意味において、「東京都区部にあり、時代の公益的な思潮を切り拓く建築」と定義する。

　以上が、都市と建築と「都市建築」との関係であるが、もう一つ、「第6章」で解説する「エリア」について触れておく。「エリア」は規模でいうと都市と都市建築の中間、交通基盤系の土地も含む、複数建築・複数都市建築の集合体であり、ある特定のルール・目標・体制、たとえばまちづくりガイドラインや、マスタープランや、まちづくり協議会などにより、特定の範囲における一定程度のまとまりを目指す（あるいは実現した）地区を指す、比較的新しいデザイン対象と考えられる。これからの都市建築は、敷地周辺に広がるエリアを再編・先導する布石として期待されている。

1.2　時代との関係

前節で論じたとおり、都市建築はその定義上、江戸期までの時代は対象外としている。ここでは、明治期以降の都市

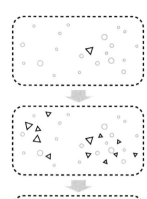

図7　「都市建築」の更新：一つの「都市建築」から同種の建築が派生し、やがてその分布の際で新たな「都市建築」が次の公益的な思潮を切り拓いていく

図8　「建築」「都市建築」「エリア」：同時代の「建築」の中で公益的な思潮を切り拓いてきた「都市建築」は、東京都区部に点在する「エリア」の主要な構成要素となっている

と建築に関係する時代の変化を俯瞰し、都市建築の更新との関係を理解するための時間軸を提示しておきたい。

「都市建築」が変容するとき

新たな公益的な思潮が求められ、新たな都市建築が考案されるのはどのようなときだろうか。それは、既存都市建築の反復では立ち行かなくなったとき、すなわちそれまでの建築によって繰り返し実現されてきた公益性の延長上には未来がないとわかったときだろう。それはたとえば環境的な都市の破壊である関東大震災のような大災害、また社会的な都市の破壊である第二次世界大戦のような戦災、あるいは地震と台風と疫病の被害や外圧による戦乱を経た明治維新のような政治的な大転換、そして経済的に建築行為自体の困難性をともなうバブル崩壊のような経済危機、などのいわゆる災禍に直面したときなのではないか。

　誰の目から見ても都市の公益的な立直しを余儀なくされた、震災復興や戦災復興が象徴するように、今までの都市建築には、時代ごとのさまざまな災禍から復興しようとするときに変容が生じてきたのではないか。次項では、このような仮説に基づいて、都市建築の時代区分を設定する。

災禍からの復興

都市建築の時代区分を表1に示す。都市建築の時代を画する災禍に番号を降り、それぞれの時代区分における大きな出来事に枝番を降った。その結果、都市建築1.0を1868年の明治維新以降の78年間、2.0を1945年の第二次大戦終結後の28年間、3.0を1973年のオイルショック以後の20年間、4.0を1993年のバブル崩壊以後の15年間、5.0を2008年のリーマンショック以後（執筆時2020年までで12年間）、新型コロナ禍後を都市建築6.0とする時代区分を設定している。

　なお、東京都区部は過去150年余の間、さまざまな災禍に見舞われてきたので、その一つひとつで時代を区分すれば時代の流れをいたずらに細分化してしまうことになるため、都市建築との関係を浮彫りにできるような時代区分とすることを心がけた。

表1 「都市建築」の時代区分：時代ごとの災禍などに対する課題に応じた変化、交通基盤や制度・政策の整備がなされ、それらに対応して公益的な思潮を切り拓く「都市建築」が実現されるとともに、非都市建築的な構想も提案されてきた

時代区分		課題	変化	主な交通基盤	主な制度・政策	主な都市建築、構想・計画	非都市建築的な構想
0_江戸期までは対象外 (1590_家康入城) (1657_明暦の大火)	江戸期	城下整備 火災対策	基本的 市構造 の形成	運河 街道			
1.0_1868~明治維新後 (78年)	明治・大正・戦前	文明開化 都市衛生 保安、交通 交通改善	欧米化 都市化	1872_鉄道開業、新橋停車場 1871_馬車 1882_馬車鉄道 1903_東京電車鉄道開業(市電) 1907_玉川電気鉄道(渋谷~) 1915_武蔵野鉄道(池袋~) 1916_京王電気軌道(新宿~)	都市の概念 建築の概念 1888_東京市区改正条例 …日本近代都市計画の誕生 1919_市街地建物法 1919_旧都市計画法	1902_三井本館 1914_中央停車場(東京駅) 1923_丸ノ内ビルヂング	渋沢栄一 「田園調布」
1.1_1923~関東大震災後		地震対策	耐震化	1924_市バス運行開始 1925_山手線環状運転開始 1926_西武鉄道(新宿~) 1927_小田原急行電鉄(新宿~) 1927_東京横浜電鉄(渋谷~) 1927_地下鉄開業(浅草~上野)			堀口捨己 「非都市的なもの」
2.0_1945~第二次大戦後 (28年)	戦後復興期	火災対策 木密解消	不燃化 集約/再編	1946_都市計画道路(放射/環状/補助)最初の都市計画決定			
2.1_1950~57_朝鮮特需・神武景気		集中回避	複合化 副都心化	1953_首都高速道路に関する計画	建築の概念強化 1950_建築基準法 1955_高層化委員会報告書 1956_首都圏整備法 1958_第一次首都圏基本計画 1958_東京都長期計画	1952_日本相互銀行本店ビル 1954_東急会館増築 1956_東急文化会館	石川栄耀 「生活圏構想」
2.2_1954~70_高度経済成長期 (1960年代~公害問題) (1964_東京五輪)	高度経済成長期	公害対策	高層化	1959_首都高速道路工事着手 1962_首都高速道路初の路線(京橋~芝浦)開通	都市と建築の融合 1961_特定街区 1963_大都市再開発問題懇談会提言 1963_容積地区制度試験導入(東京都6内) 1968_新都市計画法 1968_高度利用地区 1968_大気汚染防止法 1969_都市再開発法 1970_容積制度全国導入・高さ制限撤廃 1970_総合設計 1970_都区部で初の光化学スモッグ報告 1971_広場と青空の東京構想 1972_日本列島改造論	1958_晴海高層アパート 1960_新宿副都心計画 1966_新宿西口地下広場 1967_小田急新宿西口駅本屋ビル 1968_霞が関ビルディング 1969_江東防災拠点再開発構想 1970_世界貿易センタービル 1971_京王プラザホテル	
3.0_1973~オイルショック後 (20年) (1979~80_第二次オイルショック)	安定(成長)期	一極集中	分散化	国鉄貨物ヤードの処分	1978_マイタウン東京 1980_地区計画制度	1974_東京海上ビルディング 1974_新宿住友ビルディング 1974_新宿三井ビルディング 1978_サンシャインシティ 1979_大川端開発基本計画 1980_サンシティ 1980_江戸川橋第二地区 1982_白鬚東地区	大平正芳 「田園都市国家」 井上ひさし 「吉里吉里人」
3.1_1986~91_バブル景気 (1987_国鉄民営化)	バブル期	民間活用	情報化 民営化	国鉄民営化	1988_再開発地区計画	1986_新東京都庁舎コンペ 1986_アークヒルズ 1987_臨海副都心開発基本構想 1990_東京都庁舎	平松知事 「一村一品運動」
4.0_1993~バブル崩壊後 (15年) (1995_阪神淡路大震災) (2007_郵政民営化)	都市再生期	都市再生	再活性化	バリアフリー	1999_重要文化財特別型特定街区制度 2002_再開発等促進区 2002_都市再生特別措置法 2003_都市開発諸制度活用方針	1995_新宿アイランド 1995_東雲二丁目第2アパート 1996_シーリアお台場三番街 1997_トミンタワー東雲 1998_品川インターシティ 1999_大川端リバーシティ21 センチュリーパークタワー 2000_代官山アドレス 2000_渋谷マークシティ 2002_霞が関三丁目南地区 都汐 2002~2003_汐留A、B、C街区 2003_六本木ヒルズ 2003~2005_東雲キャナルコートCODAN 2005_日本橋三井タワー	
5.0_2008~リーマンショック後 (12年) (2011_東日本大震災) (2015_2030アジェンダ・SDGs)		都市再生	再々開発		2011_特定都市再生緊急整備地域	2009_霞テラス 2012_東京駅丸の内駅舎	
6.0_2020~COVID-19パンデミック (新型コロナ禍)後 (2021_東京五輪)	次世代	持続 可能性	Society5.0	⇒次世代モビリティ (新基盤の不要な新交通)	⇒用途区分・用途地域・官民境界の解体 ⇒寸法/強度/景観/環境性能による建築の体系構築 ⇒都市空間整備プロセス/主体の再構築	⇒ぜんぷりノベーション	岸田文雄 「デジタル田園都市」 安宅和人 「開疎化」 ⇒「超・都市建築」

具体的には、都市建築1.0の期間には関東大震災（1923年）、都市建築5.0の期間には東日本大震災（2011年）があったが、東京都区部を襲った二つの大震災を大きな時代の区切りとはしないこととした。大正期の終わり頃に起きた関東大震災は、都区部のうち当時の東京市域全面積79.4㎢のうち43%を超える約34.7㎢、約35万7000棟のうち61%を超える約21万9000棟が焼失した大災害であった。一方で江戸期に頻発した地震や大火に対して旧来の建築が改良を重ねてきたことの延長線上で耐震や耐火の重要性がさらに再びクローズアップされたこと自体は、災禍によってもたらされた新たな課題ではなく、むしろ広範囲の復興の中で多くの建築に最新の耐震・耐火の技術を全面的に導入することが可能となった機会でもあった。また、東日本大震災は、液状化や長周期地震動への対策など都市や建築の課題を顕在化させたが、リーマンショック後の不況の中でそれらの課題に対応する都市建築がただちに出現することはなかった。

　1960年代の公害問題については、都市建築に関係する大きな災禍には違いないが、戦後復興の延長線上にある高度経済成長の流れの中で長期にわたり蓄積した公害が次第に顕在化したものであり、たとえば都区部においては1970年に初めて光化学スモッグが観測された。公害はこれ以降の時代の都市建築出現の大きな要因として捉え、個々の時代を画するものとしては取り扱わないこととしたい。

　なお、「第3章　法制度の更新」で論じる戦後の都市整備手法に応じた時代区分は、都市建築の2.0時代を①戦後復興期と②高度経済成長期に、3.0を③安定（成長）期と④バブル期に分け、4.0以降を⑤都市再生期としている。

変容を起こす主体

都市建築プロジェクトやそれによる公益性は、どのような人々によって切り拓かれてきたのだろうか。

　プロジェクトにはまず事業主体が欠かせない。「事業者」の土地や資金などの資産を使い、事業者の目的や期限に従ってプロジェクトは進行する。都市建築において事業者となり得るのは、企業・企業連合・企業と個人による再開発組合などであり、それらの組織からプロジェクトの担当

表2　都市建築の時代区分と主な出来事

時代区分	主な出来事
1 1868 ～1945 （78年間）	1868_明治維新 1872_鉄道開業、新橋停車場 1888_東京市区改正条例 1919_旧都市計画法、市街地建築物法 1923_関東大震災 1925_山手線環状運転開始 1927_地下鉄開業（浅草～上野） 1938_地下鉄銀座線、渋谷まで開通
2 1945 ～1972 （28年間）	1945_第二次大戦終結 1946_都市計画路線が初の都市計画決定 1950_建築基準法 1950～57_朝鮮特需・神武景気 1955_高層化委報告書 1954～70_高度経済成長期 1962_首都高速道路初の路線開通 1964_容積地区制度試験導入（東京都6内） 1964_東京五輪 1968_新都市計画法 1970_都区部で初の光化学スモッグ報告 1970_容積制度全国導入・高さ制限撤廃 1972_日本列島改造論
3 1973 ～1992 （20年間）	1973_第一次オイルショック 1978_マイタウン東京 1979～80_第二次オイルショック 1986～91_バブル景気 1987_国鉄民営化
4 1993 ～2007 （15年間）	1993_バブル崩壊 1995_阪神淡路大震災 2002_都市再生特別措置法 2004_景観法 2007_郵政民営化
5 2008 ～2019 （12年間）	2008_リーマンショック 2011_東日本大震災 2015_2030アジェンダ・SDGs
6 2020 ～？	2020～COVID-19パンデミック （新型コロナ禍）

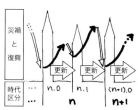

図9　災禍からの復興と都市建築の更新

部門や担当者が選定される。都市建築プロジェクトは10年単位の長期にわたることも少なくないため、担当者が途中で交代することもしばしば起こる。

次に、計画や設計をする主体が必要である。一貫した公益的思潮を世の中に発信するためには、その都市建築の基本計画・都市計画・設計・監理に一貫して同一主体が関わることが望ましい。中でも、都市建築においては計画段階から実現性の確認をするために、並行して設計を行う必要があり、設計者の果たす役割は大きい。そのため本書ではこれらの業務を事業者から委託されて行う主体をまとめて「設計者」と呼ぶ。

図10 「都市建築」に関わる5（＋α）主体：主要な5主体を結びつける「α」の位置付けが、「都市建築」実現のポイントとなる

計画や設計の過程では、「行政」の都市計画部門や建築部門との協議調整が欠かせない。都市建築ではその定義より、東京都および敷地所在地である特別区などが該当する行政機関となる。行政との協議調整は分野によっては、施工段階や完成後の管理段階まで続く。そして都市建築においては、思潮を切り拓くプロジェクトであるがゆえに、国の関係省庁が計画段階から関係してくるケースも多い。

もちろん、プロジェクト完成のためには「施工者」の役割が絶大である。施工に関わるメーカー系の企業も含めて、設計段階から新たな技術を開発するためには、実際に製作や工事を行う施工者の参画を求めることが有効だし、建築が大規模になるほど工法の検討や工夫がプロジェクトのコストやスケジュールを左右することになる。また、事業者にとって施工者は、実際のプロジェクト完成までにかかる費用のうち（新規土地取得の場合の土地代以外の）大半を占める工事の契約を交わす相手でもある。

そして、近年の都市建築プロジェクトにおいては、公益性に直結する計画指針としてのまちづくりガイドライン・デザインガイドラインが策定されることが多くなっている。これらのガイドラインは、事業者あるいは行政が主体となり委員会を組織して策定されるが、事業者や行政の意見対立を調停したり、判断を助ける専門的な知見を提供したり、何よりガイドラインそのものにいわゆるお墨付きを付与するために、学識経験者などの「有識者」を委員とすることが常となっている。

さらに、プロジェクト完成後の都市建築を含む管理・運

営などのマネジメントは、都市建築の敷地／敷地群の広さ
ゆえにエリアマネジメントと呼ばれるようになっており、
それを行うエリマネ組織も都市建築に関わる大切な主体の
一つである。しかし今のところの実態としては、前記の5
主体「事業者」「設計者」「行政」「施工者」「有識者」のい
ずれかの組合せによって構成されることがほとんどであ
り、中にはプロパー社員を採用して独自性を発揮している
エリマネ組織もあるが、本書では主要な主体としては扱わ
ないこととする。

　都市建築の実現には、行政による制度の新設／更新や
指導／許認可、事業者による事業の推進、学識による理論
の構築、設計者による公益的な提案や思想の実践、施工者
による製作／工事の技術革新が必要である。また、これら
の背景には、時代ごとの市民による社会の変革も大いに
関係している。本書の執筆に先立って、「第7章」で採り
上げた都市建築事例の設計者へのインタビューを行った。
その内容などをヒントに、「第4章」ではいくつかの実例
を採り上げて5主体の関わり方に焦点を当て、「第5章」で
は特に設計者の思想を掘り下げて、論じることとしたい。

1.3　本書の対象

本書は、前節までで提示した都市建築の概念を体現してき
た建築プロジェクトの経緯と現代における意味を明らかに
するために、その社会背景・制度・関係者などの切り口で
各章を構成している。

　対象とするプロジェクトは、「超高層のあけぼのから都
市再生前夜まで」。すなわち、1968年に完成した《霞が関
ビルディング》から、都市再生プロジェクト★1、都市再生
特別地区制度★2、都市再生本部★3の打ち出す方針、などに
基づく開発が都心に完成しはじめる2010年頃までの都市
建築プロジェクトを中心とする。表1の時代区分でいえば、
2.2（高度経済成長期）から4.0（バブル崩壊後、リーマン
ショック頃まで）にかけての都市建築ということになる。
代表的な個々の都市建築については「第7章」で事例ごと
に解説する。

　また、都市建築の完成に象徴される都市デザインの思潮
は、それに先立つ時代における課題に応じた、さまざまな

★1　2001年に第一次決定
★2　2002年に制度化
★3　2003年に設置

主体による構想や理想像、設計者による計画案や端緒となる実例、行政による政策や制度制定などに支えられることが多く、初期の都市建築を成立させた諸々の要因は1950年代に遡ることができる。「第2章　社会背景」では、主に2.1（戦後の朝鮮特需）から2.2（高度経済成長期）にかけての都市建築の要因について論じ、3.0（オイルショック後）以降の政策的要因についても触れる。

　「第3章〜第5章」で、都市再生特区前夜までの制度・関係者・設計思想について概観したのち、「第6章」では都市再生特区以降の都市デザインの課題や都市建築のあり方について論じる。

超高層のあけぼの

明治維新から100年後の1968年、日本初の超高層ビルである《霞が関ビルディング》（本書では以降《霞が関ビル》とする）が完成した。この建設を題材とした映画『超高層のあけぼの』が翌年上映されている。それまで建築物の高さは100尺（31m）に制限されていたが、のちの章で解説するようなさまざまな要因からこれが撤廃されて高層・超高層の建築が可能となり、この頃から東京都心の景観と生活は変容し続けてきた。

　100尺制限時代の都心オフィスビルは、特に戦後の好景気や高度成長の時代にできる限り多くの床を確保するため、そのフットプリントは敷地いっぱいに広がり、採光と通風を確保するために光庭を地下まで設けて地下階も活用して約1000%にもなる床面積で埋め尽くされつつあった。そのため人々は、建築内部では切り詰められた階高の中での執務を強いられ、歩道ギリギリに立ち上がる31mの外壁に囲まれた外部空間では混雑する車道に沿ったわずかなスペースを行き交う生活を余儀なくされていた。また、都心の住宅地は、戦後の焼け野原に建築されてからまだ20年前後の住宅が数多く残る低密度な環境であり、交通網の整備も手伝って郊外から都心に通勤して働く人々がよりいっそう増えていった。

　そのように高層・超高層の建築が可能となって以来、オフィスも住宅も建替えによる高層化が進められてきた。それは、建築の内部と外部両方で抑圧されてきた人々に

図11　《霞が関ビル》完成時の東京都心【p.179参照】

図12　《霞が関ビル》完成から50年後の東京都心【p.179参照】

対して、より人間的な空間を提供しようという思いや、わずか二十数年の間に二度にわたって焼け野原と化した都心部において、より安全な都市や建築を実現しようという理想を求める動きとして始まったものであり、初期の高層・超高層建築からは関係者によるそのような思想を色濃く読み取ることができる。

　一方で、特に超高層のビルや住宅については、高度成長時代が求める機能を発揮するための経済合理性が極めて高く、その機能と合理性を法制度の中で実現するためには一定程度以上の敷地規模が必要であるため、広い土地の活用や転用、複数敷地を統合した再開発などに事業上のさまざまな工夫がなされてきた。その過程で、防災的観点は失われなかったものの、人間的空間を実現しようとする理想は経済合理性の陰に隠れがちになり、超高層のあけぼのから50余年を経て東京都区部は現在の景観を呈するに至った。そして、超高層ビルでははたして以前より人間的な執務環境を得られたといえるのか、超高層住宅でははたして以前より人間的な生活を営むことができるようになったといえるのか、検証が待たれるところである。

開発諸制度と都市再生特区

前項に述べたような理想や合理性を動機として進められてきた東京都区部の都市開発を実現するには、都市や建築に関連する法令による裏付けが不可欠であり、「第3章」で詳述するように高度成長期以降、四つの都市開発諸制度すなわち特定街区（1961年）・高度利用地区（1969年）・総合設計（1970年）・再開発地区計画（1988年。2002年に再開発促進区を定める地区計画へと改称）が次々と制定されてきた。本書執筆の2020年までにこれらの制度を活用した事例を、「第8章」でマップにまとめているので参照されたい。

　2002年に制定された都市再生特別措置法では都市再生特別地区（都市再生特区）が定められた。当初、バブル崩壊後の経済状況に対応するため、文字どおり都市再生を実現させるための時限付き制度として出発したが、その後数度にわたり適用の期限や地域が延長・拡大され、2021年現在でも有効でありいまだに数多く活用されている。この

都市再生特区の出現によって前述の四つの都市開発諸制度が取って代わられたわけではなく、事業や計画の現場ではプロジェクトの特性に応じて住み分けがなされている。

　一方で都市再生特区は、ある意味で都市開発諸制度を土台にしながら制度内容をより緩和し、なおかつプロジェクトごとに独自の都市貢献（いわゆる「目玉」）を求めるもので、公益性に対する個別具体的な提案が行われる。つまり「時代の公益的な思潮を切り拓く」という本書での都市建築の定義と同じ役割を個々の都市再生特区が宿命として担っているということができる。そのため、本書で扱う都市建築の事例としては、「時代の公益的な思潮を切り拓く」ことが制度的な宿命となる以前、都市再生特区前夜までのプロジェクトを対象にすることとしたい。

COVID-19の襲来

2019年12月、中国の武漢市で初めて報告された原因不明の肺炎は、2020年1月には日本でも感染者が確認され、この新型コロナウィルスによる感染症はのちにCOVID-19と名づけられた。その後感染は世界中に拡大し、日本でも緊急事態宣言が出され、その後も東京オリンピック・パラリンピックの延期や各種自粛要請などの影響が続いている。2021年6月28日9時現在で確認されている感染者数／死亡者数は、世界で1億8094万人／391万人、日本で79万4805人／1万4611人、東京都で17万2109人／2206人[2]であり、東京都区部での生活もさまざまな側面で変容を余儀なくされている。

　日本における建設投資の見通しは、前年度比は2020年度△3.4%、2021年度△1.7%と落ち込む予測が立てられている中で[3]、今回の災禍は、東京都区部の都市建築にどのような変容をもたらすのであろうか。建築設計・都市計画の分野にとどまらず、経済・人類学・哲学など各界からもPost COVID-19期の都市や建築のあり方に関するさまざまな提言がなされているが、次世代の都市建築様式がどの方向に進むのかを考えるうえでは、本書で扱うこれまでに起きた都市建築の変容やその影響を把握しておくことが役立つに違いないと確信している。

　　　　（やました・ひろみつ　日本設計PM・CM部専任部長）

参考文献

＊1 https://ja.wikipedia.org/wiki/%E6%B1%9F%E6%88%B8%E5%
9B%9B%E5%AE%BF

＊2 https://g.co/kgs/aAXA94

＊3 https://www.rice.or.jp/wp-content/uploads/2021/06/
Model20210428.pdf

図版・表出典

図1 東京都公文書館蔵

図2〜3 東京都都市整備局「東京の行政区画の変遷」『東京の都市づ
くりのあゆみ』2019、p.6およびp.7を参考に作図

図4 岡本哲志「江戸後期の土地利用図」『江戸→TOKYOなりたち
の教科書：一冊でつかむ東京の都市形成史』淡交社、2017を一
部加工

図5〜6 東京都都市整備局『東京の都市づくりのあゆみ』2019、p.41
およびp.53（東京都交通局『東京都交通局60年史』および国土
交通省関東地方整備局『東京港の変遷』）を参考に作図

図7〜9 筆者作図

図10 廣瀬健作図

図11 提供：三井不動産

図12 撮影：新建築社写真部

表1〜2 筆者作成

第2章　社会背景：「都市建築」を生じさせる諸要因

豊川斎赫

本章では、1950年代から1990年代末まで戦後日本の都市
建築がいかなる動機で構想され、社会的要請に応えようと
してきたかを、四つの切り口（高層化、複合化、不燃化、
政策誘導とその反動）から整理してみたい。これらはいず
れも都市建築を生み出すうえで欠かすことのできない要素
であり、互いに絡まりあっているが、学会の取組み、同時
代の建築家の都市ヴィジョンを適宜参照しながら、組織設
計事務所が都市建築を実現する際に果たしてきた役割にも
焦点を当ててみたい。

2.1　高層化：都心における超高層建築の提案と実現

高山英華と高層化委員会

戦後日本の都市計画をリードした一人に高山英華が挙げら
れる。高山は戦前から《同潤会アパート》の設計や大同都
市計画に参画し、戦後には東大建築学科教授として東京オ
リンピックサッカー会場となった駒沢公園の設計に携わ
り、都市計画法案や関連事業について調査・提言を行った
ことで知られる。戦後間もない頃、高山はこれからの都市
計画を密度・配置・動きの三点から把握することを提唱し、
自らのテーマを密度に定め、博士論文「都市計画よりみた
密度に関する研究」（1949年）を完成させている。極論す
れば、高山が切り出した三つのキーワードはそれぞれ、容
積率・用途地域・ネットワークという今日の都市計画に不
可欠な視点を提示していた。

　高山は1954年度日本建築学会高層化委員会（委員長：
笠原敏郎）に幹事として参加している。この委員会は報告
書の冒頭で、第三次産業の都心集中とその結果として都心
における建築密度の上昇傾向を「私的集約化」と表現し、
道路不足・駐車場不足・生産性向上の阻害・「私的集約化」
と「公的集約化」との不均衡といった諸問題の引き金になっ
ている、と指摘している。言い換えれば、戦災復興の最中
に民間各社が利益の最大化を目指し、都心部で無秩序な設
備投資を行った結果、国家や地方自治体が担うべきインフ

ラ整備が後手に回り、ボトルネックを引き起こしつつある、
という認識を示している。

　高層化委員会では「建築物の不燃化要因に関する研究」
「中小商店経営よりみた建築物の高層不燃化について」「都
心部の一般建築物の高層化に関する研究」を検討項目に挙
げ、特に「建築物の不燃化要因に関する研究」では、横浜・
伊勢佐木町の米軍接収地を対象敷地として木造密集エリア
の不燃街区（防火建築帯）建設の検討が行われている。

　また、「都心部の一般建築物の高層化に関する研究」には、
丹下健三や浅田孝といった東大丹下研究室メンバーも参加
している。その中で高層建築の型としてピラミッド型、階
段型または塔型、立方体型（敷地境界線立ち上げ型）、分
離型の四つが提示され、それぞれの長所短所が整理されて
いる。特に分離型はアメリカの組織事務所SOMが設計し
た《Lever House》（高さ92 m、24階建、1952年竣工）を
強く意識しており、戦後日本が目指すべき高層化モデル
（最初の都市建築）がニューヨークに建つガラスの超高層
建築であったことがわかる。そしてこれを貧しい地震国で
実現するために地震力算定、エレベーター検討、方位検討、
費用対効果の検証、駐車場算定、公開空地の算定が行われ
ている。

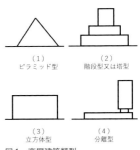

図1　高層建築類型

丹下健三による都心再開発と「東京計画1960」

高山の博士論文執筆をサポートした丹下は、自らの学位論
文「都市の地域構造と建築形態」（1959年）の終章で竣工
したばかりの《東京都庁舎》（地上8階）と超高層（地上
23階）増築案を披露している。そもそも丹下は都心への
人口集中と高層化に肯定的で、戦後の経済復興には不可欠
と考えていた。その際、都心に建つ超高層のポイントとし
て、自動車と歩行者の中2階レベルでの分離、プラッツァ（屋
外公開空地）はシティホール（屋内ピロティ）に連なり都
市のコアとなる、スーパーブロックと人工地盤はオープン
な都心をつくる手がかりとなる、と強調する。また、当該
計画の容積率について、丹下は交通量を勘案して400%を
限界と設定し、業務と市民サービスの観点から上下ブロッ
クの分離（高層化委員会における分離型）が不可避である、
と指摘している。しかし、丹下はその翌年には「東京計画

図2　《東京都庁舎》総合計画1958

1960」を提案し、同心円モデルに基づく既存都心部の再開発に代わって、線型モデルの海上都市構想を打ち出した。その中で提案された海上業務地区では、高さ200ｍを越す複数の超高層が三次元的に結ばれていた。

　丹下の「東京計画1960」の業務地区を具体化し、発展させた「築地計画」を1967年（昭和42）に雑誌に発表した。これは吉田秀雄電通社長が築地を対象敷地として本社ビルの設計を丹下に依頼したことに端を発し、所与の敷地をはるかに越える広大な超高層オフィスビル街案（CBD）を披露している。数十ｍスパンの巨大な梁を飛ばし、専用部に柱が含まれないフレキシブルなオフィスを提案している。また、低層部にはホールなどの公共施設が巧みに配され、情報化社会に呼応した次世代型オフィスビル構想であった[*1]。実際に計画された《電通本社ビル》はコールテン鋼に覆われた斬新なデザインであったが、吉田社長が工事着工後に亡くなり、一般的なラーメン構造のオフィスにデザイン変更され、竣工した。

図3　「東京計画1960」

《霞が関ビル》と池田武邦の組織論

丹下の都庁増築案や海上業務街区を筆頭に、菊竹清訓も1960年に海上都市計画を立案するなど、建築家たちが首都圏に超高層構想を次々と打ち出したのに対して、日本で初めて実現した超高層ビルは《霞が関ビル》であった。

　当時の関連法の制定を簡単に振り返れば、1961年に特定街区制度が制定され、1962年夏、河野建設大臣が31ｍの高さ制限を改めようと建築学会に提案し、学会がそれに応じて高度制限の撤廃と容積制限の導入を答申し、1963年に国会にて審議されていた。これと前後して1962年春、三井不動産は霞会館の敷地に31ｍ制限を遵守する9階建案を検討していたが、高さ制限撤廃の動きに歩調を合わせ、16階建案の検討を行った。その後、東京オリンピックにともなう開発熱を和らげようと国は当該計画を凍結し、冷却期間を経て30階建案が浮上した[*2]。いわば、高さ制限撤廃という制度更新と歩調を合わせて都市建築の姿形が検討されていた、といえる。

　《霞が関ビル》の設計部隊（チームK.M.G.）は工費・採算性、構造形式、斜線制限、防火規定など複数のパラメー

ターを用いて前述の三案を比較対照し、結果 S 造 30 階建案の詳細検討を行った。建設工事は 1965 年 3 月に開始され、地上 36 階、高さ 147 m のオフィスビルが 1968 年 4 月に竣工した。

この工事が始まる 1 年前の 1964 年 4 月、チーム K.M.G. の主要メンバーの一人であった池田武邦は、磯崎新（丹下研究室）、松本洋（日本道路公団）と対談し、日本に超高層が建つ意味について論じている。池田は設計の最中、基準法が改正されても超高層が容易に建たず《霞が関ビル》が特殊解に終わるのではないか、《霞が関ビル》の建設が本当に都市改造に結びつくのか、《霞が関ビル》が都市交通に与える影響を無視してよいのか、といった疑問に直面している、と吐露している。磯崎は池田と対照的に超高層がドンドン立ち上がる未来を予想し、名神高速が 1000 億円で建設され大きな社会貢献を果たすのに比して、超高層を 1 本建てるのに数百億円を要するわりには都市へのインパクトが弱い、と指摘する。

図 4 《霞が関ビル》C₁₆案（1962 年）

図 5 《霞が関ビル》C₃₀案（1963 年）

池田は一部の建築家が壮大な未来都市を発表し、残りの大半の建築家は建築法規を所与のものと見なして建築を狭く考えがちだが、《霞が関ビル》の設計を通じてさまざまな提案が法規に反映される機会が広がっており、日々の設計の中から都市環境や現行法規の更新に努めるべきだ、と指摘する。磯崎は池田の発言を肯定しつつも、計画規模が数百億を超える場合にのみ法規への働きかけが実現する、と釘を刺している。

また池田は「極めて複雑多岐にわたる問題を孕む東京というものを、どのへんで押さえていったらよいかということを科学的にリサーチする組織体を広い範囲の各専門分野の人々をもって構成することが必要」と主張した。これに対して、松本は高山、丹下、社会学者の磯村英一らが参加する地域開発センターの役割に期待を示し、磯崎は「誰もマスタープランをつくる人がいないし、誰もそれを責任をもって喋る人もいないのです。つまり専門家は、いつもコンサルタントで、責任を完全にもたない立場にしかおかれないのですね」と嘆いている[*3]。

2.2 複合化：副都心ターミナル駅の誕生とその評価
坂倉準三の都市ヴィジョンと渋谷駅デザイン

坂倉準三はル・コルビュジエのアトリエでの修行を経て、《パリ万国博覧会日本館》でグランプリ（1938年）を受賞したことで知られる。また、坂倉は戦時中に植民地であった中国を舞台に「新京南湖住宅地計画」（1940年）の立案に携わり、雑誌発表の際、これからの建築と都市計画のあり方を以下のように説いている。

「今この甚だ未熟なる第一試案を敢て諸君の前に提出したる所以は、吾が国の都市計画の領域に就いて理想案に具体的な形を与へることのまことに必要なことと痛感するからである。私は信ずる都市計画の実現を規定する広汎なる各領域の基礎条件の精密なる研究も理想案を立案する方向にすべて動員されてこそ始めて意義を有するものである。現状維持の経済機構運用のための奴隷とされるべきではない。広汎なる各領域の諸条件の調査、攻究は各領域のすぐれたる専門家の手を待って始めて正しい成果を得られる。その成果を動員、総合、編集して具体的な形を与へるのが真の都市計画の任務である。そしてその編集、立案の基礎を正しく大いなる理想の上に置くことこそ私は主張する。それこそ未来を担ふ青年都市計画家の重要なる任務であるべきであらう。新しいアジアの建設は逞しい夢の上に礎かれなければならない」[*1]

坂倉は都市計画における理想案を具体化する際、さまざまな分野の専門家と協力することの重要性を強調した。坂倉の都市計画に対する見識はコルビュジエによるところが大きく、「広汎な研究成果を動員、総合、編集して具体的な形を与へる」発想は戦前の総力戦の思想に共鳴し、美的でありながら生産力を最大化する近代都市の具体化を目指した。

しかし、坂倉の都市計画に対する理想が実現したのは戦前の中国ではなく、戦後の東京・渋谷であった。五島慶太東急社長は坂倉に《東急会館》の増築計画（1954年末竣工）を依頼したが、当時の渋谷は玉川鉄道、京王井の頭線、国電などの鉄道路線、バスターミナルが錯綜するター

ミナル駅で、これに明快な秩序を与えるべく、その核心となる《東急会館》の更新が急務であった。坂倉は9〜11階に東横ホール、8階に大食堂、4〜7階に東横百貨店を据え、地上3階に地下鉄銀座線の駅を引き込み、2階に京王井の頭線、国電のコンコースを設けることで、《東急会館》に一つの有機体としての総合機能を与えようと心がけた。さらに増築された《東急会館》が周囲の東急バスターミナルビル・京王帝都渋谷駅・金融センタービルなどと連携し、東京都民がこの広場に要求するあらゆる機能を十分に満足させ、「中世のゴシック伽藍の広場にも比すべきわれわれの時代の多くの人たちの喜び集う広場の中心をつくり、都市計画の一つの解決をまず実現せんとする計画」[*5]を目指した。このとき、坂倉は、構造の武藤清、音響の石井聖光など各分野の第一人者と協働して《東急会館》を実現に導き、新京南湖でのマニフェストを一部実践したといえる。その後、坂倉は1956年竣工の《東急文化会館》（四つの映画館とプラネタリウムを含む複合文化施設、現在の《渋谷ヒカリエ》）の設計も担当し、渋谷駅前の都市計画に深くコミットした。

　なお、1961年当時の渋谷駅界隈の調査によれば、事務所件数は併用建築物を含めても10％程度（従業員人口は約23％）であり、大部分は商店・飲食店等の買物、娯楽的施設（件数70％、人口63％）であった。つまり、渋谷副都心地区は業務地区が極端に少ない娯楽の町・大遊技場であり、都心にオフィスが集中している状況と好対照であった[*6]。

東京都と高山研究室による副都心地区実態調査
1956年に制定された首都圏整備法に基づき、1958年（昭和33）7月に定められた第一次首都圏基本計画において、新宿・池袋・渋谷は副都心と位置付けられた。こうした動きと連動して、東京都広報渉外局首都建設部は1958年〜1961年にかけて、新宿・池袋・渋谷の副都心地区実態調査を行った。これらの調査には、川上秀光や伊藤滋といった高山研究室のコアメンバーが深くコミットしていた。

　まず新宿副都心の報告書を紐解くと、当時、《新丸ビル》や《鉄道会館》など東京都心のオフィス街で新築される施

図6　新しく生まれ変わろうとする渋谷広場鳥瞰

図7　《東急会館》計画、東京渋谷、模型写真

設は規模が大きくなり、一つの建物内に複数の機能を抱え込む複合建築が増えており、これに対応するにはスーパーブロックが有用である、と強調している。また、副都心の後背地に居住する人々へのアンケート調査を実施し、新宿副都心が娯楽と消費生活のセンターである、と評価した。この背景として、戦前から戦後にかけて都心の夜間人口の分布が大幅に変わり、通勤人口が膨大になったことで都心への乗換駅として副都心が歓楽街として発展してきたことが挙げられる。

報告書では、副都心の適当な範囲を商業専用地区に指定し、高層化を行い、パーキングスペースをとることで、闇市から近代的で魅力的なアミューズメントセンターに再開発する必要性を強調し、新宿副都心地区再開発三原則を掲げた。第一に商業専用地区・業務専用地区を設定し、副都心そのものの整備を行うこと、第二に平面的に広がって各種の用途―住宅、店舗、工場、旅館等―が混在している副都心周辺を整備すること、第三に都心部に過度に集中している諸機能の分散に努めること、が謳われた[*7]。

次いで、池袋副都心の報告では、新宿での調査方法を継承しながら、土地建物利用現況のみならずその動態、地区の人口・従業員に関する分析、交通に関する一連の調査分析、各種都市施設の調査分析を行い、再開発調査の正統的なアプローチを確立している[*8]。

図8　国電時代の池袋駅俯瞰写真（1976年）

最後の渋谷副都心の報告では、副都心地区三原則のうち第二原則と第三原則が書き換えられ、第二原則は副都心整備の末尾に「高層化すること」という文言が付され、第三原則は「都心部に過度に集中している諸機能を後背地と都心とに有機的に結合しながら副都心軸へ分散させること」に変更された。ここでいう副都心軸とは、池袋―新宿―渋谷―五反田を結ぶ西副都心軸と、上野―神田―日本橋―銀座を結ぶ東副都心軸を指し、単にターミナル駅前の区画整理と高層化を推奨するだけでなく、後背地から流入する通勤客を点（ターミナル駅だけ）と線（二つの軸）で受け止め、都心部への過剰な流入を防ぎ、高速道路・高速鉄道で連結しながら有機的に一体

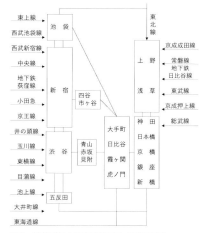

図9　渋谷副都心の交通位置図（1961年）

化して総合的に開発することが期待された[*9]。これは都心を中心とする同心円を技術革新によって機能強化し、都心の過剰な開発熱を山手線近辺で吸収し、平準化しようとする提案であった、と考えられる。

新宿西口広場と《小田急ビル》の竣工

1960年6月、東京都は新宿副都心の都市計画決定を行い、新宿副都心建設公社が事業推進を担った。具体的には淀橋浄水場跡地の整備が挙げられ、その中でも新宿駅西口広場の建設は難易度の高い事業であった。地上部分にはバスロータリーが計画され、地下1階には約1万6800㎡の公共広場が設けられ、国鉄、小田急、京王、地下鉄などの交通機関との連絡機能を担った。また地下2階には小田急電鉄株式会社が建設大臣より特許を受けて、約2万㎡の有料公共駐車場（420台収容）が整備された。

図10　国電時代の新宿駅俯瞰写真
（1965年）

　当時、坂倉は渋谷《東急会館》の増築計画が高く評価され、1959年には新宿《小田急ビル》の設計を担当することとなった。小田急は1950年代初頭から新宿駅の発展を見越して、地下広場の建設を東京都に申請していたが、国鉄の改札、小田急ビル、京王ビル、地下鉄が複雑に絡まりあい地下広場の建設が遅れていた。このため新宿副都心建設公社は小田急に新宿西口地下広場の建設工事を発注し、地下広場と《小田急ビル》のデザインを坂倉が担うことになった。

図11　新宿駅西口広場（1968年）

　坂倉のもとで地下広場の設計に携わった東孝光は、地下広場建設の目的を「車と人の動きの活性化を限られたスペースの中で立体的に解決しようとすること」と定義しつつ、それ以上に名店街をも含んで地下の都市スペースがメタボリックに自己増殖していく様に注目していた。東にとって、地下で複雑に連続する都市スペースに纏まりを与えることこそアーバンデザインの課題であり、新宿西口地下広場から伸びる地下空間を清水寺参道や金比羅の参道に見立て、日本の都市空間の特質を見てとろうとしている。

図12　新宿駅西口広場開口部および
中央斜路（1968年）

　東は新宿西口地下空間の連続的な一体感を実現すべく、壁の仕上げにできる限り窯変タイル（焼成条件で表面に微妙な変化が出るタイル）を用い、床には方向性をもたない

磁器タイルによる円形パターンを多用した。また、地下広場は設計当初開口部がなく、機械換気が想定されたが、坂倉の強い反対もあり、巨大開口と巨大スロープによる自然換気が実現し、開口部中央に噴水が設けられた。この開口部こそ新宿西口地下広場のシンボルとなり、竣工当時、陽光が燦々と射す新宿西口地下広場は「太陽と泉のロマンス」と称えられたほどであった[*10]。

また、《小田急ビル》の設計を担当した阪田誠造は、ターミナルビルの存在理由を商業主義で片づけることに強く反発し、高密度社会の都市のあり方を提示し得る、と主張した。というのも、ターミナルビルの設計ほど複雑で困難なものはなく、鉄道を年中無休で運行しながら工事を進める必要があり、中層階の百貨店フロア、上層階のレストラン街（スカイタウン）の利害関係が調整困難であったと回顧している[*11]。

2.3 不燃化：都心と副都心のレジリエンス向上
高層化委員会による不燃化の提言

江戸の町は木造密集家屋からなり、明暦の大火などを契機に幾度となく焼け落ち、再建されてきた。明治期に入って銀座に煉瓦街が建設され、1923年（大正12）に発生した関東大震災以後にはコンクリート造オフィスが増えたものの、戦災復興期には木造バラックが大量に建設されため、戦後の東京は木造都市特有の脆弱性を抱え込んだ。

1955年（昭和30）に作成された日本建築学会高層化委員会の報告書「都心部における建築物の高層化に関する研究報告（2）」を紐解くと、建物の不燃化を促進する諸要因を調査分析し、特に小規模低層建築物を高層不燃化する助成方法を考えることに全体の目標を据え、中小商店の経営面から建築不燃化の問題点を分析し、建築投資可能限界を求めることによって、助成および融資の効果を検討し、不燃化政策のさらに望ましい形を考察している。言い換えれば、戦災復興が終わりかけた日本ではさまざまな技術提案、経済支援（インセンティブ）を動員してもなお都市の不燃化と高層化が進まず、都心・副都心問わず都市空間の利用効率が低いままに止まっていたのである。

図13　静岡市呉服町防火建築帯
（1956年）

図14　静岡市呉服町防火帯配置図

高山による「十字架防災ベルト構想」

1960年代、都内にはいたるところに木造密集地区が点在していたが、中でも不燃化の必要性が指摘されたのが江東デルタ地帯であった。当該エリアは隅田川と荒川放水路に囲まれた南北約12km、東西約5.5kmの地区で、約40㎢の面積を有し、運河によっておよそ40の島に分割されている。このエリアは河口地帯のため水害の危険性が高く、地盤が緩い。このため都心に近接しているにもかかわらず土地が安く、木賃アパートが乱立し、人口が激増したものの、人口増加に応じた避難エリアを確保しづらく、都内屈指の災害脆弱地域と目されてきた。

　1961年（昭和36）に東京消防庁が提出した大震火災被害予想によれば、仮に地震が関東大震災と同様に、夏の昼食時に発生したとすると、出火件数は約半数となり、その結果、山手方面の火災はおおよそ全部消し止めることができるが、下町方面で、江東区8件・墨田区8件・江戸川区1件・葛飾区1件・足立区3件、計21件の消し止めることのできない火災が残る、と試算された[*12]。また、都市火災を研究した浜田稔東大教授は、江東デルタ内のRC造小中学校を火災時の避難施設と認めなかった。というのも、関東大震災発生4時間後に両国・被服廠に避難した市民約4万人が火災旋風で亡くなったことを踏まえ、浜田は江東デルタ内に大規模避難空地を確保し、それへの避難道路整備を提唱した。

　高山は浜田の提言を現実の都市空間に投影すべく、1966年に「十字架防災ベルト構想」を発表した。この構想は江東デルタに十字形の幅500mの緑化ベルトを整備し、そのフリンジに高層住宅を建て火災時の火流と輻射熱を防ぐ構想であった。この緑化ベルトは市民のリクリエーションの場として活用されるが、火災時には避難施設として機能する算段であった。提案当時、この建設費が7000億円と見込まれ、江東地区だけでもおよそ50万人の避難施設が確保される、と試算された[*13]。1964年に建設された《国立代々木競技場》の総工費が32億円で、大阪万博の会場設営費が500億円と試算されていたことを踏まえれば、江東デルタ内に未来都市が14建設される算段であった。

水害　　　　　火災

オープンスペース　　避難可能性

図15　東大高山英華研究室「江東デルタ地区防災計画」（1965年12月）

図16　「十字架防災ベルト構想」（1966年）

江東防災拠点再開発構想と組織設計事務所による再開発

東京都は1969年11月に江東防災拠点再開発構想
を打ち出し、白鬚、四つ木、中央、両国、亀戸・
大島・小松川、木場の計6カ所の防災拠点候補を
選定した[*14]。江東十字架ベルト構想と江東防災
拠点再開発構想を比較対照すれば、前者の計画規
模が過大であり、後者は前者の案を踏まえつつ一
拠点あたり50～100ha、避難距離を避難命令が出
て30分以内に到達可能なように1.2km以内に設定
した。実際には工場移転の目処が立った地区から
集合住宅と公園整備を進め、たとえば白鬚地区は
鐘紡の工場跡地を利用し、小松川地区は日産化学
の工場跡地を利用した。

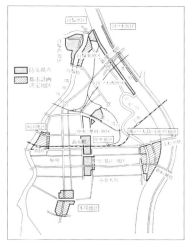

図17　江東地区防災拠点位置図

東京都首都整備局はこの構想を実現するために
日建設計、日本設計、市浦設計事務所など複数の
組織設計事務所に声がけし、設計JV（江東再開
発プロジェクトチーム）[*15]を組織した。このチー
ムに与えられた対象地は主に工場跡地や不良な住
宅地であり、住宅地区改良事業や公営住宅建替事
業によって計画され、防火性能の向上や衛生面の改善が求
められた。設計JVを束ねたのは建設省から東京都首都整
備局へ出向していた救仁郷斉再開発計画課長[*16]であった。

当時、再開発法が制定されて間もない時期であり、各社
とも再開発の経験が浅かったが、ここに参加したメンバー
らが各々の会社に戻り、全国の市街地再開発事業を推進す
るエキスパートに成長していった。

2.4　東京都の都市政策：多極分散と弊害の克服

政策で謳われた副都心整備の系譜：東郷尚武の回顧

これまで、都市建築を生み出す要因として、高層化・複合
化・不燃化を取り上げ、各々に関連する構想案、アカデミッ
クな研究成果、実現したプロジェクトを紹介してきた。こ
れらを俯瞰すべく、今一度、東京都による過密対策の系譜
を整理してみたい。

東京都の都市計画行政に深く関わった東郷尚武元東京都
都市計画次長は、以下五つのフェーズ（①第一次首都圏基
本計画、②東京都長期計画、③大都市再開発問題懇談会提

図18　江東地区防災拠点基本構想：
　　　中央地区（錦糸町周辺）

言、④広場と青空の東京構想、⑤マイタウン東京構想）を
用いて都心・副都心問題を説明している[*17]。

①の第一次首都圏基本計画（1958年）では、1956年に制
定された首都圏整備法に基づき、都心地区と副都心地区
が設定された。たとえば都心地区は丸の内、日比谷、霞
が関、虎ノ門、田村町、新橋、銀座、京橋、日本橋、神
田などを含む区域（約214万坪）と定義され、平均純容
積率が320％と定められた。また、副都心地区は新宿・
渋谷・池袋の3地区（約77万坪）と定義され、平均純容
積率が240％と定められた。

②の東京都長期計画（1958年）では、都心と副都心の相補的
な役割が期待され、「経済、文化、行政等の諸機能が都心
に集中しているため、都心部では昼間人口の増大と交通の
輻そうを招来し、都市施設の需給のアンバランスが著し
くなっている。このため新宿、池袋等の地区を副都心とし
て整備し、ここに都心機能を分散配置する」と謳われた。

③の大都市再開発問題懇談会提言（1963年）では、都心
について「首都の中心部にふさわしい能率及び環境を確
保するため、業務施設、消費施設等が無秩序に混合する
ことを避け、適正な規模で集団化させて、それらを合理
的に配置することが必要である」とし、副都心につい
て「業務地域は通勤距離の短縮を図るため、大量輸送機
関が多系統集中している副都心において造成すべきであ
る。（中略）このような副都心は、都心にある主要な機能
を分担するものであって、これを育成することは、東京
を多心型の都市に変革するうえできわめて有効であると
考えられる」と定義している。同様の指摘は高山英華に
よってもなされ、「（新宿・渋谷・池袋など）これらの副
都心はデパートや娯楽施設を中心としたショッピング・
センターとして発展しているが、これらにビジネス・セン
ターとしての機能を強めれば、中央部に対する交通圧力
を軽減するのに役立つ」（括弧内筆者）[*18] と述べている。

④の広場と青空の東京構想（1971年）では、従来の都心
一極集中から多摩地区をもう一極とする二極構造への転
換を謳っている。特に、千代田・中央・港の3区を都心
地区、文京・豊島・新宿・渋谷・目黒の5区を山の手地区、
台東・墨田・江東の3区を下町地区といった具合に分類

しつつ、新宿は生活都心と読み替えられ、「新しい都心としてイメージアップするためにも既存のショッピング、娯楽、事務所等の機能に加えて、文化機能をはじめ、あらゆる階層、年齢の都民の様々な出会いの場としての機能をもたせる」[19]とする。

⑤のマイタウン東京（1978年）では、それまでの都心・副都心の役割分担を踏襲しつつ、「多心型都市の形成」を謳っている。具体的には、東京を職住近接の住みよい都市に再生するために一極集中型から多心型へ転換し、副都心に業務機能を分散立地させ、文化・情報・交通などの都市機能を複合的に整備して、東京の活力維持を目指している[20]。また、新宿・池袋・渋谷・大崎・上野・錦糸町の他に臨海エリアを副都心に数えている点が特徴的であった。

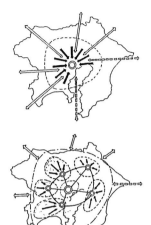

図19 「東京大都市圏の現状と将来構想図」（1983年）

これら五つのフェーズについて、都知事の系譜から読み直すと、①と②は安井誠一郎知事の時代、③は東龍太郎知事の時代、④は美濃部亮吉知事の時代、⑤は鈴木俊一知事の時代に該当し、特に④広場と青空の東京構想と⑤マイタウン東京は各知事の選挙公約であり、政治イシューそのものであった。また、景気変動の系譜に照らすと、①と②は戦災復興と朝鮮特需の時代、③は東京オリンピックと高度経済成長の時代、④はオイルショック後の不景気の時代、⑤はバブル景気とバブル崩壊の時代、という具合に整理できる。

総じて1950年代〜2000年にかけて、東京都は知事の交代や景気の変動にかかわらず、大手町・丸の内・有楽町を中心とする同心円に見立て、複数のターミナル駅周辺や都有地を副都心に設定した。そして、国と東京都は当該エリアの高さ制限を撤廃して容積率を大幅に積み上げ、超高層ビルの量産を促すことで、経済成長を止めずに都心への一極集中を緩和しようとした、といえよう。

都政実現のための副都心：業務分散と夜間人口回復

国や東京都が都心開発を抑制しながら副都心に開発誘導したのは、ひとえに都心部の貧弱なインフラを破綻させることなく経済成長を続けること、災害時にもいち早く復旧可能な都市をつくることが国策であり、多くの国民によって支持されたからであった。そして経済成長を持続させる大規模開発を東京都が自前で行うのではなく、民間企業に促

すためには、副都心そのものが相応の広さをもち、相応の規制緩和・補助金・税制優遇によるインセンティブを用意する必要があった。副都心の代表地区である西新宿はもともと淀橋浄水場であり、東京都が所有する広大な土地であった。また池袋副都心建設の先駆けとなった《サンシャイン池袋》はもともと東京拘置所であり、臨海副都心は東京都による埋立地であった。いずれの土地も都心からほど近く、東京都による都市政策や都知事のマニフェストがもっとも反映されやすい土地であった。

図20　池袋副都心（1986年）

図21　大崎駅東口再開発（1986年）

　同様に副都心エリアには含まれないものの、都心周辺部で民間開発業者に供給された広大な土地として国有地と巨大工場跡地が挙げられる。前者は中曽根政権時に放出された旧国鉄操車場跡地が代表的で、オイルショック以後の長期の不景気と国家財政の悪化を背景に1980年代初頭に「増税なき財政再建」が叫ばれ、国鉄用地の売却が急がれたが、特に旧品川操車場跡の開発はバブル経済の引き金となった。また汐留操車場跡の開発はバブル崩壊後に行われ、大手不動産会社が倒産の危機に瀕しながら行った都心部巨大開発の代表例であった。

　後者の代表例として大川端地区が挙げられる。当該地域は東京駅から数キロの距離にあったが、石川島播磨の工場が立地しており、けっして住みよいエリアではなかった。美濃部都政下の1974年（昭和49）、中央区再開発審議会は「大川端作戦」を掲げ、当該地区の再開発構想を描き始めた。その後、鈴木都知事は大川端エリアの再開発を「マイタウン東京」の一つに組み入れ、職住の近接を実現すべく、大川端で大幅な規制緩和を行い、国、ディベロッパー、設計者らの協力を得ながら、日本初のタワーマンション街区を形成した。

　こうした開発の背景には、超高層住宅の供給で都心部の定住型夜間人口の回復を進め、都心部の地域社会の維持再生を行い活力を取り戻そうとする意図があった。都心部の土地細分化は進んでおり、また土地建物の権利関係も複雑で、地価は商業業務施設の立地に誘引されて高い水準にあった。このような現状では、個別敷地ごとの建替えでは十分な量・質の新規の住宅床を供給できないため、都心部の巨大工場跡地に大規模で一定の質的水準を保ち得る住宅建築を建設し、市街地住宅の供給を行う必要があった。

大川端地区に類似した大工場跡地の住宅供給事例として、板橋《サンシティ》での高層住宅団地建設が挙げられよう。

都心の更新：歴史的建造物の保存

今一度繰り返せば、半世紀にわたる都心への一極集中は、都心開発の沈静化と副都心への開発誘導がセットとなった。一方で、都心への一極集中は都心夜間人口の減少を引き起こし、超高層住宅による夜間人口の回復が目論まれた。さらに戦災復興から半世紀を経て、都心部オフィスは更新の時期を迎え、再活性化が叫ばれ始めた。これは、副都心への開発誘導（容積緩和）によって都心部への投資が伸びなやみ、衰退した大手町・丸の内・有楽町オフィス街の再活性化のために、集客力のある核的施設を取り込んだ都市建築の整備が要請された。その際に注目されるのが、歴史的建造物の保存と空中権の売買であり、都心部再生の重要な論点となった。

　都心と副都心の発展にともなって、各地区の土地利用やそれを支える「都市建築」は、質的、量的に変化し拡充強化されていく必要がある。都心の発展が極めて急激であったり、長期間にわたって発展に見合った新陳代謝または整備が行い得なかった場合には、「都市建築」によって土地の合理的利用を達成して遅れを一気に取り戻したり、必要な公共施設の整備を行うこととなる。その最たる例として《三井本館》街区再開発計画が挙げられる。本再開発計画は、東京都が新たに創設した「重要文化財特別型特定街区制度」の初めての指定を受け、従来の特定街区の割増容積に加え、先に重要文化財建築物に指定された《三井本館》の床面積相当分を割増容積として活用することにより、当該街区において、重要文化財《三井本館》の保存と、最先端の超高層ビル地上41階建て、高さ194mの建設を同時に実現するものであった[*21]。

2.5　小結

本章では、都市建築を成立させる要因について、高層化、複合化、不燃化、政策誘導とその反動という視点から論じた。

　一つ目の高層化について、1950年代半ばより日本建築学会で高層化が検討され、10年余りで《霞が関ビル》が

竣工した。この間、一部の著名建築家（トロフィー・アーキテクト）は気宇壮大な都市構想を発表する一方、多くの中小設計事務所は高度経済成長の波に乗って都内ではビルを設計した。前者の幾人かは世界的な名声を得たが、後者の大半は建築基準法の枠内で経済価値を追求するにとどまった。こうした設計者の二極化に対して、池田は組織設計事務所に属しながら超高層の設計に関与し、さまざまな提案を通じて都市環境の改善や法改正にコミットすることの重要性を説いた。《霞が関ビル》は本書が唱える都市建築の雛形の一つではあるが、建物高さが60mを超えれば都市建築になるのではなく、都市環境や既存法に対する設計者の姿勢の有無が都市建築になりうるか否かを判断する指標となるであろう。言い換えれば、数百億規模の計画には必ず施主（もしくは投資家集団）が存在し、施主の利益を無視した提案はあり得ないため、設計者による現行法への批判や規制緩和要求は施主への利益誘導に陥りがちである。公益を装い施主の利益の最大化だけを目指す超高層ビルは都市建築ではなく、証券化した不動産の域を出ない。

　二つ目の複合化について、坂倉による渋谷・新宿の都市施設デザインは21世紀における公共交通指向型都市開発（TOD：Transit Oriented Development）の先駆事例であった。また、坂倉は「池袋副都心計画報告書」（坂倉事務所作成、1965年）の中で、高山研究室と東京都による副都心地区状況調査に強い関心と敬意を示し、自らも地理学や社会学の知見を統合して池袋副都心の将来像を描こうとした。こうした取組みは、坂倉が戦前から目指していた都市計画家の理想像に限りなく近い。丹下が都市居住と生産力向上の矛盾を止揚させ「東京計画1960」を構想したのとは対照的に、坂倉は副都心の膨張を現実問題として可能な限り客観的に受け止め、設計者の立場から都市建築の実現に邁進したのである。また、坂倉のスタッフらは1960年代の都市デザイン思潮（メタボリズムや『日本の都市空間』）に強く共鳴し、副都心を主戦場として都市デザインの展開を試みた。この点で、坂倉は本書が標榜する都市建築の雛形を生み出した建築家の一人と位置付けられよう。

　三つ目の不燃化について、かねてより都内では木造密集地区と都市火災の問題が指摘され、江東デルタを舞台にさ

まざまな研究・提案がなされ、東京都が組織事務所を束ねて都市再開発を推進したことを紹介した。極論すれば、江東防災拠点整備こそ再開発コンサルの揺りかごであったといえよう。また、狭小街区を再編して都市建築を生み出す契機の一つに不燃化が挙げられるが、さまざまな規制緩和は都市の不燃化によって災害が抑制され、公益に資するからこそ許容される。ここに都市建築の初心が刻まれている。

　四つ目の政策立案について、歴代都知事と副都心政策の来歴を対照することで、戦後の東京都が一貫して都心への一極集中を避け、副都心建設による多極分散化を目指したことがわかる。この多極分散政策の反動として、都心の夜間人口減少、都心施設の更新の遅れと歴史的建造物の消滅が危惧され、前者に対して大川端におけるタワーマンション群の建設誘導が推進され、後者に対しては《三井本館》の保存と開発の両立が実践された。

（とよかわ・さいかく　千葉大学大学院准教授）

参考文献、その他

＊1　丹下健三「装置とししかけ　築地計画」『建築文化』彰国社、1967.04、pp.82-86

＊2　グループK.M.G.「ある超高層オフィスビルの計画」『建築文化』彰国社、1963.06、p.100

＊3　池田武邦、磯崎新、松本洋「たえられるか巨大都市「超」高層建築と高速道路・この二つの近代的機能」『国際建築』国際建築協会、1964.04、pp.35-48

＊4　坂倉準三「新京南湖住宅地計画案」『現代建築』日本工作文化連盟、no.14、1940、pp.24-37

＊5　坂倉準三建築研究所「東急会館計画・東京渋谷」『国際建築』国際建築協会、1954.01、p.34

＊6　東京都首都整備局総務部『渋谷副都心実態調査報告書』1961.03、p.6

＊7　東京都広報渉外局首都建設部編『新宿副都心地区実態調査報告書その1』1958.03、p.7

＊8　坂倉準三建築研究所『池袋副都心計画報告書』1965.02、p.1

＊9　東京都首都整備局総務部『渋谷副都心実態調査報告書』1961.03、p.7

＊10　東孝光、田中一昭「地下空間の発見」『建築』青銅社、1967.03、p.67

＊11　阪田誠造「新宿西口本屋ビル」『建築』中外出版、1968.03、p.86

＊12　東京消防庁『東京都の大震火災被害の検討　対策に対する資料第1報』1961、p.62

＊13　村上處直「9防災都市と計画」『建築雑誌』日本建築学会、1967.10、p.686

＊14　村上處直「都市災害の制御」柴田徳衛、伊藤滋編『都市の回復』NHK市民大学叢18、日本放送出版協会、1971、p.224

＊15　全国市街地再開発協会『時代を画した再開発事業 No.6白鬚東・西、亀戸・大島・小松川、都市再開発方50周年記念誌』2019、p.30

＊16　国土交通省国土交通政策研究所：救仁郷斉インタビュー、住宅・建築行政オーラル・ヒストリー、2007.06、https://www.mlit.go.jp/pri/shiryou/houkoku.html

＊17　東郷尚武「第2章東京における多心型都市構造論の系譜」『東京改造計画の軌跡』東京市政調査会、1993、pp.17-39

＊18　高山英華「都市計画と東京」『工業教育』1966.03、p.44

＊19　東京都『広場と青空の東京構想（試案）概要』1971.03、p.29

＊20　東京都『マイタウン東京　’83東京都総合実施計画』1983.10、pp.5-6

＊21　三井不動産：三井本館街区（東京都中央区日本橋室町）再開発計画に着手「重要文化財特別型特定街区制度」適用第1号、1999.5.25、三井不動産HP

図版・表出典

図1　日本建築学会高層化研究委員会『都心部に於ける建築物の高層化に関する研究報告』1955.03、p.7を参照し作図

図2　撮影：村沢文雄

図3　撮影：川澄・小林研二建築写真事務所

図4　撮影：イースタン写真

図5　撮影：彰国社写真部

図6～7　坂倉準三建築研究所「東急会館計画・東京渋谷」『国際建築』国際建築協会、1954.01、pp.34-35

図8、10　朝日新聞フォトアーカイブ

図9　東京都首都整備局総務部『渋谷副都心実態調査報告書』1961.03を参照し作図

図11～12　財団法人新宿副都心建設公社『新宿副都心建設公社事業史』私家版、1968

図13　提供：市浦ハウジング＆プランニング

図14　筆者作図

図15　伊丹勝「2市街地の再開発」土田旭他『新建築学体系19市街地整備計画』彰国社、1984、p.125

図16　東大高山英華研究室『江東デルタ地区防災計画』1965.12を参照し作図

図17　提供：㈱防災都市計画研究所　村上處直

図18　東京都都市整備局『江東地区防災拠点等都市建設調査5　地区別整備地区基本構想図作成及び事業費の算定　概要書』1969

図19　本郷尚武『都市政策の展開』鹿島出版会、1986、p.16

図20～21　図19、p.46

第3章　法制度の更新：「都市建築」における手法の検討

井上弘一

3.1　江戸・東京の都市づくりと諸制度

江戸期：市街地の形成と防災施策

ここでは、都市開発諸制度（都市づくり手法）を語るうえで、江戸・東京という都市がどのような課題や社会的背景のもと、どのように発展を遂げてきたのかが重要である。江戸・東京という都市づくりを時代背景で整理してみると表1のようになる。

東京はかつて江戸と呼ばれた地域であった。江戸の名の由来は、「川あるいは入り江を意味する『江』」と「入口を意味する『戸』」から成り立っているというのが有力な説である。また、江戸の地名は、鎌倉幕府が編纂した『吾妻鏡』に初見され、平安時代後半にはすでに存在した地名のようである。当時は、「江戸郷」と呼ばれ、日比谷入り江最奥に位置する小さな漁村だった。東京という都市の始まりは、この江戸郷がその起源である。

江戸という名が本格的に歴史に登場するのは、12世紀後半（平安時代後期）である。当時、この地を治めていた「江戸の祖」といわれた江戸重継が自分の苗字に地名である江戸をつけたことで、江戸の名は広まる。この時代、国（武蔵国）の中心である国府は現在の府中辺りに置かれ、「政治・経済・文化」の中心として栄えていた。江戸はその中にあって武蔵国の東南端、海岸沿いに位置していたが、その当時の水運交通の拠点は品川湊だった（定かではない）といわれている。

江戸重継が江戸を治めた時代から約300年後、江戸氏の衰退にともない、相模国の太田道灌（「江戸城の祖」といわれた）が江戸郷を再興する。この当時の江戸は、太田道灌が現皇居辺り（麹町台地の東端）に領主の居宅である江戸城を築城するとともに、その城を中心に日比谷入り江に注ぐ平川河口域に小集落（港町）が形成された。この功績

表1　江戸から東京へ、都市づくりの歴史

都市	西暦	時代	時代背景
	~1590	~戦国時代	都市づくり黎明期（都市という概念はまだない）
江戸	1590~1868	江戸時代	本格的な都市づくりの時代 　城下町の形成（都市防衛の構築） 　数多く発生した災害への対応（都市防災の充実） 　江戸時代のまち構造（大規模な武家地、整然と並んだ小規模町人地）が現在まで残されており、大規模開発実現に支障を来している
東京	1868~1888	明治時代前期	江戸時代の染み付いたルールを洗い流す 　欧米型都市計画の導入（海外から習う） 　富国強兵、殖産興業の強化 　（欧米列強に追いつけ、追い越せ）
	1888~1945	明治時代後期~戦前	日本人主導の都市計画の導入 　（1888 東京市区改正条例の制定） 　現在の街並み形成ルールのベースが生まれる 　（1919 旧都市計画法、市街地建築物法の制定） 　関東大震災による震災復興（復興計画により、現在の中心市街地道路網が完成することになる）
	1945~	戦後	戦災復興・高度経済成長期~バブル期 理想的な都市づくりを目指して 　（1950 市街地建築物法→建築基準法制定） 　（1950頃~ 都市開発諸制度等検討スタート） 　1961 特定街区創設 　1961 市街地改造法制定→1969 都市再開発法制定（宅地の立体化） 　1968 高度利用地区創設 　1970 総合設計創設、1988 再開発地区計画創設 　（2002 再開発促進区を定める地区計画改正）

図1　江戸湊と江戸郷

により、太田道灌は東京の礎を築いたとされ、現東京国際
フォーラム玄関ホール（旧都庁の玄関口）に銅像が立てら
れている。

　江戸に本格的な市街地形成が始まるのは、1590年（天
正18）、徳川家康が赴任してきたことに始まる。現お茶の
水にあった神田山（切り崩した台地は家康が駿河国から家
来を移して住まわせたことから、「駿河台」と呼ばれるよ
うになった）や現赤坂見附にあった日枝山（切り崩した台
地には日枝神社が建立された）などを切り崩し、その残土
で日比谷入り江を埋め立てることで、新たな土地をつくり
だした。当時は、戦国時代色が濃く残っていた時代でもあ
り、市街地防衛の観点がまちづくりの重要な課題であった。
そこで、武家地には防衛上、複雑に入り込んだ迷路のよう
な道路網をめぐらせ、町人地には、小さな土地を効率的に
配置させて、整然とした街並みをつくりあげた。この市街
地構成は400年経った現在も残されており、大規模な共同
化などに問題が生じている。

　また、街中には水運のためにたくさんの運河や河岸が整
備されたが、ひとたび橋を落とせば、簡単には運河を渡
れない防御構造になっていた。その後、1657年（明暦3）、
江戸市街地の約6割を焼き尽くした明暦の大火を境とし
て、江戸のまちづくりは防災強化へと方針転換がなされた。
そのとき、なぜ、江戸市街地の6割のエリアが焼失したの
か検証が行われ、さまざまな防火対策が検討された。その
結果、江戸全域の防災能力を高めるためには非常に莫大な
資金が必要となるため、明暦の大火のときに焼失した江戸
城天守閣は二度と建て替えられることはなかった。

　火災後、郊外の湿地帯や池、海の埋立て、森や林の開拓
が進められ、江戸市街地の拡張が進められた。その一方
で、中心市街地では運河が埋め立てられたり、焼土の上
に土を盛り、その上に新しい町屋が建設された。そのため、
東京の旧市街地（都心エリア）では、大規模な開発が行わ
れるたびに、敷地を掘り起こすと江戸時代の生活道具（割
れた茶碗など）がたくさん出土することがよく起こること
になる。

　この市街地の拡張で、計画的に武家地、寺社地、町屋な
どの機能の移転が実施された。それにともなって、江戸の

図2　武州豊嶋郡江戸庄図（1632年）

市街地は郊外にどんどん拡大していき、明暦の大火後には、約1.6倍にまで広がり、人口は100万人を超え、当時、世界最大の街といわれた。

　また、このエリア拡大によって開かれた空間には、延焼防止の（少しでも避難する時間を確保する）観点から広小路などの大規模な火除け（火災延焼防止帯）が要所要所に整備された。この空間には、平常時は諸国から運ばれた物資などが並ぶ市が立ったり、庶民の娯楽としての芝居小屋が立つなど、賑わいの拠点（現在の公開空地的な空間）としての役割も果たしていた。

明治期：東京市区改正条例

1867年（慶応3）の大政奉還により、徳川幕府は国を治める実権を朝廷に返還し、明治政府にその実権は受け継がれた。明治政府は約260年間続いた江戸時代に染み付いたルールを洗い流し、欧米列国に負けない国づくりや都市の整備、国民の啓蒙に注力した。ここから「都市」「国民」という概念が生まれることになる。

　明治時代に入ると、武家社会の崩壊により、江戸に集まっていた諸藩の武士たちはいっせいに国許に帰還したため、100万人を超えた江戸の人口は50万人にまで減少することになる。明治時代前期、政府は欧米の学者や技術者（お雇い外国人）を積極的に招聘し、都市づくりを進めた。明治時代後期になると、日本人主導で欧米型都市計画による全面的都市改造が行えるようにまでなった。

　そのスタートとなる制度が1888年（明治21）に制定された東京市区改正条例である。この制度制定が、江戸時代の都市構造がそのまま残る明治時代前期の東京の市街地を大きく変える（都市の不燃化、市電を通すための道路の拡幅、上下水道整備、東京港築港＝予算により完成されなかった事業もある）きっかけとなった。

図3　東京市区改正委員会議定計画図

しかし、この時代の都市改造は、海外との交流に備えた公共施設の整備強化、衛生環境の向上が中心となるものであった。

大正期：旧都市計画法と市街地建築物法

その後、現在の街並み形成ルール（高さ制限、斜線制限、建物容量制限など）のベースができたのは、1919年（大正8）、現在の都市計画法や建築基準法の前身となる旧都市計画法や市街地建築物法の制定によってである。この新制度制定にあたっては、用途地域制が初めて導入された。この用途地域制は建築規制の制度として、市街地建築物法に内包され、住居地域・商業地域・工業地域および未指定地域の4種類でスタートし、現在13種類に分類され、その原点がここにある。この制度における基本的な建築規制は、建築物の「高さ制限」と建築敷地の「建蔽率制限」の組合せによって、間接的に建物容量（容積率）をコントロールするものであった。

　当時、街並み形成を形づくるルールとして、直接的に建物形態を制限する「建築物の絶対高さ制限」を定めた。この高さ制限では、初めて創設された「用途地域別」とともに、「前面道路幅員別」「建物構造別」に細かなルール設定が行われた。

　明治時代以降、我が国における建築物の「高さの制限」の始まりとなったのが、市街地建築物法における絶対高さの制限である（江戸時代には、1650年〔慶安3〕頃より1866年〔慶応2〕までの期間、身分制度により、商人による3階建禁止のルールが定められていたという記録が残っている）。

　市街地建築物法では、住居地域に65尺（20m）★1、それ以外の地域に100尺（31m）の高さ制限が指定された。

　制限導入を行う目的は、当初は、①都市衛生（採光・通風の確保、都市の過密防止）、②建物の保安・安全（地震や火災等による災害防止）、③交通改善（都市の交通容量のコントロール）の3点が主体となり、景観という概念は当初の都市づくりにはなかったようである。つまり、景観という概念には、主観的な要素も入ることから、広域的かつ一律的な規制である用途地域における「高さの限度」に

★1　尺貫法からメートル法への変更により制定

は適していなかったと判断され、あくまでも、建築物法で
あったことから、対象が建物単体であり、都市という概念
につながらなかったようである。

「前面道路幅員別」のルールは、前面道路をはさんで対
向する建物の採光確保を目的としたもので、現在の道路
斜線制限と全く同様のルールである。前面道路幅員に対
しては道路斜線制限のほか、絶対高さ制限ルールも設けら
れた。

「建物構造別」のルールは、建物構造（煉瓦造、石造、
木造、木骨煉瓦造、木骨石造など）別に建物の高さ制限
が設けられた。その一方で、鉄筋コンクリート造、鉄骨造
については、火災・震災・風災害などに対する抵抗力が優
れていると判断されたために、構造上の制限は設けられな
かった。さらに、建物や敷地周辺に十分な広さの公園や広
場、道路等の空地が存在し、行政官庁により衛生上、保安
・安全上、交通上支障がないと認められた場合は、高さの制
限が緩和されるルールも設けられた。

建物の高さ制限100尺の設定については、①ロンドン建
築法における絶対高さ100ft（30.5 m）を参考、②当時、
東京市建築条例で検討されていた高さ制限50尺に対し、
特別な構造として許可されたものに限り、100尺まで許容、
③消防活動（消防ポンプ車の可動高さ）の限界高さ、④既
存の高層建築物（東京海上保険ビル）、設計中の高層建築
物（日本石油有楽館、郵船ビル、三菱丸の内ビル）が100尺
以下に収まっていたことなどから、高さ制限100尺が決め
られた。また、住居地域の高さ制限65尺は、①中層住宅
建築物として、エレベーターなしで歩いて登れる高さの限
界として設定、②海外（パリやベルリン）で定められた高
さ制限（20 m前後）を参考に定められた。

高度経済成長期：建築基準法改正と都市開発諸制度
都市開発諸制度とは、公開空地の確保など公共的な貢献を
行う建築計画に対して、容積率や斜線制限、高さ制限な
どの建築基準法に定める形態規制を緩和することにより、
市街地環境の向上に寄与する良好な都市開発の誘導を図る
制度のことで、東京都では特定街区、総合設計、高度利用
地区、再開発等促進区を定める地区計画（再開発地区計画）

の4制度のことを指している。

　このような高度利用を実現するための発想が生まれるようになったのは、①産業構造の変化（第一次産業主体から第二次・第三次産業主体への変化）、②産業構造の変化にともなう都市部への人口集中・機能集中、③開発技術力の向上（進歩）などにより、高度利用の実現方法として、さまざまな都市開発諸制度が必要となったからである。

　前述したように、現在の都市づくりにつながる都市計画制度は、1919年（大正8）に創設された「旧都市計画法」「市街地建築物法」をルーツとしている。その際、当初は特にヨーロッパ（イギリス、フランス、ドイツなど）の都市づくりルールを参考に行われた。

　また、戦後の都市づくりにおいては、占領軍であったアメリカの技術や情報がたくさん導入され、まちづくりに生かされた。

　アメリカ・ニューヨークでは、いち早く「区画整備決議（1916年）」といわれるゾーニング制度が生まれている。その後、1960年（昭和35）頃「インセンティブ・ゾーニング制度」改正が行われ、日本における「特定街区」「総合設計」の原点となる制度が創設された。

　超高層ビルは、アメリカにおける摩天楼（スカイスクレーパー）計画 ★2 がスタートである。超高層ビル誕生にあたっては、19世紀半ば頃、早くて安全なロープ式エレベーターの開発・普及が高まったこと、鉄骨や強度の高いガラスの生産技術が向上し、19世紀末頃、鉄骨を垂直に組み立てるビル建設技術が確立したことで、自重が重かった鉄筋コンクリート造に代わる自重の軽い鉄骨造による超高層ビルが誕生し、土地の高度利用が可能になった。

　日本（特に東京）では、アメリカとは異なり、地震や台風などが懸念されたため、アメリカより約70年遅れて超高層ビルが実現した。高層ビルを可能にしたのは、特定街区制度の創設である。特定街区という制度ができるまで、超高層ビルが建てられなかった主な理由は、①1919年、市街地建築物法における建築物の高さが100尺に制限されていたこと、②地震や台風などの強風による揺れに耐えられる建物をつくる技術が未熟だったことなどにある。

　高度経済成長期になると、100尺制限の弊害が議論され

★2　1890年、《ニューヨークワールドビル》106ｍ

るようになる。その理由は、①建築物の高さが抑えられた状態で床面積をたくさんつくろうとした結果、建物が横に広がり、建物周りのオープンスペースが狭くなってしまったこと、②床面積を増やすために、階高を下げてまで階層を増やしたこと、地下に階数を増やしたことで、空間の著しい環境悪化を招いてしまったこと、③床面積が増えることで、ビルに出入りする人も増えたため、交通渋滞が深刻化したことなどによって、超高層ビル建設の研究が本格化した。

時は、1958年（昭和33）、《東京駅丸の内駅舎》の超高層ビル計画が発表され、地上24階建、高さ約100mのビルに建て替える計画だったが、当時は建築技術が不十分であったため、武藤清先生を中心とした委員会が立ち上がり、柔構造理論による建築計画が提案された。

しかし、その後、丸の内駅舎建替え計画は頓挫し、10年の月日が生じた。1968年、特定街区の制定により、日本第1号の超高層ビル《霞が関ビル》が誕生することとなったのである。

4制度の制度適用を行う場合の手順について整理する。

4制度は、都市計画（特定街区、高度利用地区、再開発等促進区を定める地区計画〔旧再開発地区計画〕）と建築許可（総合設計）に区分され、都市計画と建築許可の相違点は、行政の対応方針、他のプロジェクトへの影響、チェック機能、協議期間などにおいてである。

「特定街区」「総合設計」の2制度が任意の大規模開発に活用されたのに対して、「高度利用地区」「再開発等促進区を定める地区計画（旧再開発地区計画）」は市街地再開発事業とセット、または、大規模な低未利用地に活用するものとして創設された。

また、都市計画決定権者（都市計画を決定する者）については、1999年（平成11）に「地方分権一括法」制定にともない、できる限り下位者（東京都であれば、区や市町村が下位者にあたる）へ権限移譲させることが決められた。

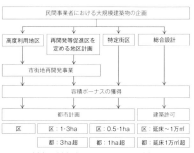

図4　4制度の制度適用のための手順（東京都区部）

表2　都市計画と建築許可の比較

	都市計画	建築許可
業務の進め方	個別主義 新しいことでも判断次第	前例主義 初めての事柄は難しい
他開発への影響	ほとんど影響がない	影響大 前例として初めての事柄は難しい
チェック機能	議会（本議会、委員会）、16・17条縦覧、都市計画審議会	公聴会 建築審査会
協議期間	建築許可と比べて比較的長い	都市計画に比べて比較的短い 近年、内容によっては長期化を有する場合も多い

それにともない、単に決定権者を下位者へ移譲させるだけ
ではなく、下位者独自のルール策定や幅広い活用策が行わ
れた。

　計画内容を公に定めるためには、都市計画手法と建築許
可制度では、案件提出から都市計画決定または建築許可が
下りるまでの期間が大きく異なるとともに、節目となる手
続きが異なっている。

平成期：都市開発諸制度の再編

東京都では2003年（平成15）6月、この4制度の戦略的活
用を図るとともに、各制度運用の基本的な考え方や運用方
針を示すことを目的として、「新しい都市づくりのための都
市開発諸制度活用方針（都市開発諸制度活用方針）」を定
めた。これは4制度の上位計画であるとともに、制度間の
不均衡を是正し、統一運用を図るための制度として策定さ
れたものである。

　その後、さまざまな社会的変動やそれにともなう課題に
よって新しい方針がいくつも定められた。

　環境の破壊は、人類全体の問題であり、人類全体にとっ
て脅威となっている。地球温暖化（頻発する異常気象や自
然災害）、生物多様性の衰退、資源の枯渇、森林・ジャン
グルの伐採、酸性雨、水資源不足、砂漠化などの問題は、
低炭素社会の到来につながっている。2008年（平成20）、
これらの課題に対応して、環境都市づくりを推進する目的
から、温室効果ガス排出量の削減を目指して、カーボンマ
イナスといっそうの緑化の誘導ルールが追加された。

　また、2011年（平成23）の東日本大震災を受け、津波
による建物や道路の損害、鉄道の運行不能など、想定して
いなかった問題が起こったため、2013年（平成25）、防災
都市づくりを強化する目的から、防災備蓄倉庫・自家発電
設備設置の義務付け、一時滞在施設の整備促進ルールなど
が追加された。

　さらに、東京の総人口の減少、年少人口の減少、出生
率の低下、高齢者人口の増加、障害者の増加などにより、
2015年（平成27）、少子高齢化に対応した福祉のまちづく
りを推進する、子育支援施設・高齢者福祉施設の整備促進
ルールが追加された。

訪日外国人の急増にともない、2016年（平成28）には、ハイレベルな国際的観光都市としての充実を図り、宿泊施設の整備を評価対象に加えた。

　2017年（平成29）には、マンション再生まちづくり制度の制定を受け、老朽マンションの建替え促進や太陽光をはじめ自然エネルギーの面的利用の促進ルールが追加された。

　2018年（平成30）には、防災機能強化、快適な歩行者空間の確保、良好な都市景観の形成、2020年（2021年に変更）に開催予定だったオリンピック、パラリンピックにあわせて、緊急輸送道路や乗降客の多い主要駅周辺において、無電柱化を促進する方針が加わった。

　そして、2019年（平成31）、2003年に制定された旧都市開発諸制度活用方針が「都市づくりのグランドデザイン」を踏まえ、内容の抜本的な改定が行われた。具体的な内容を簡潔に整理すると、

①適用エリアの見直し

　中心市街地をセンター・コア・エリア（おおむね中央環状線の内側）から中枢広域拠点域（おおむね環状7号線の内側）へエリア拡大している。

②割増し容積率の上限や育成用途割増しの見直し

　エリア別容積率上限のアップ、充当すべき育成用途割合の見直しを行っている。

③育成用途の見直し

　育成用途導入の義務付けと用途の複合化促進、重点育成用途の導入を行う。

④都心居住の見直し

　多様なニーズやライフスタイルに対応した住宅の供給、量的拡大から質の高い住宅の整備を評価。

⑤開発区域外評価枠の拡大

　駅まち一体や水辺との一体整備、みどりの保全・創出の実現を図る。

⑥公開空地の活用策拡大

　公開空地に設置を認めていた施設の枠拡大化を行う。

3.2 都市開発諸制度

時代背景と都市整備手法の歴史

都市開発諸制度の制定は、戦後、廃墟と化した都市の再興が大きな目的だった。

4制度が生まれた戦後75年間は、社会情勢の変化により大きく五つの時代に分類できる。

その五つとは、①戦後復興期、②高度経済成長期、③安定（成長）期、④バブル期、⑤都市再生期で、さまざまな市街地整備の取組みが進められ、成果と課題が明らかとなった。

①戦後復興期

太平洋戦争によって多くのものを失った日本だが、終戦から5年後（1950年）には朝鮮特需による好景気に乗じ、アメリカの最新技術を学んでのちの産業立国に至る道筋を開いた。

この時代は、戦災を受けたエリアを中心に復興区画整理により市街地整備が推進され、東京では後世に残る良好な公共施設等が数多く計画されたが、その多くは実現に至らず、高度経済成長期以後まで待たねばならなかった。

②高度経済成長期

朝鮮特需以後、10数年間続いた高度経済成長期に、日本は前例にない好景気に沸くことになった。この好景気は、三大都市圏を中心とした都市部への人口流入による中心市街地の活性化と市街地周辺部の急速なスプロール化による市街地の無秩序な拡大を招いた。そのため、市街地周辺部では都市部に流入する人口の受け皿として計画的にニュータウン整備が進められた。

また、都市部ではオフィス需要の増大を招き、大正時代より続いていた建物形態規制ルール（高さ制限100尺）が開発の障壁となり、オフィスビルの供給不足を引き起こすことになる。この頃、モータリゼーション社会の到来により、特にオフィスビルでは大規模な駐車場整備が必要となり、計画の高度利用化・高層化、駐車場の確保、ビル周辺の環境改善など、これまでとは異なる都市機能、建築の大型化、環境整備が望まれることになった。

③安定（成長）期

大都市への人口流入も一時期に比べると沈静化し、団

塊世代を対象とした積極的な住宅供給が郊外部を中心に進んだ。さらに国民個々の急速な自動車保有の増加により、ロードサイド型店舗が充実するとともに、新しい居住スタイルが確立した。その一方で、中心市街地では人口流出や来訪者の減少傾向が顕著になった。

　この時代、郊外部でのさらなるニュータウン開発や区画整理が活発化するとともに、主要駅前地区などでは、市街地再開発事業の進展により拠点的な地区の形成が進められた。特に郊外において開発された住宅市街地は、同一世代をターゲットとしたため、その後、地域の高齢化が進むことになった。

④バブル期

　バブル期には、産業構造の変化による大規模工場・倉庫等の郊外や臨海部への移転、鉄道輸送からトラック輸送への転換によって不用になった旧国鉄鉄道操車場跡地などの民間への払い下げなどにより、大規模な空地や遊休地等が各地に生じた。

　それにともなって、東京圏への人口や業務機能の集積が加速し、特に都心部を中心にオフィス需要の拡大が進み、地価の急激な高騰が起こった。

　そこで、これまでオフィス等が集積していた地域に加えて、大規模工場・倉庫等跡地、旧国鉄鉄道操車場跡地などには、「高次な都市機能」が集積した新拠点（核）が形成された。また、急激なオフィス需要は、低層密集市街地の地上げを横行させ、大量の空地や不良債権を生み出した。バブル期の急激な変動は、東京の一極集中を招き、東京とその他の地域との格差がさらに開くことになった。

⑤都市再生期

　バブル崩壊によりオフィス等の需要が冷え込み、急激な地価下落が進んだ。それにともなって、長期的な不況により中心市街地の衰退が加速した。

　その一方で、都市部の地価下落は、都市部におけるマンション建設を活発にさせ、人口の都心回帰の動きが起こった。

表3　戦後の都市整備手法の歴史

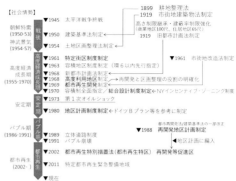

そこで、バブル期の不良債権処理に向けた仕組みの充実、衰退した中心市街地の活性化に向けたさまざまな制度が創設された。

特定街区制度

1919年（大正8）に制定された市街地建築物法は、建築基準法制定（1950年〔昭和25〕）以降も1970年までの50年間は大きくその内容の変更は行われず、その制度運用にあたっては、一般法規制と特例において行われていた。

　特定街区は、1961年（昭和36）に創設された制度で、時は戦後、戦災復興から朝鮮特需、高度経済成長期と好景気に沸いた時代である。この好景気は、当時の建築ルールだった高さ制限（100尺や65尺）の見直しをうながした。

　そこで、1950年代「建築物の高さの制限撤廃」と「容積率という概念の検討」の動きが進展する。前述したように、1950年、市街地建築物法に代わって新しい「建築基準法」が制定されるが、新しい建築基準法では、これまでどおり、高さ制限、建蔽率制限による建物容量規制は継承されたまま、建蔽率制限をより強化する形に変更されていた。また、翌年には、都市計画法第四次改正案が策定され、用途地域の細分化、高さ制限・建蔽率制限の詳細化（多区分化）が行われた。

　1952年には、日本都市計画学会において「容積地域に関する研究」の実施が発表され、既成市街地の容積実態調査、容積基準の検討が行われた。同年、あわせて耐火建築促進法が制定（建築基準法附則で改正）され、商業地域・防火地域内における耐火建築物の建蔽率制限が適用除外となる。この頃、特例によって高さ制限100尺を超える《大阪第一生命ビル》に高さ41ｍ、《渋谷東急デパート》に高さ43ｍの許可が下りる。

　1953年（昭和28）からは、建物構造強化に対するさまざまな研究の実施や開発が実現し、「建築物の高層化の可能性を技術面、経済面等の視点」から検討が行われた。

　1957〜1959年（昭和32〜34）には、建築基準法の一部が改正され、「建蔽率の緩和」「高さ制限や建蔽率制限の特例措置の緩和」が追加される。

　1959年（昭和34）、「建物の適正設計震度研究委員会（武

藤清委員長）」が発足し、超高層ビルの実現可能性が検討された。この委員会では、《東京駅丸の内駅舎》の建替え計画（24階建）において、コンピューターによる構造解析検討が行われたが、この計画は最終的に中止となり、丸の内駅舎は解体を免れ、歴史的建造物《東京駅丸の内駅舎》保存につながることになる。

1960年（昭和35）になると、東京都は都市計画学会、都市計画協会、建築学会の3団体に「容積地域制の採用」を諮問し、1961年には、国に対して「容積地域制」導入を求める意見書を提出する。容積制導入は建築物の高さの制限を撤廃するとともに、これまでの間接的な高さ制限による容量制限から直接的に容積率制度を制定しようとするものであった。

しかし、全国一律の容積制度制定には時間を必要とした。そこで、容積制度制定に先駆けて、特定街区制度が1961年に創設された。その後、1964年（昭和39）、《霞が関ビル》は都市計画決定を受け、1968年（昭和43）、日本で第1号の特定街区として超高層ビルが完成する。

建築物の高さの制限ルールは、1970年（1963年、東京都環状6号線内に容積地区制度を先行的・試験的に創設）、全国一律の容積制度の導入によって撤廃されることになる。しかし、高度経済成長期における都心部では、100尺（31 m）に揃った街並み形成が継続されていた。

その訳は、新しい容積制度で建替えを行おうとすると、床面積を減築しなければならなくなる例が多々存在したため、建替えを控えるビル所有者が増加したことにある。

特定街区制度は、制定されて以来、すでに60年の月日が経っている。また、建設されてからすでに50年以上経過する建物もあって、いくつもの建替えが実現している。

特に東京では、超高層ビル第1号である《霞が関ビル》を含む「霞が関三丁目地区」、《霞が関ビル》と同時期に都市計画決定された「常盤橋地区」、《世界貿易センタービル》の建替えである「浜松町二丁目地区」が特定街区を廃止し、新たに「再開発等促進区を定める地区計画」や「都市再生特別地区」を採択して建替えが行われた。

総合設計制度

容積インセンティブ方式は、特定街区制度を皮切りに、公共的な空間整備にともなう高層ビル建築ルールとしてスタートした。しかし、都市計画を前提とした建築計画では、数も制限され、行政との協議時間も長期化するなど、大きく街並みを変えていくことにはつながらなかった。

そこで、一般既成市街地が抱える「建物の密集化」「魅力的な公共空間の乏しさ」などに対応するため、都市計画制度に基づく煩雑な手続きによるまちづくりを実現していくのではなく、建築許可を前提として、市街地環境の改善を図ることを目的とした「総合設計制度」が1970年（昭和45）創設された。

これは、折しもアメリカ・ニューヨーク市においてインセンティブ方式による新しい制度が創設・運用され、魅力的な空間整備と高層建築の両立が始まっていたことを参考にした制度である。

ニューヨーク市では、日本より10年早い、1961年から同様の制度が導入された。当初は、建物周辺に公開空地を設け、基準容積率の2割増しを限度として運用していたようである。しかし、1970年代からは、制度運用をより活発化するため、割増し限度を大幅に拡大していった。しかし、1980年代半ばには、その弊害は大きくなり、主要道路に面した広場の設置は、街並みの連続的形成を妨げる結果となった。

そこで敷地内の空地による割増しを＋100％に制限し、敷地外にポケットパークを設け、敷地内への容積移転を認めることで容積割増しを実現した。それは、同一敷地内に建物建設と公開空地の整備を行うと、公開空地の整備が中途半端になることを避けるための苦肉の策であった。

日本では1970年にスタート、その年はアメリカ同様、基準容積率の2割増しを前提に導入されたが、1980年代半ばからは「都心居住促進」を目的として、割増し量の拡大が繰り返された。2000年（平成12）に入ってからは、十分な空地と大量の住宅整備によって、基準容積率の2倍にまで割増しを実現させたが、これは当初の主旨から逸脱した運用であった。東京の総合設計は、「周囲の市街地の実態」と「都市計画として決定された用途地域が想定する

図5　ニューヨークのポケットパーク

図6　ポケットパークの風景

市街地の形状」から大きくかけ離れた高さのマンション開発等を可能としている。

　実は、総合設計制度創設のタイミングは、非常に最悪の時期であった。総合設計制度創設当初は、世界的な「オイルショック」により、景気が非常に落ち込んだ時期だった。そのため、制度創設当初10年間では、許可件数は非常に少ない状況であった。その後、時代・社会的背景（バブル期）の変化にともない、総合設計のルール改正が行われていった。

　具体的には、より活発な制度採用が行われ、
①技術基準（容積割増し、建物形態規制）が、より緩和の方向へ推移
②緩和対象の拡大（住宅・宿泊施設等の評価対象の拡大）
③建築許可と都市計画の格差縮小（総合設計のメリットの拡大化）
　1）協議の簡易化・簡素化、2）協議期間の短縮化（都市計画と比べて）

　総合設計は、前記内容への改正にともない、都市計画制度に比べて活用しやすい制度になった。それにともなって総合設計による建築物は、①より大規模化、②より高層化、③より周辺市街地との隔絶化が起こり、隣接地への圧迫感、用途の混在化、周辺交通・住環境の悪化などの問題を招いてしまった。

　このような制度は、世の中の景気によって、制度内容の見直しを繰り返している。そのときどきの好不況により「緩めすぎた基準や運用方針」を引き締めたり、緩和したりしながら制度運用を行っている。つまり、都市計画手法との格差が縮まったり、広がったりしている。

　最近では、①建物高さ限度の設定においては、斜線のみで制限されていたが、大規模敷地などでは、全く制限がかからないため、総合設計独自の高さルールが2006年（平成18）に設けられた、②容積率獲得に対して、ルール上、獲得できる容積率が協議により、100％認められない例が増えてきた、③協議期間が長期化している、④一般建築法と同様に、景観に対する評価・形態規制緩和（天空率等）は緩く、色彩や緑化等に際しては、非常に厳しい方向への

表4　東京都における総合設計実施件数

年		件数
S51〜54	オイルショック	16
S55〜59		18
S60〜H1	バブル期	143
H2〜6		151
H7〜11		106
H12〜16	特区創設	142
H17〜21		108
H22〜26	制度の厳格化	40
H27〜30		20

S＝昭和　H＝平成

ルール改正が行われた。

　本制度の運用にあたっては、①必要条件（敷地面積、前面道路幅員などの数値基準、公開空地面積などの技術基準に適合しているかどうかを前提に）、②十分条件（行政が個別具体的に市街地環境の改善に資するかどうかを裁量判断している）」の２段階を満たすことが、総合設計許可の前提であるとしている。

　総合設計を評価するにあたって、「市街地環境の改善に資しているか」については、数値基準の適合とは別に、改善内容についての評価は行政裁量に任されている。つまり、市街地環境にとって、プラス面とマイナス面を十分に考慮し、プラス面がマイナス面を上回ってこそ、初めて許可を与えることになるのだが、ルール上難しいのは、行政裁量の点である。技術基準は定められた数値に適合しているか否かで判断できるが、裁量判断となる景観や圧迫感（圧迫感は近年、天空光で代用が可能か）などは、何がよくて何が悪いのか、また、これらを数値化（点数化）することの難しさがあり、数値化してプラス面・マイナス面を判断することは非常に困難である。そのため、なかなかマイナス面の影響の実質的判断が実際にはなされていないのが現状である。これは、近隣紛争が絶えない要因の一つとなっている。

　都市計画決定手続きとは異なるため、近隣住民や利害関係者とのやり取りの機会があまりにも少なく、協議に際して、さまざまな弊害も発生する。また、行政等により「裁量判断」の部分が大きすぎて、景観や市街地環境改善のための協議は容易ではない。

高度利用地区

1968年（昭和43）、人口・産業の都市集中にともない、都市やその周辺地域において、市街地の無秩序な拡散、公害の発生、都市環境の悪化、非効率な公共投資などの弊害が表面化した。そのため、1919年（大正8）に制定された旧都市計画法を全面的に見直し、総合的な土地利用計画の確立、都市計画における広域的かつ総合的な計画立案、国と地方

表5　時代別における総合設計の運用方針の変化

時代 （時期）	まちづくりの課題	運用方針
創成期	建物の密集化 魅力的な公共空間の乏しさ	インセンティブ方式の導入 公開空地の設置 容積率の割増し
1980年代	オイルショックによる景気低迷	新制度の創設 住宅型導入 定住人口回復型
バブル期後	投資拡大のための積極的活用	ルールの緩和 割増し容積率増強 天空率導入 公開空地評価の増進
2005年頃	近隣紛争増加に対する対応	ルールの厳格化 高さ制限の設置 隣地境界線からの離隔距離確保
3〜5年程前	まちづくりが求める課題範囲の拡大（まちづくりに必要なものは空地と住宅だけではない）	評価幅の拡大 特定行政庁の裁量による独自のルール採用導入 旧耐震時代の老朽マンションの建替え強化 特定施設（宿泊、無電柱化、水辺一体等）を対象とした計画評価

間の事務配分の合理化等を行う必要性から、新「都市計画法」が改正された。

また翌年の1969年（昭和44）には、人口集中による都市の過密化と不合理な土地利用により、都市機能の低下や都市環境の悪化が進んだため、都市の総合的な再開発実現のための新たな手法の必要性から「市街地改造法」を改め、「都市再開発法」が創設された。

高度利用地区は、1968年の「都市計画法」改正で創設された制度である。基本的に、高度利用地区は、市街地再開発事業とセットで活用される制度で、都市再開発法第3条に規定されている（都市再開発法の創設当初、市街地再開発事業の施行区域は、高度利用地区内に限定されていたが、現在では都市再生特別地区や特定地区計画などが対象区域に指定されている）。

近年では、市街地再開発事業とセットで行わず、単独で高度利用を実現する事例も出てきている。

4制度の中では、特定街区に次いで古く、市街地再開発事業とセットで運用されていたため、活用数は非常に多いのも特徴である。高度利用地区は、①合理的な土地利用、②健全な高度利用、③都市機能の更新の三つの目的を実現するために適用される。

一つ目の合理的な土地利用とは、土地が不健全に細分化されている市街地をより健全な土地へまとめること。つまり、不健全な細分化とは、指定容積率が高く高度利用すべき地区なのに、敷地規模が非常に小さく、高度利用できない市街地のことをいい、合理的な土地利用とは、小規模宅地の共同化による市街地の改善をいう。

二つ目の健全な高度利用とは、高く建てるということではなく、健全な「有効利用」を意味している。つまり、周辺市街地環境への十分な配慮のうえで、高度利用を図ることをいう。

三つ目の都市機能の更新は、土地の高度利用を行うことで、都市機能（電気・ガスや上下水道の供給施設、交通手段の提供、行政機能および商業、教育、観光などの機能）を整備し、都市の魅力・環境・利便性向上や賑わいの創出

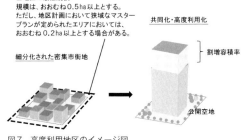

■地区の最低規模
規模は、おおむね0.5ha以上とする。
ただし、地区計画において狭域なマスタープランが定められたエリアにおいては、おおむね0.2ha以上とする場合がある。

細分化された密集市街地

共同化・高度利用化

割増容積率

公開空地

図7　高度利用地区のイメージ図

などを目指すことをいう。

　高度利用地区を指定するエリアについては、「細分化された密集市街地」を前提としているが、その条件は「高度利用地区」では非常に曖昧に設定されており、都市再開発法第3条では「①耐火建築物の建築面積（敷地面積）の合計がすべての建築物の建築面積（敷地面積）の合計のおおむね3分の1以下」と指定されている。

　また、高度利用地区を指定するにあたっては、市街地環境、都市基盤等に関する以下八つの事項について十分な調整を行い、計画に反映させなければならない。

　一つ目の土地利用等については、周辺市街地における土地利用の現況、将来の動向に配慮するとともに、都市計画区域の整備、開発および保全の方針や区市町の都市計画に関する基本的な方針に適合するように計画する必要がある。特に、工業系用途地域内において、住宅の確保を図る場合には、産業振興のための利便性の向上や住環境の保全に配慮する必要がある。

　二つ目の道路等については、高度利用地区内に予定される建築物が、道路等の公共施設に与える影響に配慮し、地区内の公共施設等の整備を図るなど、状況に応じた対策を講じる必要がある。

　三つ目の福祉については、福祉に関わる整備基準や高齢者・障害者等の移動に際しての円滑化誘導基準に適合するように努めるとともに、高齢者・障害者など、すべての人が施設等を安全かつ快適に利用できるよう、福祉のまちづくりに十分配慮する必要がある。

　四つ目の少子高齢・人口減少社会を踏まえた福祉施設の整備促進については、大規模な都市開発を行うにあたっては、子育て支援施設や高齢者福祉施設の整備促進を積極的に図る必要がある。

　五つ目の都市環境への配慮、環境と共生する都市の実現のためには、環境基準の達成に努める必要がある。また、国民の健康と安全を確保する環境に対応するため、より評価の高い優良な建築物となるよう計画するとともに、自然の保護と回復に関する緑化基準に基づき、よりいっそうの緑化を図るよう積極的に努める必要がある。

　六つ目の都市景観への配慮については、魅力ある景観が

形成されるよう、建築物の規模、色彩、壁面位置や屋外広告物等について適切な配慮を図る必要がある。

　七つ目の防災都市づくりへの配慮については、高度利用地区内外の道路の無電柱化により、災害時の道路閉鎖防止を図るなど、都市の安全性の向上に努める。また、大規模災害時に備えて、一時滞在施設の整備等による帰宅困難者対策に積極的に取り組むことで、大規模災害時における都市の自立性の確保にも配慮する必要がある。

　八つ目のその他については、建築物、建築敷地の整備に関する計画を定めるにあたり、周辺市街地の環境との調和、歴史的または文化的環境の保全、省エネルギー等に十分配慮する必要があるとしている。

再開発地区計画と再開発等促進区を定める地区計画

再開発等促進区を定める地区計画（以後、「再開発等促進区」という）は、もともと1988年（昭和63）「再開発地区計画」として創設され、その後、2002年（平成14）、1990年に創設されたもう一つの制度「住宅地高度利用地区計画」を統合する形で現在に至る。

　この制度は、相当程度の規模の区域（1ha以上）において、円滑な土地利用転換を推進するため、公共施設等の都市基盤施設と優良な建築物等の一体的整備に関する計画に基づき、土地の合理的かつ健全な高度利用と都市機能の増進を図るとともに、一体的、総合的な市街地の開発整備を行うことを目的としたものである。

　再開発等促進区は、「区域の整備及び開発に関する方針（方針）」と「再開発地区整備計画（計画）」の二つから構成されており、前者はマスタープランにあたるもので、土地利用、建物整備の考え方などとともに、「主要な公共施設（道路・公園・緑地・広場・その他の公共空地〔以下、「道路等」という〕）」の配置・規模を定めることとなっている。

　また、後者の「再開発地区整備計画」では、主に街区内の居住者・利用者等が利用する道路等を定めるとともに、計画される建築物の用途や容積率、建物高さ、斜線制限等が緩和されるボーナスをともなった制度である。

　そこで、「方針」および「計画」から構成される制度の特徴を生かし、まちづくりの熟度などに合わせて、段階的

1. 戦災復興からの重厚長大型機能
　　　　　　　　　　　の再配置
　① 戦災から既成市街地の再生
　② 利便性の高い河岸、臨海部に工場立地
　③ 利便性の高い河岸、鉄道沿線に倉庫立地

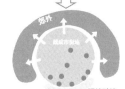

環境破壊
2. 高度経済成長期における
　　　　　　　　　人口集中対策
　① 廃棄物処理先としての臨海部埋立て
　② 人口流入対策としての郊外対策
　③ 工場・倉庫地による市街地の環境悪化
　　公害、公園・緑地不足
　　周辺市街地への交通負荷
　　街のネットワーク阻害

更なる拡大の抑制、鈍化

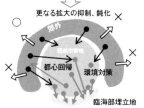

3. 安定期からバブル期の都心回帰
　① 流通革命（鉄道輸送 →トラック輸送）
　② 工場・倉庫地の土地利用転換
　　（鉄道沿線 →高速道路IC周辺）
　　（都心周辺部 →臨海部・郊外）
　③ 移転跡地の大規模開発
　　　→再開発地区計画の創設
　　　（商業拠点・住宅地の環境改善）

図8　再開発地区計画創設の流れ

に土地利用転換を進めることができる特徴も併せ持つ。

再開発等促進区が創設された1988年（昭和63）当時は、いわゆる「バブル期」の真っ只中で、大規模工場や倉庫等の郊外や臨海部への移転にともなって生まれた、まとまった低・未利用地などの「遊休地」を積極的に活用して有効利用を図る活発な時代であった。

当制度は、この時代の好調な日本経済を背景に、東京などの大都市圏を中心とした急激な需要増大に応える事務所床の建設や、水際など大規模敷地の特徴を生かした高層マンション主体の大規模開発にも積極的に活用された。また、低・未利用地での活用に加え、既成市街地における密集市街地での活用も想定し、市街地再開発事業実施の条件として都市再開発法に採択区域として定められている。

近年では、エリア全体の街並みをコントロールするガイドライン（街並み再生地区・街並み再生方針）を作成し、再開発等促進区に基づき、街並み再生方針の内容を具体化する制度（街区再編まちづくり制度）も生まれ、これまでのまとまった低・未利用地や木造密集市街地での再開発とは異なり、都心部既成市街地での活用や特定街区計画の建替え（再都市計画）など、幅広い利活用がなされている制度である。

（いのうえ・ひろかず　日本設計エリアデザイン部
第２グループ専任部長）

図版・表出典

図１　筆者作図
図２　提供：国立国会図書館デジタルアーカイブ
図３　提供：一般社団法人東京建設業協会
図４　筆者作図
図５～６　撮影：山下博満
図７～８　筆者作図
表１～５　筆者作成

第4章　関係者の視点：「都市建築」を切り拓いたプレイヤーたち

廣瀬 健

本章では、1950年代から2000年代初頭までの戦後日本の都市建築のプロジェクトに関わってきた人や組織に焦点をあて、都市建築を切り拓いた人々をプロジェクトに関わったメンバーの属性から大きく五つの属性（プレイヤー）に分けて捉えることで、プロジェクトごとの役割や関係性を明らかにすることを試みたい。

　一つ目のプレイヤーは、国・都・市区町村など、法整備や制度活用を主導する立場としての「行政」である。二つ目のプレイヤーは、審議会や建設委員会などの委員を務め、主に大学などに籍をもつ学識経験者などの「有識者」である。三つ目のプレイヤーは、民間のディベロッパーのほか、再開発の場合は地権者も含む事業主体としての「民間事業者」。四つ目のプレイヤーは、建設段階だけでなく、企画段階からの技術開発とコストコントロールの担い手としての「施工者」。そして、五つ目のプレイヤーとして、建物の設計やデザインにとどまらず、プロジェクトの具現化に向け、企画から竣工まで多様な関係者をまとめる役割を担う主体としての役割を担う「設計者」である。

　これらの五つのプレイヤーが、互いに異なる立場や利害をいかに乗り越え新しい都市建築をつくり上げてきたのか、四つの切り口（協働体制、官民学の連携、合意形成、役割の変化）から整理する。プロジェクトの関係者が、どのようにそのときどきの社会問題と向き合い、新しい制度や仕組みを考案し、新しい都市建築を実現してきたか、当時の設計関係者へのインタビューとともに迫ってみたい。

4.1　高層化を実現した協働体制
《霞が関ビル》：建設委員会と霞が関三井ビル企画室
超高層建築の黎明期において、そのときどきの社会問題や新しい制度や技術に対して、事業者・設計者・施工者それぞれが一組織の力では突破できない多くの課題に直面し

図1　五つのプレイヤーと主な役割

た。1968年（昭和43）に竣工した日本で最初の超高層建築物である《霞が関ビル》は、建築・設備の設計手法から工事段階の施工技術に至るまで、すべての設計・建設プロセスを新たにつくり出す必要もあった。そこで、民間ディベロッパー（三井不動産）・設計者（山下寿郎設計事務所、現山下設計）・施工者（鹿島建設）により民間企業の叡智を結集するために建設委員会を組織し、計画を推進した。無論、立場の異なるもの同士が集まる委員会は、組成時から円滑な協働関係が生まれた訳ではなかった[*1]。しかし、さまざまな課題を協働で乗り超えていく中で、徐々に信頼関係が構築され、最終的には「建設委員会をつくらなかったら、プロジェクトは動かなかった」[*2]と語られるほど、《霞が関ビル》計画の根幹を担う組織となった。

　《霞が関ビル》の計画推進体制を語るうえでもう一つ重要な組織として、建設委員会に先立って三井不動産社内につくられた霞が関三井ビルディング企画室（通称、霞の間）がある。この企画室は、三井不動産、山下寿郎設計事務所、鹿島建設、三井建設からメンバーが集まり計画を進めていた。この企業を超えたチームワークは、事業者・設計者・施工者が「三位一体で進んだプロジェクト」[*3]と評価されるように、新しい都市建築を切り拓く中では不可欠であった。

　また、建設委員会を支えた有識者（顧問）による分科会もすべてが新しいことへの挑戦であった。日本で初めての超高層ビルを計画するうえでは、日本独自の構造・防火・避難などの基準づくりから始める必要があった。そこで、都市計画の高山英華、計画系の吉武泰水、防災の星野昌一、計画原論の小木曽定彰など当時の建築界のさまざまな分野のトップランナーの有識者や研究者が建設委員会の顧問として集められ、分科会を形成した。また、施工者側からは構造計画の専門家として武藤清が柔構造理論を提唱し、設計への提案がなされた。

　池田武邦は当時これらの多様な専門家による協働体制のあるべき姿として、「グループダイナミクス」を唱えている。グループダイナミクスは、第二次世界大戦においてアメリカが戦時中の戦略策定の際に取り入れた、軍事の専門家だけではなく、民間の文学者や音楽家まで幅広い分野の専門家を入れる手法といわれている。池田氏は、第二次世界大

図2　《霞が関ビル》のプロジェクト体制

戦で日本がなぜアメリカに負けたのかを調べていた中で、アメリカがグループダイナミクスを使っていたことがアメリカの勝因ではなかったかと考え、その戦術的価値を設計体制にも応用した。このグループダイナミクスの考え方を設計体制の思想の根幹に据えることで、多様な専門や役割をもった人々が知恵を出しあう集合知により、新しい都市建築を生み出すことができたともいえる。

《京王プラザホテル》：建設委員会とデザイン委員会

《霞が関ビル》建設後も、超高層ビルの建設における設計者と有識者と施工会社の協働関係は、特に構造計画において重要な役割を果たした。日本で最初の超高層ホテルである《京王プラザホテル》の計画でも日本設計、武藤研究室、鹿島建設のJVという形で設計グループが組織された。また、このプロジェクトにおいても「建設委員会」という名の委員会が組織されたが、《霞が関ビル》や《新宿三井ビルディング》（本書では以降《新宿三井ビル》とする）とは異なり、民間事業者（京王電鉄）の社長臨席のもとの意思決定機関であった。建設委員会にはJVを組んでいる日本設計と鹿島建設の役員らが2週に一度集まり、そこへ設計JVチームが提案をもちこむ形式で進められた[*4]。

建設委員会では大まかな方針を決めていたが、デザイン面については、JVの枠とは異なる発注者役員と設計者役員とその設計チームのみの、剣持勇を委員長とする「デザイン委員会」という枠組みで計画が進められた（図4参照）。

図3 《京王プラザホテル》外観

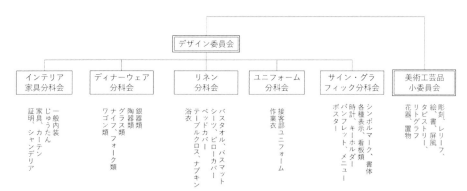

図4 《京王プラザホテル》インテリアデザイン体制

表1 《京王プラザホテル》内装・家具・カーテン類のデザイン分担

		内装	家具・カーテン類	主な協力アーティスト、照明器具デザイナー
47	展望回廊		日本設計事務所および京王百貨店	
45	スカイラウンジ、スカイバー		剣持勇デザイン研究所	伊藤憲治、多田美波、富岡惣一郎、脇田愛二郎他
44	スカイレストラン		白石勝彦住空間設計室	篠田桃紅、小田原裕紀子、柚木沙弥郎、増田誠
43.42	トップ会議室		日本設計事務所、京王百貨店	堂本尚郎、重田良一、佐々木四郎、多田美波 他
41.40	スイートルームC		剣持勇デザイン研究所	藤田忠男 他
39-11	一般客室			
10	和室			富岡惣一郎、篠田桃紅 他
6.5	式場控室、小宴会場	日本設計事務所	日本設計事務所および京王百貨店	大津英敏、富岡惣一郎、リ・ゴリッヂ、西山英雄、斉藤三郎、西山真一 他
5	大宴会場			日本設計事務所
4	中宴会場			多田美波、松本美保子
5	ホワイエ			脇田和、会田雄亮
4	宴会ロビー			星守雄、木村忠太、会田雄亮
43.42.5.4	国際会議用家具			
3	メインロビー、エアラインロビー		剣持勇デザイン研究所	伊藤隆道、栗辻博、多田美波、町春草、尾川宏、佐々木四郎 他
3	カクテルラウンジ			会田雄亮、内山洋子、白石勝彦、尾川宏
2	コーヒーハウス		日本設計事務所および京王百貨店	会田雄亮 他
2	プロムナード			脇田愛二郎、伊藤隆道
1	純喫茶			細野艶子 他
41.40	スイートルームA、B		剣持勇デザイン研究所	仏頭、栗辻博、会田雄亮、高野和子、加山又造、澄川喜一、山本常一、藤本経子、篠田桃紅、重田良一、川上玲子、富岡惣一郎 他
10	茶室		裏千家	
6.5	結婚式場		Qデザイナーズ（渡辺力）	
4	カスタムバー			中島勇、伊藤隆道、越智健三
2	グリル		剣持勇デザイン研究所	越智健三、木村直道、会田雄亮、山本常一、栗辻博 他
2	プルニエ			藤本経子、木村直道
2	メインバー		Qデザイナーズ（渡辺力）	土門拳、向井良吉
2	中国料理		KID（北澤進）	
2	ヤングバー			
2	ブッフェ		SDA（山中玄三郎、石黒正範）	堀内紀子
2	サパークラブ		渡辺優デザイン事務所	山岸柾史

総轄管理　日本設計事務所　　　　　　　　　　　　　　　　総轄顧問　剣持勇

デザイン委員会には分野ごとに分科会が組織され、インテリア分科会ではユニフォーム、テーブルウェア、サイン、造園、グラフィックなど見えるものすべてを扱っていた。また、グラフィック分科会はパンフレット、ポスター、開業前の広告・広報関連すべてを取り扱い、両分科会とも当時の日本をリードする著名なアーティストが参加していた[*5]。

当時、日本設計の担当者であった内藤徹男は、「一つの設計事務所でつくっちゃうと、みんな同じようなものになってつまらないから、大勢のインテリアデザイナーやアーティストを入れよう」（内藤徹男、第13回次世代都市建築委員会、2019年）という考えのもと、各デザイナーやアーティストにコンセプトブック『「京王プラザホテル」デザインシステム』を配布し、同書の中で「これほどの大

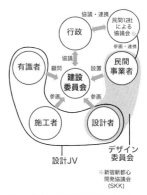

図5 《京王プラザホテル》プロジェクト体制（1971年竣工）

規模かつ多目的建築では建物の隅々まで統一したデザイン
で押し通すことはまことに無味乾燥で鈍重です。対立の調
和とでもいうべきセンスの火花が散ってこそ大空間に面白
さが出るのだと思います」*6と表明している。多様な専門
家やアーティストとの協働作業は、先述の池田武邦の唱え
た「グループダイナミクス」にも通じるプロジェクト体制
であり、"ジーンズスタイルの似合う" 京王プラザホテル
の運営と施設のあり方は、業界で第二次ホテル革命と位置
付けられるほど革新的なものであった*7。

4.2　都市政策を実現した官民学の連携
《大川端リバーシティ21》：大川端作戦と大川端開発事務所
都市建築の高層化が一般化してきた1980年代以降、都市
建築はさまざまな用途の複合化とともに、建物単体だけで
なく、都市基盤整備をともなう面的な開発として立ち現れ
るようになる。そこには、「第2章」でも触れた「都市政
策」として新たな都市開発制度の活用と、都心のブラウン
フィールドなどの低未利用地の開発を誘導したい行政のね
らいを受けて、新しい都市建築を実現した官民学の綿密な
連携があった。

図6　《大川端リバーシティ21》全景

　《大川端リバーシティ21》は、都心居住や臨海部につい
てのそれまでの常識を覆し、都心における住宅優遇型開発
制度への転換を誘導するとともに、再開発地区計画・そし
て再開発促進区への足掛かりとなった都市建築プロジェク
トである。この大川端エリアの開発構想の初期段階におい
ては、行政と有識者が重要な役割を担っていた。中央区は、
商業地にあった問屋街の業態が変わり、急速な人口減少へ
の危機感から、1972年（昭和47）に池田弥三郎慶應大学
教授が会長になった審議会において「中央区再開発基本構
想に関する答申」*8をまとめた*9。また、この審議会では、
大川端地区や、隅田川沿いのいくつかの倉庫群の敷地など
を開発することで、地域の人口回復を行う「大川端作戦」
（中央区、1972年）が策定された*10。それを受けて1980年
（昭和55）に東京都からの委託調査で再開発基本計画とし
て大きなマスタープランがつくられ、その中で大川端の位
置付けが示され、大きな方向性が示された*11。
　《大川端リバーシティ21》のプロジェクトは、区画整理

隅田川　中央大橋
西ブロック　北ブロック
東ブロック

東京都（賃貸）
都市公団（賃貸）
都住宅供給公社（賃貸）
三井不動産（賃貸）
三井不動産（分譲）
住宅以外の施設

N

図7　《大川端リバーシティ21》開
発事業の配置図と事業者の区分

事業を先行し、その後建物の計画・整備を行う旧来の進め方ではなく、都市計画道路・護岸整備・公園整備などの都市基盤整備と高層住宅等の高度利用が並行して計画・整備された。検討体制も2チーム制とし、地区全体の事業をどう組み立てるかというチームと、実際に各施設をどのように計画するか検討するチームが、同時並行でお互いに意思疎通をしながら進む体制であった。これらの先進的な取組みは、建設省・東京都・中央区といった行政と事業者の連携により実現したといわれている。たとえば、都市計画道路を通すための地元説明に行政もバックアップし、建設省も専門官を先頭に多くの人が動き、堤防利用のアイディアなどが提示された。

　《大川端リバーシティ21》は、住宅・都市整備公団（以下「公団」）と東京都住宅供給公社（以下「公社」）が民間企業と協働してプロジェクトを進めた先駆的な事例であったが、公団や公社と民間ディベロッパーの間の適切な役割分担により、民間と公団や公社がそれぞれのよさを発揮し、お互いの共助関係ができ上がっていた。また、計画当初から東京都や国にプロジェクトを説明するために議論を尽くし、「永く住む」（永住志向）というコンセプトに基づいてワンルーム型はつくらず、「川と住む」「賑わいに住む」といった明確な三つの開発コンセプトを関係者間で共有していたことが、行政を含めた多様な主体がまとまるうえで重要であった[*12]。

　このような円滑な産官学連携や情報共有が実現していた背景に、組織と人のネットワークをつなぐ場の存在があった。《大川端リバーシティ21》の計画段階では、「大川端開発事務所」という事業者4社の協議会を行う出先の会議室が、行政側の関係者も含めた関係者が集まる場となり、プロジェクトについて意見交換がなされ、官民の協働が推進されていた。この大川端開発事務所のメンバー構成は流動的であった。柔軟な人々の集まりが、互いの議論と信頼関係を構築し、プロジェクトのアイディアや情報共有が図られていた。

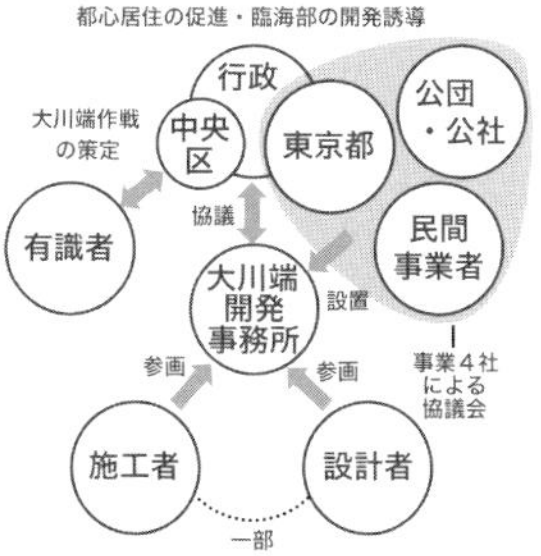

図8　《大川端リバーシティ21》プロジェクト体制（1988〜2010年竣工）

《品川インターシティ》：再開発地区計画と品川計画室

公共性と新しい制度の適用を模索する「行政」と、社会性

と経済性のバランスを模索する「民間事業者」の利害を「有識者」や「設計者」が調整しつつも連携することで、新しい都市建築を生み出したプロジェクトとして、《品川インターシティ》を取り上げたい。

《品川インターシティ》は、1984年（昭和59）品川駅東口の広大な旧国鉄の貨物ヤードの敷地を民間ディベロッパー（興和不動産。現日鉄興和不動産）が取得したことに始まる。しかし、敷地が港区と品川区にまたがっていたことと、食肉市場があったことで、なかなか開発を許す基盤が整備されていなかった。その後1987年（昭和62）に、《品川インターシティ》の敷地に隣接する新幹線車両基地が、国鉄清算事業団により処分された。これを契機に、民間ディベロッパーと行政が一つの方向性を見出すため、港区が川上秀光東京大学教授を有識者として嘱して作成した「品川駅周辺地域整備基本計画調査報告書」（通称、川上委レポート、港区、1989年）により、品川駅東口の開発の方向付けがなされていった。

一方で、設計者である日本設計は民間ディベロッパーから業務を依頼される立場であったが、一民間企業の利益だけでなく、将来のまちづくりに向けて社会全体の利益を考慮したコンサルティングを行う使命感から、行政と民間ディベロッパーの間に入って、プロジェクトのヴィジョン（『新都心しながわ"へ向けて』[13]）を提示した。このヴィジョンには、中央に緑地を設ける提案が盛り込まれ、のちのセントラルガーデン形成への布石が計画の初期段階で打たれた[14]。

また、行政側の動きとしては、1988年に再開発地区計画制度（現在の再開発促進区に定める地区計画）を発足させ、《品川インターシティ》を含む品川駅東口地区再開発は、再開発地区計画の第一号案件となった。この再開発地区計画制度は「民間開発者側からの計画提案に基づく緩和型の詳細計画として、従来の都市計画制度にはない革新的な制度」[15]であり、この新しい制度や仕組みづくりを活用するために行政側もプロジェクトに密接に関わっており、東京都、港区、品川区にとどまらず建設省も地権者とともに検討会（品川駅東口地区都市基盤整備検討会、1990年）[16]に参画してプロジェクトの推進が図られた。また、再開発

図9　《品川インターシティ》外観

図10　品川駅東口の将来像を示す模型写真

表2　品川駅東口地区都市基盤整備検討会の構成

品川駅東口地区都市基盤整備検討会
　建設省都市局街路建設専門官
　建設省都市局街路課課長補佐
　建設省都市局都市計画建設専門官
　建設省都市局都市計画課課長補佐
　建設省都市局都市計画課長
　東京都都市計画局施設計画部交通企画課長
　東京都都市計画局施設計画部街路計画課長
　東京都都市計画局施設計画部施設計画課長
　東京都都市計画局地域計画部土地利用計画課長
　東京都都市計画局地域計画部開発企画室長
　東京都建設局道路建設部企画課長
　品川区都市整備本部副参事（都市整備担当）
　港区都市環境部都市計画課長
　港区土木部土木計画課長
　港区都市環境部副参事（芝浦・港南地域整備担当）

品川駅東口地区都市基盤整備検討会事務局
　東京都都市計画局施設計画部交通企画課課長補佐
　東京都都市計画局施設計画部交通企画課長
　東京都都市計画局施設計画部街路計画課課長補佐
　東京都都市計画局施設計画部施設計画課長補佐
　品川区都市整備本部主査
　港区都市環境部都市計画主査
　港区土木部土木計画課係長
　港区都市環境部芝浦・港南地域整備主査
　港区都市環境部芝浦・港南地域整備担当

地区計画は、品川以外にも後に登場する汐留シオサイトや《六本木ヒルズ》《東京ミッドタウン》などにも適用され、都心部の低未利用地において「群化する超高層」[17]が出現するきっかけとなった。

このような官民の連携によるプロジェクトの基盤づくりが進む中、民間ディベロッパー側は、《品川インターシティ》の計画を遂行するために、設計者と施工者から人を募り、社内に「品川計画室」を設置した。この品川計画室には、設計者側として日本設計以外に都市計画コンサルタントも入り、さまざまな組織とのオープンな協働関係が築かれた。再開発地区の導入策や周辺の基盤整備の両立のため、一つの再開発地区のエリアの中で開発行為と区画整理という二つの事業手法を使うことなど、都市計画から建築設計まで数々の新しいアイディアが生まれる場であった。

このように、初期段階における「①民間によるヴィジョンの提示」「②行政による新たな制度設計」、そしてそれを具体的な計画に落とし込むために「③事業者・設計者・施工者が協働する計画室の配置」により、官民学が連携した大規模な都市建築が実現した。

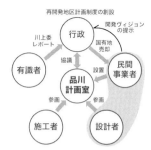

図11 《品川インターシティ》のプロジェクト体制

4.3 「都市建築」を実現した合意形成のプロセス

江戸川橋第二地区市街地再開発事業：涙の総会

戦後の東京における「都市建築」の実現手法としては、すでに市街地で人の暮らしが根づいていた場所でも、社会的要請に基づき実施する市街地再開発事業や複数の地権者による再開発事業が挙げられる。これらの再開発事業は、それまでその土地で暮らしてきた多様な地権者の意見を一つのプロジェクトにまとめあげる合意形成が重要となる。市街地再開発事業の現場でのコンサルタントや設計者は、行政と連携しながら地域の人々に寄り添い都市建築の形を見出してきた。

1978年（昭和53）に市街地再開発事業が決定した江戸川橋第二地区市街地再開発事業（文京区）は、1969年の都市再開発法制定後の東京都の市街地再開発事業の実質的な第一号といわれている江戸川橋地区[18]の事業に続く市街地再開発事業の先駆けとなったプロジェクトである[19]。文京区と不燃公社との間で事前検討が進められてきた中で

図12 江戸川橋第二地区の外観

プロポーザルが行われ、日本設計が設計者に選定された。

　この再開発は、実現の過程においてターニングポイントになった準備組合の組成時の「涙の総会」から、「涙の再開発」[20]ともいわれている。当時、日影条例が数カ月後に施行されることになっており、それまでに再開発に対する地権者の合意が取れないとプロジェクトが頓挫する状況下にあった。そこで準備組合設立のため、約35世帯の地権者を対象に行政と不燃公社を交えた総会が開かれた。懸案となったのは、危険負担を誰が負うのかであり、行政と不燃公社は地権者がリスクを負うことを再開発の条件としていた。しかし、総会に参加した地権者たちは、危険負担のリスクを引き受ける覚悟ができず、準備組合が成立しない事態となった。このとき、設計者がヴィジョンとコンセプトを示した書類を配り「これは地権者の皆さん自身の街の将来に関することなのです」と、再度地権者に語りかけた。すると、地権者の一人の男性が急に立ち上がり、「今まで自分は、全く関心がなくてただ来ているだけだったけど、今、やっと目が覚めました。このチャンスを逃したらこの再開発はもうない」と涙ながらに話し、他の地権者たちが「あの人がそこまでいうのだから」と皆の心を動かし、準備組合が成立した、という劇的な経緯があった[21]。市街地再開発事業の組合をまとめ上げるには、明確なヴィジョンと強いコンセプトを関係者間で共有することとともに、地権者たちが自分事として街の未来を考えるために地権者に寄り添ったサポートを行うプレイヤーの存在が重要である。

《日本橋三井タワー》：歴史的建造物の保存と合意形成の連鎖
《日本橋三井タワー》をはじめとした日本橋室町エリアの都市建築群もその成立ちの過程では、多くの関係者との合意形成が必要であった点で注目すべきプロジェクトである。日本の歴史・文化が残る代表的な中心市街地の再生問題ともいえるこのプロジェクトでは、《日本橋三井タワー》など歴史的建築物保存型の特定街区や都市再生特区など、新しい制度を官民が一体となって構築してきた。その背景には、日本橋の古いものを残して、それを未来につないでいくべきだというヴィジョンを地権者たちが共有し、地域

の人々が自分たちの街のアイデンティティは何かを再発見
したことが土台となっている。

　このプロジェクトの発端の一つとなったのは、1980年
代末頃から三井不動産に対して《三井本館》を重要文化財
指定するという打診が文化庁からあったことである。日本
橋は三井グループ発祥の地であり、1929年（昭和4）竣工
の《三井本館》は関東大震災からの復興の象徴でもあった
ため、三井不動産は《三井本館》を歴史的建造物として保
存しつつ街区内を開発するための道筋を見出す必要があっ
た。ただ、一度重要文化財に指定されてしまうと建物への
制約が多くなるため、「保存することによってどれだけの
プレミアムが得られるのか、指定を受けることによって実
際にはどれほどの制約が生じるのか」が三井不動産にとっ
ての懸案事項であった[*22]。そこで、三井不動産は日本設計
とともに重要文化財に指定された建物の底地が公開空地と
同じ扱いになる都市計画制度の新設について文化庁と東京
都に働きかけた。

　特に文化庁と三井不動産の会談は数十回にわたって行わ
れたともいわれるが、当時の文化庁の担当者が近代建築保
存に多くの経験をもつ後藤治（現工学院大学）であったこ
とも助けとなり、文化庁側には「建築保存を強制するので
はなく法制度によってサポートする」[*22]柔軟な姿勢があっ
た。また、京都市指定文化財の教会建築における先行事例
の存在したことや、「容積不参入という観点を取り入れて
市街地建築を指定文化財として残し、そこに保存を前提と
した計画を組み合わせるならば、かえってダイナミックな
保存と開発の両立案を成立させることができる」と、『中
央公論』で鈴木博之（東京大学教授）が寄稿し、「文化財
行政、建築行政、そして都市計画行政が、既得権益や縄
張り意識を捨てて、個々の所有者や個々の文化遺産の価値
と特質に合わせた、大局的見地に立った協力体制」[*23]を
呼び掛けたことも後押しとなった。そして、東京都で「重
要文化財特別型特定街区制度」が1999年（平成11）に創
設され、三井不動産は《三井本館》の保存と、《日本橋三
井タワー》の建設に踏み切ることにつながった。

　また、近年は日本橋二丁目地区第一種市街地再開発事
業[*24]など、後続の日本橋の都市再生特区プロジェクトな

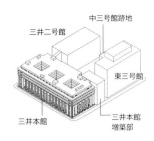

図13 《日本橋三井タワー》の開発
前後のボリューム構成

図14 《日本橋三井タワー》外観

どにおいても、重要文化財の保存活用による再開発が実現しており、制度や景観づくりが広がりを見せている。

　さらに、再開発が完成して、地元で長く商売を続けていた地権者の一人がとても喜び、周辺の日本橋の人たちに「再開発はよいものですよ」と伝え回ったという[*25]。地元の人たちもお店が生まれ変わり繁盛しているのを実際に目にすることで心が動かされ《COREDO室町》をはじめとする周辺地区の再開発プロジェクトに加わっていった。地域の中の同じ目線の人が実体験に基づき語りかけることが、合意形成のうえで重要であったことが伺える。そして、地域の人々に寄り添ったまちづくりは、建物の竣工後の地域のエリアマネジメント（一般社団法人日本橋室町エリアマネジメント[*26]）へとつながり、再開発によるハード整備だけでなく、その後のソフト面の運営へと連続したまちづくりが実現している。

4.4　「都市建築」のプレイヤーの役割の変化

《新宿アイランド》：住宅・都市整備公団とプロジェクトマネジメント

時代の変化とともに、都市建築に求められる要素が多岐かつ細部にわたる中で、事業者・設計者とも専門性の分化が進む一方で、それらの専門領域をプロジェクトの進捗にあわせて統括していく役割も必要となってくる。

　1995年（平成7）に《新宿アイランド》としてグランドオープンした西新宿六丁目東地区第一種市街地再開発事業は、1981年（昭和56）の住宅・都市整備公団の発足直後のプロジェクトであった。組合施行を予定していたが、権利者が多く組合施行は難しいという状況下で、公団がオフィスもできるという組織・制度改編もあり、公団施行を依頼することになった[*27]。

　また、住宅・都市整備公団への改編もあり、設計者（日本設計）に対しても、デザインなどの設計業務以外に、施主（施行者）の意思決定の補助、つまりプロジェクトマネジメント（以下「PM」）という役割が求められた。日本設計でこのプロジェクトを統括した六鹿が「当時まだPMという言葉自体が社会であまり使われておらず、それに近い仕事を幕張のツインタワーで行い、そのノウハウをアイランドのプロジェクトに人材も含めて投入した」（六鹿正

図15　《新宿アイランド》全景

治、2019年）と語るように、日本設計におけるPMの先駆
けとなったプロジェクトでもあった。のちに日本設計で都
市計画群を率いた伊丹勝は、「キャッシュフローによる不
動産投資判断、投資家と運営家の分離、収益還元法による
地価鑑定等がプロジェクト形成に際して大きな影響を及ぼ
す」[*28]とし、PFIやPM業務が拡大する中で、設計者の役
割が進化し、プロジェクト形成マネジメントの能力と中立
的な第三者性に対する社会的な存在価値が高まっていると
語っている。

　多様なステークホルダーと細分化した専門領域をつなぐ
役割の重要性は、近年ますます高まってきており、当時の
試みが現在の都市建築の計画プロセスに大きな影響を与え
てきたことが伺える。

汐留シオサイト：不動産の証券化とデザインビルド

1990年代後半から大規模な都市建築プロジェクトにおい
て、海外などのデザイナーの参画やデザインビルドによる
プロジェクトが増えたことも、都市建築をつくり上げてき
た「5者」のバランスに変化を与えている。

　汐留シオサイトは、約30.7haの旧国鉄汐留貨物駅跡地の
再開発であり、1985年（昭和60）から86年にかけて実施さ
れた汐留駅周辺地区総合整備計画策定調査と、1987年の国
鉄改革を発端としている。1994年（平成6）に土地区画整
理事業（東京都施行）と再開発地区計画が都市計画決定し、
本格的なまちづくりがスタートしたが、最終的なエリア内
の建築群の完成は2000年代初頭であり、長い年月を要し
たプロジェクトであった。

　広大な敷地は11の街区に分割されたが、土地所有者と借
地権者が共同で設立した「汐留地区街づくり連合協議会」
の存在により、行政と事業者が協働しながら計画を進めた
ことで、地下とグラウンドレベルとデッキレベルの多層の
歩行者ネットワークが形成され、低層部については一体開
発による街区間の緊密な連携が図られた[*29]。一方で、上層
部については、20棟以上の超高層と約160万㎡の床面積
の計画を進めるにあたって、エリア全体の都市デザインの
方向性は明確でなかったとの指摘もあり、汐留シオサイト
の街区の一つであるB街区に建設された《汐留シティセ

図16　汐留地区の再開発地区の概要

ンター》を担った六鹿は「海に対して壁のように超高層ビ
ル群が事業者間の調整が進まぬまま計画された」と振り
かえる。

　この様相は、同じ街区型の都市建築群として遡ること30
年前に、新宿で民間12社が新宿新都心開発協議会（SKK）
を組成して行政とともに2年半にわたって協議を重ね、建
築協定をつくり上げていった過程[*30]とはずいぶんと対照
的である。事業者間の調整が進まなかった原因の一つに、
この頃から不動産の証券化と、民間ディベロッパーが投資
会社等をクライアントとしてプロジェクトマネジメントに
乗り出したことが考えられる。意匠・建築・構造・設備の
分離発注を行い、クライアントの意向に沿うよう設計者の
ほかに、海外からデザイナー（デザイン監修者）を登用し、
設計者は「マスターアーキテクト」もしくは「ローカルアー
キテクト」などと呼ばれ、設計者の役割が細分化された。

　藤村龍至は「表層を設計する有名な建築家と深層を設計
する匿名のアーキテクトの二層構造化」[*31]と評したが、プ
ロジェクトごとにデザイナー（主に外装デザインを担当）
と設計者（組織事務所）を組み替えるという時代の到来で
あった。このデザイナーの起用による都市建築のブランド
化は、不動産の証券化と深く結びついていると考えられ、
2003年（平成15）に《汐留シティセンター》が竣工した
数カ月後に、東証でREIT指数の算出が開始されているの
も興味深い[★1]。当時、このデザイナーを採用した方式で計
画された都内の代表的な例としては、同じく2003年に竣
工した《六本木ヒルズ森タワー》（設計者：森ビル、入江
三宅設計事務所、デザイナー：コーン・ペダーセン・フォッ
クス・アソシエイツほか）が挙げられるが、汐留シオサイ
トも《日本テレビタワー》にリチャード・ロジャース・パー
トナーシップ、《電通本社ビル》にアトリエ・ジャン・ヌー
ベルがデザイナーとして加わり、《汐留シティセンター》は、
ケヴィン・ローチ・ジョン・ディンカルーアンドアソシエ
イツ[*32]がデザイナーとして参画している。

　投資会社は、建物の単体の利潤を追求するため、エリア
全体の最適化には意識が向かいにくいため、「本来は、最
低限のビジュアルな結果をあらかじめ想定したうえで、ビ
ジュアルコリドーなど都市デザイン的観点でのコンセプト

図17　開発後の汐留地区

図18　《汐留シティセンター》外観

★1　1998年に資産流動法の施行
　　を経て、特定目的会社の設
　　置が可能となり、不動産の
　　証券化が進み、2001年に
　　J-REITが誕生する。

を明快に定義し、それを実現・誘導できるような形に、法規ないし協定をもっていくことが必要であった[*33]」と、六鹿が振り返るように、全体最適のための都市デザイン的視点を担うプレイヤーが不在であったことから、異なる民間事業者間の連携を計画時につくりだすことの難しさがあったことが伺える。

　また、施工者自身が、設計者・施工者を一体で行うデザインビルドもこの時期に広がり、汐留シオサイトのいくつかの街区で取り入れられている。特に、汐留C街区（《汐留タワー》）では事業者・設計者・施工者のすべてを担うケース[*34] もあり、今日の大規模建築プロジェクトにおいて大きな流れの一つとなっている。このデザインビルドは、事業者にとって建設コストを計画段階で見積もり調整することができるメリットがある一方で、設計者の一つの役割であった第三者性がプロジェクトの中で薄れていくため、事業者や施工者双方の利潤追求の力が強くなり、5者の役割のパワーバランスが崩れやすい。実際、品質確保や設計の責任の所在に対する懸念から、2007年（平成19）に三つの建築団体が連名で国土交通省にデザインビルド方式に関わる要望書を提出している[*35]。

　一方、この汐留シオサイトでは、「有限責任中間法人汐留シオサイト・タウンマネージメント」（2009年に一般社団法人化）がプロジェクト計画時の「汐留地区街づくり連合協議会」を母体に設立され、企業・住民が主体となって行政と協働した継続的なまちづくりを推進している。近年の民間事業者による都心の都市建築プロジェクトの多くにおいて、竣工後の地域の活性化や価値向上を目的に官民が連携したエリアマネジメント組織が数多く組織されており、その先駆的事例の一つでもある[*36]。

4.5　小結
本章では、「行政」「有識者」「民間事業者」「施工者」「設計者」の5種類のプレイヤーが、互いに異なる立場や利害をいかに乗り越え新しい都市建築をつくり上げたのか、「協働体制」「官民学の連携」「合意形成」「役割の変化」という視点で整理した。ここでは、本章で取り上げた事例を元に、5種類のプレイヤーごとに整理してまとめたい。

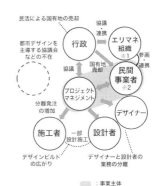

図19　汐留シオサイトに見られたプロジェクト体制

一つ目の国と東京都などの行政は、過去半世紀において東京都心における高さ制限や容積率の規制緩和を政策目標としてきた。特に本章でも取り上げた汐留シオサイトや品川駅東口などのプロジェクトに影響を与えたのは、1980年代の中曽根政権下における経済活性化を目的とした「民活・規制緩和」政策の延長にある。2000年代に入り都市再生特別措置法による都市再生特区のプロジェクトの公共貢献項目と容積割増しのトレードオフの関係も、基本的にこれまでの規制緩和の歴史において、行政がつくりあげてきたものの積み重ねの上に成り立っている。

図20　新たな都市建築のための産官学民の連携に向けて

二つ目の有識者や研究者は、行政に対してこれらの新しい規制緩和のルールの検討会に委員として参加し、助言を行ってきた。一方で、新しい都市建築がつくりだされる過程において、法規や基準が規定されていない場合や、技術が確立していない場合に、第三者の専門家として客観的な助言を行い、新しいアイディアや拠所をつくりだしてきた。特に、本章で取り上げた大川端作戦や、川上委レポートは行政に対して大きな指針を示しており、その後の東京都心の都市建築群の出現に対して大きな役割を果たした。

三つ目の民間事業者は、新しい都市計画制度を活用するために、行政や有識者と連携する一方で、設計者や施工者と建設委員会や設計室などを計画の初期段階から設けて、一組織の力で突破できない多様な課題を突破してきた。また、周辺の多様な地権者と連携し、面的な再開発を推進していくために、地道な合意形成を地域の人々の中で行ってきた。その結果、民間ディベロッパーが単に建物をつくることに終わらず、継続的なエリアの価値向上のため、竣工後の維持管理や活性化を担うエリアマネジメント組織も大規模な都市建築とともに誕生している。

四つ目の施工者は、計画初期段階から民間事業者が設けた建設委員会や計画室などに参画し、施工上の技術的課題をいち早く検討することで、都市建築の発展に寄与してきた。特に、日本の建材や技術での実現可能性や、コストコントロールなど複数のパラメーターを調整してきた。近年は、設計施工の一体、もしくは地権者として事業に関わる場合もあり、都市建築プロジェクトへの関わり方の幅が広がっている。

五つ目の設計者は、都市建築の黎明期においては、未知の技術への挑戦に対して、グループダイナミクスに代表されるような異業種との化学反応を求めて、協働により新しい都市建築をつくりあげてきた。一方で、近年の大規模な都市建築の設計においては、設計JV、海外のデザイナー等との協働、施工会社との協働を民間事業者側が主導するケースも増え、設計業務が専門化・細分化されていることや、デザイナーとエンジニアの専門の分化が進んでいる。そのような中「（設計者の）強みは利害関係のない第三者性、人だけの組織であることによる強みです。たとえばディベロッパーと我々（設計者）だけでなく、行政、大学の先生など第三の視点をつねに入れておくことで、束ねる力を発揮する環境をつくれるのです」[*37]と伊丹が語るように、設計者が第三者視点と公益性をもった視点をあわせもち、他の４種類のプレイヤーを束ねる力が新しい都市建築を実現していくうえで不可欠となっている。

　最後に、これまで戦後から2000年代初頭までの都市建築の５種類の担い手を追ってきたが、近年注目されている「第6のプレイヤー」として「エリアマネジメント組織」に触れたい。都市建築とともに立ち上がるエリアマネジメント組織は、竣工後の都市建築が永く地域にとって必要とされる存在になるために、地域の複数の民間事業者が連携してまちづくり団体を組成することが一般的である。エリアマネジメント組織が、行政と民間事業者をつなぐ役割を担うことで、都市建築単体だけでなく、周辺街区や街路も含めた内外の利活用を推進する存在となっている。都市建築は、その開発規模のインパクトの大きさから、地域コミュニティとの関係性が希薄になりがちであるが、エリアマネジメント組織には市民と都市建築の架け橋となることが期待されている。都市計画・建築設計・都市デザインに加え、エリアマネジメントによるソフトとハードの連携が、今後ますます重要となっていくだろう。

（ひろせ・けん　アワーデザイン代表取締役）

参考文献、その他

＊ 1　池田武邦インタビュー、2019.02.22

＊ 2　内藤徹男インタビュー、2019.10.24

＊ 3　阿部彰インタビュー、2019.3.18

＊ 4　大井清嗣インタビュー、2019.05.08

＊ 5　村尾成文「高層都市ホテルの計画」『建築文化』彰国社、No.297、1971.07、pp.75-98

＊ 6　内藤徹男『「京王プラザホテル」デザインシステム』日本設計事務所、1969

＊ 7　内藤徹男『1971年／都市はホテルから始まる（日本設計—100solutions 都市を再生する建築）』新建築社、2003、pp.32-33

＊ 8　中央区「中央区再開発基本構想に関する答申」1972

＊ 9　栗村一彰『住宅を取り戻してきた中央区のまちづくり—「人」を「まち」に残すために、都市とガバナンス』公益財団法人日本都市センター、Vol.32、2019

＊10　小坂敏夫「大川端作戦の展開と今後の方向」『再開発研究』一般社団法人再開発コーディネーター協会、Vol.2、1984

＊11　高橋琢朗インタビュー、2019.01.23

＊12　阿井俊雄「大川端・リバーシティ21開発事業の展開」『コンクリート工学』公益社団法人日本コンクリート工学会、1987

＊13　『"新都心しながわ"へ向けて　品川駅東口地区再開発への提案』興和不動産、1987

＊14　安達和夫インタビュー、2019.04.17

＊15　中島直人「建築系都市計画の観点からの「都市計画法」100年の都市計画史-学術活動と法制度の創設・改正との関係に着目して」『都市計画』日本都市計画学会、338、2019、p.18

＊16　「品川駅東口地区都市基盤整備検討会（第2回）1990.06.29 会議資料」

＊17　出口敦、宋俊煥、吉田宗人、岡田雅代「群化する超高層の時代：超高層建築の動向から見る21世紀初頭の東京都心（特集 21世紀初頭のトーキョー(1) エリア化する都市開発と暮らし）—（鳥の目からみたトーキョー）」『都市計画』日本都市計画学会、63(1)、pp.10-15、2014.02.25

＊18　「江戸川橋地区」、文京区ホームページ
https://www.city.bunkyo.lg.jp/var/rev0/0086/3548/k-edogawabasi.pdf

＊19　「江戸川橋第二地区」、文京区ホームページ
https://www.city.bunkyo.lg.jp/bosai/machizukuri/toshikeikaku/toshikeikaku-toshimachi-kobetu/chikubetu/edogawabashi2.html

＊20　東京都都市計画局開発計画部再開発計画課『よみがえる東京　再開発22』日刊建設通信新聞社、1990

＊21　中田久雄・細川勝由インタビュー、2018.12.12

＊22　米山勇『日本橋三井タワー　栄光を取り戻すために—日本橋三井タワーの物語』三井不動産、2006

＊23　鈴木博之「都市環境と歴史遺産の共存　容積不参入という考え方」

　　　　『中央公論』中央公論新社、1998.08
＊24　東京都都市整備局ホームページ
　　　　https://www.toshiseibi.metro.tokyo.lg.jp/cpproject/field/
　　　　nihonbashi/saikaihatsu2-17.html
＊25　黒木正郎インタビュー、2019.11.19
＊26　一般社団法人日本橋室町エリアマネジメント
　　　　https://muromachi-area.jp/about/
＊27　住宅・都市整備公団、日本設計「進化する複合再開発　新宿ア
　　　　イランドの全記録」『建築文化』別冊、彰国社、1995
＊28　伊丹勝「不動産商品化時代を前向きにとらえる」『建設産業新聞』
　　　　1998.10.26
＊29　日建設計駅まち一体開発研究会「駅まち一体開発〜公共空間指
　　　　向型まちづくりの次なる展開」『a + u』臨時増刊、エー・アンド・
　　　　ユー、2013.10、pp.103-107
＊30　新宿新都心開発協議会計画専門部会「新宿副都心計画」『建築
　　　　文化』彰国社、No.297、1971.07、pp.68-74
＊31　藤村龍至「巨大開発の時代（1968-2011）の終焉と現代日本の
　　　　新たな生命線」『建築雑誌』日本建築学会、Vol.127、2012.11、
　　　　pp.24-27
＊32　『新建築』新建築社、2003.04
＊33　六鹿正治インタビュー、2019.12.16
＊34　汐留タワー／発注者：鹿島汐留開発、設計者：鹿島建築設計エン
　　　　ジニアリング本部（当時）、施工者：鹿島建設。『月報KAJIMA
　　　　ダイジェスト』2002.10
　　　　https://www.kajima.co.jp/news/digest/oct_2002/site/index-j.
　　　　htm
＊35　日本建築士会連合会、日本建築士事務所協会連合会、日本建築
　　　　家協会「公共工事の設計・施工一括発注方式（デザインビルド
　　　　方式）に関わる建築三団体要望書」2007.08
＊36　全国エリアマネジメントネットワーク
　　　　https://areamanagementnetwork.jp
＊37　伊丹勝『束ねる力』建設工業新聞、2005.01.06

図版・表出典

図 1〜2　筆者作図
図 3　撮影：川澄・小林研二建築写真事務所
図 4　『建築文化』彰国社、1971.07
図 5　筆者作図
図 6　筆者撮影
図 7　「大川端・リバーシティ21開発事業パンフレット」
　　　都市公団、三井不動産、2003.10
図 8　筆者作図
図 9　撮影：川澄・小林研二建築写真事務所
図10　撮影：翠光社
図11　筆者作図

図12　撮影：川澄・小林研二建築写真事務所
図13　提供：日本設計
図14　撮影：川澄・小林研二建築写真事務所
図15　提供：日本設計、撮影：テクニカルアート
図16　日本設計所蔵資料
図17　朝日新聞フォトアーカイブ
図18　撮影：ミヤガワ
図19〜20　筆者作図

表 1　『建築文化』彰国社、1971.07
表 2　品川駅東口地区都市基盤整備検討会、1990

第5章　地区ごとの特異性：「都市建築」に向き合った設計者の思想と系譜

永野真義

5.1　高層化の先に：人間的環境のための「都市建築」

池田武邦のモデュール論：「工業化」と「高層化」

《霞が関ビル》の高層化を後押しした大きな背景的要因に、東京都心部が100尺制限のもと敷地いっぱいに建つビル群で埋れてしまい地上部の公共空間が貧弱だったこと、そして交通渋滞によって悪化した大気汚染（スモッグ）がある。《霞が関ビル》竣工の際、三井不動産副社長で建設委員会会長であった氷室捷爾が残した「はなはだしく人間疎外的な大都市の一般市民に開放された広場は人間回復の場として、珠玉の存在である」との言葉は、当時の都心環境の厳しさを物語る。氷室は、超高層はあくまで手段であり真の目的は「人間性の回復」であったと総括した。

　この「人間性の回復」の思想にもっとも強く共鳴し、またそれを設計者としての実践に昇華させようとしたのが、山下事務所から設計チーフとして建設委員会に参画していた池田武邦であろう。池田は今でも折に触れて「人間性の回復」という切り口から、超高層黎明期を振りかえる。

　池田は《霞が関ビル》に携わる以前から、建築家に求められる職能の変化を的確に捉えていた。それは端的にいえば、一人がすべてをコントロールしていた上意下達の建築家像の限界である。戦後の革新的な技術発展は、構造・設備・生産・都市工学・社会経済といった専門化を加速させ、今後の建築はこれらの専門性すべてを包含しなければならず「個人では不可能な段階」に達していると感じていた[1]。そのときに「設計組織の問題が生まれる」と考えた池田は、第4章に紹介した組織論「グループダイナミクス」【p.63参照】への視座を深め、《霞が関ビル》における建設委員会という「タレントシステム」への参加を通じて、その意義を体現していった。そうした建築家の職能の変化を《霞が関ビル》の設計組織に見た日建設計の林昌二は「建築家不要時代」[2]とシニカルに表現し、建築史家の村松貞次郎は逆に「建築家の復権」[3]だと喜んだ。

　《霞が関ビル》を超高層化する過程において、武藤清率

いる構造部門が柔構造やH鋼の採用をリードし、建物としての大きな枠組みを定めたことは間違いない。では、建築部門はどのようなアプローチをとっていたか。池田は当時、二つの方向性を書き記している。一つは外向きのベクトルで、巨大建築が敷地内外にわたって一定の影響圏をもつことについての都市計画的視点での対処、すなわち都市空間における人間的環境づくりへの眼差しである。もう一つは内向きのベクトルで、新時代のオフィスに入居して働くワーカーにとっての人間空間の獲得、すなわち敷地いっぱい建てることを前提としないで済むことで初めて可能となる合理的で適正なモデュールの採用である。

　池田は《霞が関ビル》設計中の1963年（昭和38）の『建築文化』に吉武泰水らとともに論考を寄せ、「オフィスビルに職場を持ち、生活の一部を営み、オフィスの機能を左右する人間の立場がまず深く考慮され、そのような内部的なものからのとらえ方が十分に行われるのでなければ」ならず、「現代の危機は（中略）近代化のプロセスの中に現れてくるマスの底に、個性が埋没し去り、犠牲にされ、人間性が失われていく」[*4]ことなのだと記している。オフィス内部では執務空間 = desk work ばかりに目がいき、本当にワーカーが必要とする「〈場所〉」をともなわない、「人間疎外」の現象が生じているとも書き加えている。

　池田は1950年代からモデュラーコーディネーション（MC）の研究を重ね、実践している。1953年（昭和28）にル・コルビュジエの著書『モデュロールⅠ』が吉阪隆正（1917-1980）の翻訳により出版され、その後展開した日本版モデュロールとでも呼ぶべきもので、身体を基準とした寸法の体系化であった。池田は山下事務所に就職後、東京大学教授の吉武泰水が主宰する建築計画学の勉強会に顔を出し、そこから池辺陽や内田祥哉、大谷幸夫らとともにモデュール研究会を派生させていた。最終的には吉武のもとでMCに関する博士論文をまとめており、いわば吉武を起点とするモデュール学派の主要な一人であった。

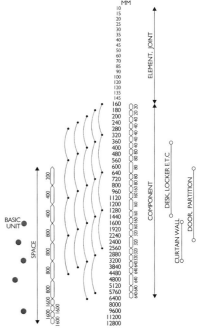

図1　《霞が関ビル》における使用寸法表

実際に《霞が関ビル》では池田が中心となって1600mm を基礎寸法＝ベーシックモジュールとして採用し、一人あたりの基本空間ユニット1600mm×1600mm＝2.56㎡を執務空間の基本単位1 S.U.（Space Unit）と定め、3200mm×3200mm＝4 S.U.を室空間の基本モジュールとした。部材のコーディネーションは、ベーシックモジュールの10分の1となる160mmを基準とし、カーテンウォール、構造体、設備仕上げいっさいがモジュール割りのシステムによって体系付けられている[*5]。

　吉武は《霞が関ビル》建設委員会のアドバイザーであり、また三井不動産の顧問として建設委員会の中心にいた郭茂林もまた吉武研で長く学んだ一人である。企画室の実働を支えた伊藤寧彦や阿部彰らも、吉武から学んだ経験をもつ。こうした人的背景もまた、モジュールを積極的に取り入れて計画を進めることとなった要因であろう。

　モジュールの採用は、設計から生産、施工までを連続させる役割を果たした。池田は《霞が関ビル》の設計と並行して、当時もっとも工業化が進んでいたアルミサッシメーカーでさえ設計者から生産に無理解な個別生産を求められ、施工者からは納期を迫られ、結果「設計のしわ寄せを一手に引き受けた形でときには採算を度外視して」いる前近代的な状況を嘆いている。それを乗り越えるためにグロピウスの「製造者はもっとも直接的な方法でデザインに関与する」[*6]という言葉を取り上げながら設計者とメーカーが早い段階から連携するための方法が欠かせないと考え、設計の標準化並びに構成材のMC化を訴えていた。それが情報の組織化につながるとしている。事実、《霞が関ビル》を通じて生まれた照明・空調・煙感知器・スプリンクラーといった各種のオフィスシステムの寸法体系は生産と結びつき、現代でもほぼ変わらずに使われている。《霞が関ビル》という大規模建築かつ、設計者側の意図が早い段階から明確であったからこそ、施工者やメーカー側もこうした取組みに応じることができた。こうしてモジュールは、「グループダイナミクス」という横断型の組織設計を計画論の立場から下支えしつつ、建築の工業化を一足飛びに前進させたのである。

　つまり、モジュールを使いながら内部に〈場所〉を。超高

層によってできる足元は都市の〈広場〉を。そんな考え方が
超高層オフィスを実現する根底にあったといえるだろう。
池田は、《霞が関ビル》では超高層本体の設計に注力し、
足元に労力を割く余力がなかったと語り、外向きのベク
トルについて十分に回答を出すことができなかったことを
自省している。その後、池田を含む《霞が関ビル》の設計
チームは《新宿三井ビル》のチームへと移行し、その未練
を断ちきっていくこととなる。

前川國男のテクニカルアプローチ：ファサードの工業化

《霞が関ビル》と同時期に構想された超高層はいくつかあっ
たが、中でも名高いのは美観論争で政界をも巻き込む議論
を呼んだ《東京海上ビルディング》（現東京海上日動ビル本
館、以下《東京海上ビル》）であろう。前川國男設計の同
ビルは、大きく2回の設計変更を経て計画されており、第
1期計画案は新・旧館両方の敷地を使ったツインタワーの
超高層案（1965年）、第2回計画案は旧館建替えのみの超
高層案（1966年）、「皇居前の超高層ビルは国民感情として
許されない」という理由から確認申請を棚ざらしにされた
5年間を経て、高さ127mから99.7mへと変更して1974年
（昭和49）4月竣工したものである。

　1918年（大正7）竣工の《東京海上ビル旧館》は、構造
を内田祥三が手がけた作品で、震災も空襲も耐えた本格的
な耐震構造を備えた先駆的建築であったが、不同沈下を起
こしていた。東京海上は1964年（昭和39）、三菱地所に設
計検討を依頼したが、14階建を提案する三菱側と折り合
わず[7]、新たに導入された容積制を生かした超高層によ
る建替えの設計依頼を前川にもちこんだ。前川は1000％の
容積を前提にスタディを重ねた結果、「ただ超高層にする
と工費がかかる」一方、「1500坪の土地に500坪建てれば
1000坪の空地が浮いてくる。（中略）つまりそれだけよけ
い金を使うことによって1000坪の空間を買うのだという
考え方をしてみれば、お金をよけいかけて超高層を建てた
メリットがあるのではないか」[8]と説明する。旧館という
先駆的建築を壊して建てるからこそ社会的意味のある提案
を欲していた東京海上側に、この説明が響くことになった。
前川もまた、広場を高層化の社会的意義の中心として捉え

図2　前川による《東京海上ビル》本
館（左側が旧館）

たのである。

　以降、高さあるいは美観の問題ばかりが注目された《東京海上ビル》は、実に10年の年月を経て竣工した。その外観は、二つの矩形を重ねあわせた平面形、基準階外周部にめぐらされた廻廊、打込みタイルのプレキャストコンクリートによる外装といった特徴を有していた。

　その狙いの一つは基準階の人間的環境にあった。非常階段は矩形が重なる明快な位置に置かれ、外周の廻廊は安全な避難動線として機能し、PCの外装は信頼性の高い耐火性能を担保している。こうした防災面に加え、外装からの環境負荷の低減、自然通風の確保、高層階内部からの心理的安心感といったメリットもあった。

　もう一つの狙いは、やはり広場と超高層の相互関係であった。自然素材かつ陰影の豊かな彫りの深いファサードの表情は広場からの見た目の印象をやわらげ、また矩形を組み合わせた平面形は外観のプロポーションを整えつつ、足元広場に入隅の「袋みたいな」空間を提供した。

　もっともこうした手法が可能であったのは、《東京海上ビル》が本社ビルであったことが大きい。より経済的合理性が求められる《霞が関ビル》のようなテナントビルでは、いずれも認められなかったに違いない。このビルが最終的に30階建から25階建に計画変更した際、東京海上と前川は平面形を太らせて容積を消化することなく、敷地面積の約3分の2に及ぶ空地率を変えずに竣工させている。このことは、設計者とクライアントが深い信頼関係に基づきながら、おおやけに資する理念を本社ビルを通じて表現した象徴的な事実であった。

　構造は横山不学が担当している。横山は大学時代の前川の同級生であり、生涯前川を敬愛した構造家であった。横山はニューヨークにミノル・ヤマサキが設計した《ワールドトレードセンター》の「フレームドチューブシステム」*9と呼ばれる構造形式★1に刺激され、前川の超高層へのチャレンジを支えた。その様は「建築家前川と構造家横山のような同志的な緊密な協力関係はこれまで見たことがない」*9といわれたほどであった。《霞が関ビル》建設委員会に武藤がいたならば、前川には横山がいた。

　前川と横山がタッグを組んで完成させたオフィスビル

★1　共同で構造設計にあたった東京建築研究所の成田春人は「筒殻構造システム」と訳した。

に《日本相互銀行本店ビル》（1952年竣工）がある。前川
は若くしてル・コルビュジエのもとで工業化の進んだ標準
設計を含めてヨーロッパ型の近代建築を学び、しかし日本
に戻ってからはレーモンド事務所でディテールの大量作図
と原寸現場検討を繰り返し、そのギャップにもがいた経験
をもつ[*10]。その後、戦時はコンペ案ばかりが高い評価を
受けるも実作なく、戦後の本格的な作品の第1号が《日本
相互銀行本店ビル》となる[★2]。前川はこの仕事で西欧と国
内のギャップを埋め、「日本の建築がヨーロッパの建築と
同じスタートラインに立つ」ことを掲げ、素材から構法と
そのディテールに至るまで横山とともに心血を注いだので
あった。同ビルは鉄骨全溶接のストラクチャーに、日本初
の総ガラス張りのアルミカーテンウォール並びに軽量コン
クリートを用いたPC版を用いた軽量な外装を施した。こ
うした「技術的経済的な前提からの形の追求」とそこへの
肉薄をテーマとした一連の取組みは「テクニカルアプロー
チ」と呼称され、高い評価を受けた。そこから10年ほど
かけて、前川は「ぺらぺら」のアルミカーテンウォールに
見切りをつけ、打込みタイルを用いた外壁工法を《紀伊國
屋ビルディング》《埼玉会館》といった作品を通じて横山
とともに洗練させ、《東京海上ビル》へと至っている。

　建築家が工業化への必要性と欲求からこのように構法や
生産に手を広げなければならないという危機感は、池田と
前川に共通するものだった。一方で、池田が建築家なき設
計組織を目指したのに対し、前川は「設計というのが個人
的な信用に依存する以上、そのワンマン・コントロール
の限界を三十人と見るのが私年来の持論」[*11]だと主張して
おり、あくまでその組織論は旧来の建築家像の延長線上に
あった。これは、若き日を海軍で過ごした池田と、コル
ビュジエのオフィスで過ごした前川の違いだったかもしれ
ない。あるいは、超高層テナントオフィスという一般解に
取り組んだ《霞が関ビル》と、あくまで超高層本社オフィ
スという個別解だった《東京海上ビル》の違いだったかも
しれない。《東京海上ビル》は、前川が生涯を通じて設計
した唯一の超高層となった。竣工直後「やはり巨大なもの
は胸につかえる」と語った前川は以後、都市建築の設計か
らは離れ、役所や図書館、美術館などといった公共建築の

図3　《日本相互銀行本店ビル》

★2　正確には三十数店の支店の
　　設計を経ているため、同ビ
　　ルは一連のアプローチの集
　　大成であった。

世界へ回帰していく。

巨大建築の足元広場：「55 HIROBA」と丸の内エスプラナード

《東京海上ビル》は、同じく1974年（昭和49）に竣工した《新宿三井ビル》《新宿住友ビル》などとともに建築史家神代雄一郎の論説に端を発する「巨大建築論争」の的となり、高層建築物としての寄り付きがたさや外観の趣きの違いを焦点に池田や林昌二、郭茂林らとともに論壇を賑わせた。

　当時の論戦ではほとんど着目されることのなかった足元広場は、およそ50年の時を経て、その違いを顕わにしている。もっとも端的な違いは、その圧倒的な緑量と、高層棟足元の多様な中間領域のデザインにある。特に水平的な広場に対して彫刻的に高層棟が屹立する《新宿住友ビル》や《東京海上ビル》に比して、《新宿三井ビル》高層棟と足元の「55 HIROBA」の関係は秀逸である。ビル風の影響を巧みに和らげながらロビーとレストランフロアをつなぐステップ状のオープンスペースは人の居場所にあふれる。《霞が関ビル》とほぼ同じメンバーで建設委員会が組織され、あらためて超高層を手段、広場を目的として臨んだ《新宿三井ビル》では、隣接街区に先行して竣工した《京王プラザホテル》と合わせて「武蔵野の森を回復する」というコンセプトでオープンスペースがデザインされ、その中央に約25m四方のゆとりあるサンクンガーデン「55 HIROBA」が配された。竣工に際し建築史家の村松貞次郎は「"足元まわり"の空間のリッチさは感心しました」「《新宿三井ビル》が超高層ビルに一つの模範解答を出されました」[*12] と絶賛。緑をいかに豊かに創出するかということへの強いこだわりがあった。そのことは、《新宿三井ビル》の当初コンセプト検討で池田がまずビル足元一面が原っぱになっている案をもってきたという逸話や、地下駐車場上部に位置するサンクンガーデンに武蔵野を象徴する大ケヤキを植えるべく多大な労力を払ったという逸話に窺い知ることができる。「55 HIROBA」は竣工後も継続的なマネジメントがなされ、現在も休日を含めて多くの人々が憩う。

　新宿新都心開発協議会（SKK）による副都心全体のマスタープランでは、地表＋1.5〜2.0m程度のレベルで広場間をつなぐペデストリアンネットワークが街区を越えて全体

に描かれた。SKKのパンフレット「LIVE! SHINJUKU」
にも登場する当構想の断面図は、《新宿三井ビル》足元の
断面とほぼ同一になっている【p.181参照】。《新宿三井ビ
ル》の広場のヴィジョンは新宿副都心全体を見据えたも
のだったのである。

　一方、《東京海上ビル》足元のデザインについて前川は、
「エスプラナード」の概念を使ってその計画の途中段階を
説明している。前川は「エスプラナード」とは、「人が憩
いをもちながら、目的もなく歩く中庭的広場・遊歩道」[13]
だとのちに解説している。特に初めて「エスプラナード」
の概念を導入した《埼玉会館》において、エスプラナード
をつくるために全体ボリュームの配置構成を「おかまいな
く」[14] 扱ったと述べている点は、《新宿三井ビル》におけ
る目的と手段の関係に相似であった。

　《東京海上ビル》の足元は、当時の丸の内における貴重
な広場として、東京駅からの動線を受け止めるべく東に向
けて大きく開いており、東京駅と皇居を結ぶ都市軸である
行幸通りと、当時丸の内改造計画に基づいて拡幅し歩行者
軸の形成が進んでいた丸の内仲通りに面して、丁寧にデザ
インされた。しかしながら広場そのものは、中央を地下商
店街へ降りる動線や彫刻が占め、散策することもゆっくり
憩うこともどこかしづらい空間であり、当初前川が意図し
た半開半閉の空間性を感じ取ることはできない。

　前川は計画の進行とともにこの広場を「エスプラナード」
と呼ぶことをやめている。それはなぜか。もともと前川は
スタディの過程で、《東京海上ビル》北側に隣接する東京
海上ビルディング新館と一体で、建物・広場ともが呼応し
たツインタワーを構想し、約105m×90mの街区全体で
エスプラナードを構築しようとしていた。最終的に敷地の
南半分だけの計画に留まったことで奥行きある回遊性も失
われ「エスプラナード」の呼称を取り下げていくのである
が、将来への働きかけとしての含みおきが入隅をもつオー
プンスペースの形として残っている。前川はのちに新館敷
地に建替え話がもちあがった際、街区中央に中庭を置き、
《東京海上ビル》の広場が中庭に向かって成長していくよ
うな構想図を描いている[15]。

　実際には、建て替わった東京海上ビルディング新館と

図4　《東京海上ビル》本館足元の広
場空間

図5　前川國男の丸の内都市計画模
型

《東京海上ビル》の間に呼応関係があるとはいえず、《東京海上ビル》の広場が「エスプラナード」に成長することはなかった。とはいえ、現在の丸の内におけるアーバンデザインの基本コンセプトであるリレーデザインの萌芽とも呼べる考え方が、《東京海上ビル》の当初デザインに含まれていたことは特筆に値する。また、元来マスタープランに懐疑的な眼差しをもっていた前川が、美観論争中に丸の内全体のマスタープラン模型を制作している事実もまた、前川がこの都市建築を地区全体と呼応させる理念のもと設計を進めていた証左として付け加えておく。

　西新宿と丸の内はそれぞれの展開を見せる。端的な違いはグリッドの街区サイズに由来する。丸の内の約105 m×90 mの街区サイズに対して、西新宿では約150 m×100 mの街区サイズである。西新宿の基盤は丸の内の街区サイズ二つ分を目安に、当時の経済情勢を鑑みてやや小さめのブロックにするという考えのもと定められた[*16]。ゆとりある基盤のもと、SKK12社が連携して描いた共通のヴィジョン、設計者による街区を跨ぐ緑のデザインにより、タワー・イン・ザ・パーク型の模範解答を生み出した西新宿的なるアプローチは、その後、さらに道路を地上から消し、よりスーパーブロック化する方向へ発展を見せる。それが現在の品川・六本木・大阪北ヤード・虎ノ門といった開発となって展開している。

　《東京海上ビル》以降の丸の内周辺では、フランク・ロイド・ライトの《帝国ホテル》を皮切りに次々と建替え・高層化が進んでいくが、前川が見せたようなセットバックして広場を設けるデザイン手法は展開されず、前川の広場は孤立していった。当時、徐々に乱れゆく丸の内のスカイラインを見て池田武邦は「恥しい」[*17]と厳しく糾弾し、前川は広場をつくらない超高層を「墓石型」と呼んで非難した。時代が降って丸の内が選んだのは、「街並み誘導型地区計画」として「高さ31 m程度の軒線の尊重や歴史的な街並みの継承を図るため、現在の壁面の位置を踏まえた壁面の連続した景観の形成等を図る」[*18]道であった。

　2000年代以降「大丸有地区」として地区計画やエリアマネジメントを進め、人の居場所たる街路を中心にデザインされた街並みを歩くと、丸の内の地区特性にあった超高

層群の姿がついに確立してきたことを実感する。その地区の骨格を担っているのは行幸通りと丸の内仲通りという二つの歩行者ネットワークであり、要所に配された広場（1号館広場や丸キューブがその代表例であろう）である。その全体像が「人が憩いをもちながら、目的もなく歩く中庭的広場・遊歩道」という前川の「エスプラナード」のコンセプトに重なりつつあるように思うのは錯覚だろうか。奇しくも本稿を執筆中の2021年3月末、《東京海上ビル》の建替えが検討されているというニュースが飛び込んできた。行幸通りと仲通りの交差点に面した、丸の内の原点とも呼ぶべき場所に位置するこの敷地と広場が、時空間的なリレーデザインと当時のような先駆性をともなって成長していくことを望みたい。

新都庁舎コンペ：世界都市東京のシンボルか、呼吸する超高層か

新宿副都心の超高層街区には、かつて淀橋浄水場が立地していた。戦前には移転が決まっていた同地は戦後、建築家や都市計画家が新しく理想の市街地像を構想する格好のフィールドとなった。東京都首都整備局はこの浄水場跡地を含む新宿西口一帯を副都心に位置付け、「新宿副都心建設計画」を策定。スーパーブロックを導入して建物を一定程度高層化しつつ、極めて公共用地率の高い都市像を目指していた。淀橋浄水場跡は1〜11号地に分割のうえ、その多くは民間に売却されて各社が互いに協力して超高層開発を進めていった。その中で1・4・5号地は、当初からシティセンターのための都有地として位置付けられ、1971年（昭和46）の「東京都本庁舎建設審議会」を皮切りとした紆余曲折の議論を経て、1985年（昭和60）ついに指名コンペ形式による新都庁舎案を募ることになったのである。

　設計条件には「シンボル」としてのシティホールを体現した案への期待が強く書かれていた。批判もあった中、有楽町から新宿へ都庁を移転することを正当化すべく、情報化社会時代の行政シンボルとしての佇まいが生まれながらにして求められていたともいわれている[19]。こうした公共建築へのシンボリズムへの欲求は、工業化を目指し「その社会が建築をつくる」という言葉で表象される超高層のあけぼの以降の都市建築には見られなくなっていた要素で

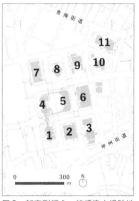

図6　新宿副都心・淀橋浄水場跡地の街区割り

図7　丹下による《東京都庁舎》

あった。むしろシンボル性をもたないことが近代建築の条件として存在していたからである。

　丹下はその大胆な造形力を発揮し、それまでの文脈に対比させるかのように双頭の超高層をデザインし、当選した。その対比とは有象無象の超高層が建ち並ぶようになった東京の街に対してであり、純粋なモダニズムでシティコアを実現しようと自身が設計した有楽町の旧都庁舎に対する対比であった。ICやLSIの集積回路を模したファサードデザインは、情報化社会に向けた都庁移転のアイコンとしてひと役買った。丹下は、戦後の合理主義建築は日本が貧乏のどん底の頃の「仮の住まいだという考え方だった」とわずか34年で解体された旧都庁舎を自ら切り捨て、新都庁舎のシンボリックで合理性に捉われない建築こそ100～200年残る未来への遺産になると宣言した。バブル期という社会背景にも後押しされた《新東京都庁舎》は、東京で唯一のポストモダン超高層建築といってよいであろう。こうして東京のシンボルとしての要請を引き受けた丹下案は、選ばれるべくして選ばれた。

　コンペには９社が参加した。結果的に当選する丹下健三案とよく対比して語られる案に、磯崎新が出した低層の「幻の都庁」がある。磯崎案は丹下とのかつての師弟対決としての側面に加え、高層案と低層案という対比をもっていたことで話題をさらったが、ここでは日本設計としてコンペに参加した池田武邦の言説に着目したい。池田はこの丹下案が完成するや否や、二つの批判を浴びせている。

　一点目は副都心９街区のセンターである５号地は緑地として、セントラルパークのある副都心にすべきだったということである。あるインタビューで丹下も「まず広場の位置が大切」[20]だと感じたことを言及している。しかし丹下が目指したのは、超高層を眺めるための広場であった。上部を双頭にすることや45度ボリュームを捻ることでのスカイラインへと意識が向かった。超高層は手段であり真の目的は広場だったとする《霞が関ビル》および《新宿三井ビル》とは正反対の論理であり、環境であった。「55 HIROBA」をモデルに展開しようと志しつつも、道半ばとなっていたSKKの豊かな歩行者ネットワークは、５号地が議会棟によって囲まれたことで行き先を失った。

図8　新都庁舎コンペにおける日本設計案

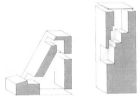

図9　日本設計案のコンセプト

二点目は、都庁というオフィス空間において、自然との交雑がいっさい考慮されていないことについての批判である。池田は、人間性の回復の次のステップとして、建築と環境の中間領域や交雑空間の創出を強く主張していた。池田は自身の強い希望で日本設計事務所のオフィスを《新宿三井ビル》の50Fに構えたが、ある日の帰宅途中、雪が肌に触れた感触が驚くほど心地よく感じられたことを回想する。エアコンディショニングされた環境に身をおき続けていることで自然への感性が著しく失われたことを自省し、以降、建物に自然環境を取り込むことを所員に求めはじめたという。いわば呼吸する超高層の追求である。池田自らが提案した都庁舎のコンペ案は大きなアトリウムとライトウェルが「緩衝空間ともいうべき外部と室内の中間領域」として用意され、自然通風や自然採光を優先した「超高層建築の自然への回帰」をメインコンセプトとしていた。

　たしかに《霞が関ビル》以降、雨後の筍のごとく建ち続けた超高層群に比して、丹下の《都庁舎》の造形は一線を画する華麗さがありこの時代の東京を象徴する建築となった。その社会がつくる建築ではなく、後世への遺産となる建築として、その時代のシンボルとしての使命をたしかに果たしたのである。しかし一方で、パリ協定やパンデミックを経た今、呼吸する超高層、自然環境と共生する都市建築というあり様は、あらためて向きあうべきものであるように思われる。

5.2　複合化の先に：土木と複合して公共貢献する「都市建築」

駅前広場整備：品川駅東口地区

他国に比べ鉄道網が極めてきめ細やかに発達している我が国において、駅周辺の都市基盤整備は戦前から都市計画上の最重要課題であり、池袋・新宿・渋谷では駅前広場の整備が検討された。そして高度成長期には、分散型の都心構造＝副都心の形成を目指すうえで、池袋・新宿・渋谷が重要な副都心として位置付けられて整備が進んだ。こうして駅前広場の整備と副都心の 形成は不即不離の関係であった。

　1960年代から70年代にかけて建設が進んだ新宿副都心では、新宿駅前西口広場の再整備と一体の事業として、民

図10　都公社による新宿副都心の基盤整備

間12社によるSKKが「広場の思想」に基づいたスーパーブロック型開発を推進した。その三本柱は、歩車の完全分離・地域冷暖房・公共駐車場であった。しかし、駅前広場の再整備や淀橋浄水場跡地の都市基盤整備は東京都が施行し、各建設用地を入札後、払い下げを受けた民間事業者が各自特定街区の枠組みの中で建築していく形式をとった結果、離れた駅前広場と超高層ビル街は動く歩道で強引に接続され、各街区間は都が管理する立体道路で分断された。歩行者デッキのネットワークは途絶え、オープンスペースは敷地内でそれぞれ完結した。つまり都市基盤、土木的なるものは所与の条件として都から民間に与えられた新宿副都心では、当初の青写真は未完のままにならざるを得なかった★3。

本節で取り上げる品川駅東口は副都心に位置付けられていない。副都心から外れた品川では、上位計画に基づく行政主導での基盤整備が行われることはなく、駅前広場整備および道路ネットワークの構築を含む面的な基盤整備の全体像を「新都心」として民間が描き、開発提案するスキームへと踏み込んでいく。20年ほどの時間差を経て、新宿副都心の経験を踏まえた面開発が、民間主導で品川にもちこまれた。同地区の開発に計画当初から関わった当時日本設計の安達和男は、同事業の「真の目的は『街づくり』」だったと語る。それは都市建築の設計者にとって土木や基盤整備がデザイン領域に取り込まれるプロセスであった。

品川駅東口地区再開発は、1984年（昭和59）の旧日本国有鉄道貨物ヤード敷地の処分から始まった。港区と品川区にまたがった敷地で、鉄道施設をはじめ低利用地が多く、食肉工場の立地による同和問題といった難しい問題もあった。同年、この4.6haの敷地を取得した興和不動産（現日鉄興和不動産、以下、興和不動産と表記）は、隣接する新幹線車両基地処分が決まるや否や、日本設計らと周辺も含めた開発ヴィジョン『"新都心しながわ"へ向けて品川駅東地区再開発への提案』を1987年に発行、一体的整備を前提に、自敷地を先行開発する枠組みを希望した。

東京のはるか縁辺部というイメージであった品川において、設計チームは開発の妥当性を引き出すためさまざまな角度から開発地の意義と地域貢献の考え方を説明する必要

図11　品川駅東口地区再開発の全景

★3　都は山田正男を中心に建物容積と道路容量の関係性を学術的に構築し土地・建物含めて公社で建設するヴィジョンを描いていたものの、景気の後退とともに民間による建物建設や容積の増大を許容せざるを得なくなり、結果的に道路基盤だけを公社で建設することになった。

があった。特に、橋上駅舎を東西に貫通するデッキをかけたうえで駅前広場を整備すること、また周辺の幹線道路から駅前広場に至るアクセス道路を確保することは、その重要ポイントであった。行政側は、開発にともなう道路整備・道路拡幅・地下車路の事業者負担を強く求め、事業者側は容積獲得のため公共的施設の貢献評価を求め、そして事業者間の負担調整も相まって協議は難航を極めた。

　調整のため、東大の川上秀光を中心とするワーキンググループが調査レポートを作成、コンサルとして上野義弘（上野計画）や日本設計が参画して事業に向けた筋書きが描かれた。興和不動産の希望もふまえ、興和不動産敷地を開発行為、国鉄清算事業団敷地を土地区画整理事業というかたちで切り分け、段階的に進めることとした。「仮想区画整理」なる手法が考え出され、二つの事業は協定を結んでつなぎ合わせられた。1988年（昭和63）に再開発地区計画制度が誕生。同制度の適用検討開始は品川が第一号だったこともあり、行政側も容積見直しを行って後押しした。1997年（平成9）、全体約16haが再開発され、業務、商業、住宅の複合用途機能をもつまちづくりが完成する。

　駅前広場は、ペデストリアンデッキによって立体的に歩車分離され、周辺街区と明快なかたちでつなげられた。駅前整備をともなう再開発の系譜としては、都市再開発法（1969.9〜）の適用第一号である1973年に完成した柏駅東口のペデストリアンデッキがあり、「ダブルデッキ」と呼ばれ現在も親しまれている。柏では駅前の劣悪な混雑状況を解消する一手として、高山英華や日笠端らの助言、あるいは大髙正人の坂出人工土地を参照のもと誕生し、隣接商業ビルは200%の容積割増しを受けている[*21]。藤沢駅北口には、1979年（昭和54）に藤沢市唯一の再開発事業による、日本で二番目に完成した駅と周辺ビルをつなぐペデストリアンデッキがあり、そこでは地下車道・地下歩道・交通

図12　四層重ねの公共インフラが提案された藤沢駅北口

広場・歩行者空間（「サンパール広場」）の4層から構成される、いわば「重ねて解く」デザインの公共インフラが実現した。この藤沢の再開発事業には、日本設計も参画して

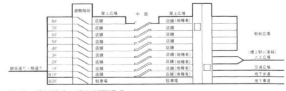

図13　藤沢駅北口地区断面構成

おり、品川の駅前広場はこうした経験の蓄積のもと実現した。

駅前広場と再開発エリアの接続を支えるのが「セントラルガーデン」と「スカイウェイ」である。セントラルガーデンは、幅約45m、長さ約400m、面積約1.8haの広大で緑豊かな歩行者専用空間である。一体の大空間に見える

図14　1987年段階での品川駅東口計画図

がその実、公園―公共空地―公園／再開発地区計画―区画整理事業という6分割のパッチワークで構成されている。現在、そのパッチワークの縫い目や、興和不動産敷地と国鉄清算事業団敷地の境界をまったく感じさせないところに、設計者たちのデザインの力がある。そのセントラルガーデンに沿うように、上層にペデストリアンデッキであるスカイウェイが構築された。スカイウェイは駅前広場から視認しやすいよう緩やかにカーブを描き、各ビル低層部とセントラルガーデンの中間領域・縁側空間としての役割も果たしている。

これらの実現に欠かせなかったインフラが公共地下車路である。周辺街路の交通負荷低減を前提に検討された結果、歩行者大空間下を南北に背骨のように走っている。この公共地下車路の存在は複数主体で地下空間を管理・マネジメントする必要性を生み、それが結果的に地域冷暖房と合わせてエリアマネジメント組織（品川インターシティマネジメント㈱）を竣工後も継続させる理由となった。

セントラルガーデン、スカイウェイ、地下車路、地域冷暖房…。これらの発想はいずれも新宿副都心の当初コンセプトに共通している。あらためて品川駅東口地区は、西新宿の反省をふまえて建築と土木を混淆させた、タワーとタワーの間に境界のない超高層＋足元広場型の都市づくりの発展形だといえよう。

図15　品川駅東口のスカイウェイとセントラルガーデン

当時、都市計画部長として事業の推移を見守った日本設計の伊丹勝は、土木と建築の関係を次のように総括する。

「品川では土木と建築がいがみ合う時代が終わりかけていたと思います。全体は区画整理ですが、その中にリング状の地下道路を回す点が建築的土木の発想です。建築がフォローしなければできっこないので、建築計画として目

図16　品川駅東口駅前交通広場

本設計でやったのです。地区整備計画というのは土木と建築両方が絡みますから。全体は土木だけれども建築的な工夫がないとまとまらない、という感じがしたのは品川あたりが最初だと思います」[*22]

　品川の「建築的土木」のアプローチは、駅前にエリアの骨格となる広場空間をもたらした。西新宿あるいは同時期に開発された汐留地区と比較すると、このゆとりある駅前オープンスペースの軸は、品川という街を特徴づける貴重な財産である。品川ではその後、新幹線新駅が設置され、羽田再整備にともなうエリア価値向上に後押しされ、周辺開発が次々と連鎖している。エリアの骨格が尊重され、周辺に生まれてくる「建築的土木」がこの骨格をアップグレードし続けてくれること、そしてその中でエリアマネジメントが拡充していくことに期待したい。近年、駅前広場にあらためて注目が集まりつつある。東京駅前広場や姫路駅前広場のように、車の領域をなるべく減らしつつ都市軸を生かす戦略が見られる。品川駅東口地区では、その一端があらかじめ実現している。今後の課題は、歩ける広場から歩きたくなる広場、すなわちウォーカブルの本質にエリア全体で迫っていく取組みであろうか。そうした視点で見直すとき、立体的な駅前広場やスカイウェイといったストックがまた、新しい価値をもつはずである。

鉄道乗換え整備：新宿大通り構想と《渋谷マークシティ》

1998年（平成10）、新宿駅南口に「新宿サザンテラス」が完成し、坂倉建築研究所の描いた「大通り構想」が完成する。「大通り構想」とは、新宿駅西口広場という難仕事を完成させた坂倉事務所の面々が、1973年（昭和48）、小田急に対して提案していた小田急新宿駅上部をまたぐ大胆な歩行者軸の計画である。すなわち西口広場―モザイク坂―新宿ミロード―新宿サザンテラスに至る鉄道施設の上部に、西口の背骨となるプロムナード

図17　坂倉事務所による新宿駅の「大通り構想」

4階　■アベニュー

図18　《渋谷マークシティ》を4階レベルでつなぐ「アベニュー」

によって人の流れを生み出そうとするヴィジョンである。それが約30年余りの年月をかけて徐々に建設され、ついに最南端の新宿駅南口に《小田急サザンタワー》が誕生し、その前面の人工地盤「新宿サザンテラス」が生まれたことで完成したのである。

坂倉がかつて手がけたもう一つの副都心・渋谷では、「大通り構想」のようなヴィジョンは描かれずにいた。しかし、90年代以降JR埼京線や湘南新宿ライン、地下鉄副都心線の開通に加え各種私鉄線との相互乗入れが一気に進みターミナル駅としての広域的立ち位置と開発圧力が急激に高まったことで、風穴ができる。2000年の《渋谷マークシティ》誕生がその契機である。

当時、1日200万人を超えるターミナル駅・渋谷においてさらに増加する輸送需要に対応するべく、帝都高速度交通営団（営団地下鉄：現在の東京メトロ）、東急電鉄、京王電鉄の3社は鉄道駅の一体化的改良を目指していた。3社の敷地を統合し、地下1階から地上4階まで長く連なったボリュームには駅コンコース・自由通路・車両基地・商業に加え、バス発着所、地域冷暖房施設などを包含し、さらにその上部にオフィスとホテルを建設する建築と土木の複合開発であった。《渋谷マークシティ》は、駅並びに鉄道施設そのものの上部に大規模都市建築を建設した先駆的事例となり、これをきっかけに渋谷は都市開発ラッシュに突入、現在も駅周辺の都市景観や交通動線は日々目まぐるしく変わり続けている。

鉄道事業者による鉄道施設改良が主目的のこのプロジェクトでは、主導権は土木側にあった。基本構想は鉄道3社を中心に固められ、駅整備スケジュールが最優先であったために、建築の設計JVに与えられた設計期間は基本設計から確認申請までわずか1年であった。そのため一団地認定や大臣認定などを受けているものの、都市計画の開発諸制度は使わず建築基準法の一般法規のみで計画された。補助金もあり事業的には低層部だけでも成り立っていたため「4階より上はついでといえばついで」という見方すらあり、商業主義的でない点は恵まれていた。ただ一方で「やはり交通の動線というか乗換えというものがスムーズにいくようにというのが一番」で、「鉄道で決まる床レベルが

絶対」などという土木側の頑なな姿勢に、建築設計者たちは大いに戸惑った[*23]。その設計者たちは多様な用途を巧みに積層させ、同時に公共空間の質の高さを生み出すために奔走した。

設計者たちは《渋谷マークシティ》を新たな「道」づくりだと捉えていた[*24]。その根幹が、施設を東西に400mにわたって貫通する遊歩道「アベニュー」である。アベニューがつくり出す「人の流れ」は、東急が1989年（平成元）にオープンさせていた文化村方面への接続まで見据えて計画され、街全体の回遊性向上に貢献した。地上や高層階に通じる垂直動線についてもアベニューに絡めて明快に設置されたほか、スクランブル交差点へと視線が抜ける幅広の自由通路、ハチ公広場方面へ通じるエスカレーター、新たな改札口の設置など、三つの駅をつなぐことは当然ながら、さまざまな方向へ開き、つながる「道」をつくり出している。「道」づくりや「人の流れ」を中心に据えた理念は、建築と土木の両方に相性のよいコンセプトとして機能し、建築と土木が引き立てあう都市空間を誕生させた。

図19 《渋谷マークシティ》から道玄坂方面へつながる「アベニュー」

街にとってヴォイドとなっていた駅および鉄道空間をつなぎ、駅を中心とした回遊性を創出する「道」の空間。それは新宿で坂倉事務所が描いた「大通り構想」と極めて近しい思想であった。その思想が、土地的制約の多い渋谷という街の中で、また新自由主義時代という潮流の中で、新しい都市建築となって立ち現れた。アベニューは、渋谷という大きな谷をつなぎ、埋めていく第一歩だった。その後の建設ラッシュでは地下空間も含めて渋谷の谷を埋めるようにさまざまな動線がつくられることが、公共貢献の主題となっている。

なおアベニューをはじめ公共的空間に関するデザインコンセプトは、設計JVの幹事である日本設計が音頭をとり、JV2社が綿密にコミュニケーションをとり、事業者に提案する形で進められた。《渋谷マークシティ》のデザインコンセプトは人・もの・情報の流れを視覚化し、その背景となるような「ニュートラル」な建築というもので、これは事業者3社、設計者2社、JVの施工者といった多様な主体が入った大規模複合施設のプロジェクトにおいて、全体の方向性を示す力強いデザインコンセプトとなった。実

際、ニュース番組等での渋谷のスクランブル交差点でのテレビ中継で、神宮通り上部の遊歩道が映し出されるが、ガラスのファサードやグレーをベースとした透明感・軽快感のある色調は、まさに背景となって主役としての人やモノを鮮やかに浮かび上がらせている。

センター街や公園通りといった若者世代向けのエリアから相対的に取り残され地盤沈下が進んでいた周辺の道玄坂地域に、インフラとしての《渋谷マークシティ》が「人の流れ」を生み出し、ウォーカブルなまちづくりの起点になった。その点で、極めて現代性をもつプロジェクトであった。生み出された回遊性は結果的にその後の《渋谷ヒカリエ》や《渋谷ストリーム》《渋谷フクラス》といった渋谷駅周辺の再開発に弾みをつけ、さらに渋谷にとどまらない東急のTOD構想、すなわち二子玉川・用賀・三軒茶屋・そして渋谷という巨大な沿線大規模開発を次々と進めていった。こうして建築・土木の両面から電鉄会社の大きな構想を支えたことで、近年ますます注目される鉄道会社主導の駅まち一体開発の火付け役になったのだった。

道路整備：《六本木ヒルズ》《虎ノ門ヒルズ》

建築と融合する土木の領域は多種多様となり、もはや広場や鉄道のみにとどまらない。「都市土木」[*25]で、地下空間や道路はもちろん、変電所（代官山アドレス）、下水処理場（品川シーズンテラス）、歴史的建築物（汐留再開発）といった要素も開発の材料として扱われていくようになる。その中で、特に幹線道路の整備と都市建築とを掛けあわせ、それを広域的なヴィジョンへと発展させているのが森ビルである。

森ビルによる《六本木ヒルズ》（2003年）は、かつて老朽化した木造家屋が密集し防災上の問題を抱えた地区を再開発し、オフィスや商業はもちろん、住宅、ホテル、文化施設、シネマコンプレックス、放送センターなどの多用途を複合させた「文化都心」をコンセプトとして誕生した。事業面積約11ha、延床面積約73万㎡という国内最大規模の再開発事業は、地権者400名の合意を取りまとめて実現した難事業であった。森ビル社長の森稔は、《六本木ヒルズ》の事業を進めながら、東京の住宅の狭さを課題に挙げ

「一人あたりの居住空間倍増」を訴えている。容積を倍増させるために、「街の骨格を変え」「敷地単位を広くして、さらに環境の改善、インフラの改善まで考える」必要性を主張している[*26]。

インフラの改善は多様だが、特にここで取り上げたいのは「66プラザ」と「環状3号線」である。《六本木ヒルズ》の敷地は地下鉄六本木駅からやや距離があり、地下鉄六本木駅と駅前プラザを接続する歩行者通路等の整備が欠かせなかった。しかし、一方で広域幹線道路でありながら一部トンネルだけが完成していた環状3号線の地上部整備も欠かすことができず、地下鉄六本木駅からのアクセスがタワーの手前で環状3号線に分断され、細いブリッジでしかつなげないという問題を抱えていた。森稔は「道路の上に公益施設である公園をつくる」との理由で道路上をまたぐ人工地盤をつくる案を考え出し、地下鉄連絡口と高層棟とをつなぐ「66プラザ」を誕生させる。公道を再開発の中に取り込み、かつ歩行者空間から隠してしまう妙案であった[*27]。「66プラザ」は、港区と六本木ヒルズ管理者が協定を結んで管理する大径木が植栽された広場状の公共空間であり、その下に環状3号線の連結側道および駐車場出入口がある。さらにその下に麻布トンネルがあるという3層構造となっており、道路工事と両側の建築工事を一体的に計画し同時に施工したことにより初めて実現できたものとされる[*28]。こうして広域幹線道路整備と歩行者広場空間を充実させる超高層の足元づくりの複合化が実現した。

2000年（平成12）以降もたらされる規制緩和の主力部隊は、小泉内閣の「都市再生本部」とその背後で強力にプッシュしている財界だったといわれ、特に六本木に超高層ビルを建設した森ビル社長が中心となったとされる。《六本木ヒルズ》は政治面・法制度までを変える流れを生み出していった事業となる。森稔は「Vertical Garden City（立体緑園都市）」のコンセプトをまとめ上げ、森ビル50周年の2009年に発表。政策と自社ヴィジョンを融合させた森ビルは、都市再生という追い風を受け、虎ノ門・麻布台エリアへと事業を展開していく。その扇の要が、《虎ノ門ヒルズ》（2014年）となる。《虎ノ門ヒルズ》では環状2号線の道路の上に256mのタワーを載せるという大胆な試みが

実現しつつ、道路を地下トンネル化したことで地上部には大きなオープンスペースが確保された。2002年（平成14）に東京都が立体道路制度の活用を発表し、そこに森ビルが参画する形で事業は進んだもので、68年間実現しなかった戦後の都市計画道路がようやく開通の糸口を見たのである。今、森ビルは日鉄興和不動産と連携して「赤坂・虎ノ門緑道構想」を推進しており、複数ディベロッパーの敷地を横断する緑の軸線をつくりだそうとしている。

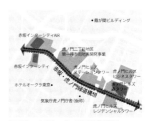

図20　赤坂・虎ノ門緑道構想

　道路と建築を複合化させた都市建築の出現は、森稔の構想とともに規制緩和型都市再生という政策へと発展し、まさに環状2号線と3号線にはさまれた都市再生緊急整備地域という開発エリアへとたどり着いた。戦後長らく塩漬けとなっていた環状都市計画道路の進展とオリンピックを契機に湾岸部の整備を促したい行政側の思惑と一致し、六本木・虎ノ門・新橋・竹芝、そして臨海部へといった副都心の育成という従来の考え方とは異なる都市開発の流れがつくりだされたといえよう。今後、首都高の地下化（日本橋）や、駅前幹線道路の地下バイパス化（池袋）といった事業が待ち受けている。いうまでもないことだが、道路と建築の複合は交通を捌くためでなく、ウォーカブルな都心を目指すうえで、引き続き大きな可能性をもっている。

□ 都市再生緊急整備地域
▨ 特定都市再生緊急整備地域

図21　都心部の都市再生緊急特別地域の範囲

5.3　不燃化の先に：高密度都市における都心居住像の追求
海上都市構想：大髙正人の《晴海高層アパート》

戦後の住宅不足解消を目指し1955年（昭和30）に設立された日本住宅公団にとって、集合住宅の高層化は当初より主要な課題の一つであった。翌年初め、公団は晴海団地の15号館を高層化・工業化の試金石に位置付け、総戸数168戸SRC造10階建の《晴海高層アパート》が1958年（昭和33）に完成する。

　1956年の初め、晴海団地全体の計画を依頼されたのは前川國男の事務所だったが、その主担当は当時まだ30代前半の大髙正人であった。大髙はのち1962年に独立、人工地盤の上に住宅地を重ね合わせた「坂出人工土地」に代表されるように、土地と建築（住宅）の関係性を真摯に考え続けた建築家でありプランナーである。

　大髙はのちに独立後、事務所の三つの希望として「PA

U」（P = Prefabrication、A = Art & Architecture、U = Urbanism）の融合を掲げ、事務所の図面のほとんどに、この三つのアルファベットを刻印する。晴海の設計当時にはなかったコンセプトだが、《晴海高層アパート》をめぐる一連の取組みもまた「PAU」の枠組みで捉え直しうる。

　まずP = Prefabrication（工業化を踏まえた「生産形式の総体」）について。厳しいコスト条件に対し、大髙は師匠前川國男の「テクニカルアプローチ」を引き継いだデザインで応じる。軟弱地盤上の高層アパートを支える鉄骨は3層に1層に「ぱらぱらと」入れる程度に抑えて鉄骨量を減らし、加えてなるべく共用部の面積を減らすべく3層1ユニットのスキップフロア型の住戸を主にコンクリートブロックや木材といった「慣れ親しんだ」「親しみやすい」素材を使い、経済的に設計した。のちのスケルトンインフィルと呼ぶべき考え方で、住宅の育つ／変わる部分、いわば住みこなす部分を用意したとも言い換えられよう。

図22　《晴海高層アパート》

　この点は、A = Art & Architecture（社会性ある芸術としての建築）へとつながる。大髙は晴海の計画に、古く日本の住宅に見られる過去の生活の蓄積に対する理解と、そこで住まい手がつくっていく生活の蓄積への期待を包含して次のような言葉を記している。《晴海高層アパート》の間取りが極めて田の字プランに近いのはその所以だろう。都市住宅と農村住宅を分け隔てることなく捉え、生活の蓄積に学び生活の蓄積をつくっていくという姿勢である。

　「人は長屋に住んでいても、植木鉢をもとめ、涼しいスダレを買い、金魚鉢を置いて生活の豊かさを精一杯もとめていますが、そうした人間の素朴な欲求を、一定の経済条件の下で、どれだけ建物の設計に持ち込んでいるかに依て建物の価値が決り、そしてそのためには技術の可能な全てをあげて努力しなければならないのです。我々は人々のために『構造』を創るのではなく、『良い家』を作らねばならないのですから」[*29]

図23　大髙らによる東京湾状都市構想の提案

　のちにメタボリストとして大髙とともに活動することになる川添登が晴海を訪れ、それまでの公団で感じたことのなかったような「生活のイメージが比較的整理された形ですらすらと湧いてきた」と共感を語っている。大髙の《晴海高層アパート》には、居住者が生活空間を育てるハーフ

ビルドのような精神が宿っていた。

　U＝Urbanismについてはどうだったか。大髙は1959年（昭和34）、《晴海高層アパート》が建築雑誌に掲載されるのと同時に、海上都市構想を発表している。公団の加納総裁が当時打ち出した東京湾埋立て案に触発されてのものだが[*30]、大髙案の特徴は、多摩丘陵から武蔵野台地、都心部、江東と、東京を横断するように多様な居住ユニットをエリアごとに提示したうえで「東京湾につくる海上都市案」を示した点にある。

　環境の本質を「土地」に見ていた大髙は、それぞれの地形に沿わせることを最優先に提案しており、武蔵野の丘にはテラスハウス群と眺望を遮らない搭状アパート、都心には機能的でコンパクトでありながら最大の開口部をもつ塊状のアパート、江東には水路に沿って水平に伸びるアパート群と水鳥の休息場。そして晴海の基礎工事で、埋立地に杭（ピアー）を打ち直し、緑を植え直すという不合理さを身に沁みて感じていた大髙は、湾上の計画もまた海底等高線に沿って配し、水際は守り沖合に最小限の埋立てによる緑と水の都を線状に建設することを提案した。大髙はのちに敷地内の設計に終始せず「環境に対して責任を共同でもっていく」ことが肝要だ[*31]と語っている。晴海については、軟弱地盤という湾岸部の土地条件に応える集住群をどう提案するかが焦点だった。

　残念ながら当初計画していた晴海の１階ピロティは、採算が取れなかったことから公団の了承を得られず失われ[*32]、高層棟の周りにのみ前庭空間が設えられて工事は完結する。質より量を優先した公団の方針もあり、不運にも大髙の実践が都心部で展開していくことはなかった[★4]。こうして、プレファブによる高層集合住宅が単体として湾岸部において実現したのであった。《晴海高層アパート》は、1997年（平成9）に再開発で解体されるまで、その力強い外観も含めて日本の戦後集合住宅史の中で先駆的な存在であり続ける。その両面採光の居室からは東京湾と銀座の街の両方を見渡せたという。

防災都市構想：江東防災六大事業と再開発
災害列島である我が国において、都市防災は普遍の課題で

★4　のちに大髙が発展的に実現させたものとして《広島基町高層アパート》(1972-78)がある。基町では20階建3000戸を2層ごとのスキップフロア住戸で構成し、1～2階部分はついにピロティとして実現した。また、多摩ニュータウンで自然地形案を、坂出で人工土地という形式にこだわってその実践を継続していった。

ある。

　地震・火事・水害に弱い、いわゆる三重苦の人工密集エ
リアであった江東デルタすなわち0m地帯に対し、東京都
は1962年（昭和37）に東京都防災会議を発足。1964年の
新潟地震の激甚な被害の目撃を経て、高山英華研究室から
江東十字架防災ベルト構想が出され、1969年「江東地区
再開発基本構想」としてまとめられる。東京都は白鬚、四
つ木、中央、両国、亀戸・大島・小松川、木場の6地区を
防災拠点として設定し、防災再開発事業を進めた。都の担
当者救仁郷斉は、日建設計、日本設計、INA、市浦健建築
設計事務所、野生司事務所、駒田知彦の六つの設計事務所
に声を掛ける。都庁内に6社による設計共同体の事務所が
設置され、6社から毎日そこへ担当スタッフらは通った。
その現場に日本設計の一員として参加していた伊丹勝は、
「そこで私たちは江東防災がこういう仕事なのだとわかっ
たし、同業他社がどの程度のレベルかがわかりましたから、
非常に眼が開かれたし、当面こういうことがやりたいとい
うターゲットがはっきりした」[33]と回想する。のちに日本
設計の都市計画部長・社長・会長も歴任していく伊丹は、
1968年（昭和43）に大髙正人事務所から日本設計へ移籍
する際、「原寸から3000分の1まで」を扱いたいと池田武
邦に語って面白がられ採用されていた。それは《晴海高層
アパート》から海上都市構想までを描いた大髙正人も口に
していたことであった。入社半年後、江東防災拠点計画の
チームに取り組むことになった伊丹は、「都市と建築の境
界の仕事」「ライフワーク」としてこの一連の再開発に携
わり、面白さを見出した。

　1969年の江東防災拠点再開発構想の図面は、以下の四つ
を条件に全体像が描かれる。

　　①避難距離は、避難命令が出てから30分以内に到着可
　　　能な1.2km以内とする。

　　②避難人口は、有効避難広場1㎡あたり一人とする。

　　③防災拠点面積の最小は、輻射熱、熱気流等に対する安
　　　全面から約50haとする。

　　④事業の早期完成を図るため、公共用地、工場跡地等の
　　　移転可能、買収可能な用地の多い場所とする。

各防災拠点の計画条件は、村上處直率いる火災委員会が提示し、それを必須条件として進められた。「防災拠点としての満足すべき性能」は一貫していて、六大防災拠点の当初計画図はいずれも、敷地外周部に壁状の防火建築帯が、敷地内部には空地が設けられた摺り鉢状の配置案が描かれている。白鬚東地区は、周辺地域の防火環境が特に悪く、また細長い敷地のために防災対策の条件が厳しいという観点から、パイロットプロジェクトとして最初に事業化された[*34]。

図24　白鬚東地区再開発事業全景

8万人を収容する8haの防災広場を囲うように当初計画されていた住棟群は、オイルショックによる事業費の圧縮も影響し隅田川沿いの住棟が中止され、既成市街地沿いの板状住棟のみが残る形で事業が進められた。およそ1.2kmあまりに連なる高さ40mの防火建築帯は、住宅バルコニーに防火シャッターやドレンチャーを付設し、避難路となるわずかな隙間（ゲート部）にも鋼製扉やシャッターが設けられる徹底した要塞ぶりであった。

救仁郷斉は白鬚東を通じて「壁で囲むというのは素人にも非常にわかりやすいから、それにより世論を喚起しようというつもりだった」と、大規模開発を通じて世に問いかける意義に着目していた。たしかに防災再開発の先駆的事例として視察の絶えなかった白鬚東地区であったが、火災を止めることに全精力が注がれた結果生まれたのは、火災を止める土木構造物に人が住むかのような都市建築だった。災害の力に技術の力で正面から対抗しようとするとき、人間の住まいとしてのスケール感や親しみやすさ、あるいはその土地との関わり合いといったものは後景化しやすい。まるで、東日本大震災後に各地で計画された防波堤を連想させる。生みだされたオープンスペースは、周辺住民の日常生活からは高い壁で切り離された。大髙正人の「『構造』を創るのではなく、『良い家』を作らねばならない」の言葉の対極に、この防災再開発はあったのではないか。

白鬚東は、防災に対する強いメッセージを世に投げかけ一定の成果を残したが、その後のモデルにはならなかった。付帯させたさまざまな防火設備や、既存の地権者や借家人の巻き込みに多大なコストを要したことで、一斉かつ大規模に実施するこの種の事業は極めて投資効果が厳しいこと

も明らかになった。

　江東防災拠点については白鬚東地区に続き、種地のあった亀戸・大島・小松川地区についても詳細設計が行われ大々的な事業化を見せた。その中で計画思想は徐々に変質していった。一気に壁をつくって守るという発想から、まずは敷地中央に空地を確保したうえで外周部は街区ごとに段階的に建替えていくという方針への変化である。敷地外周部の防火建築帯は、必ずしも板状の建築にこだわらず、空地も含めてある程度幅をもたせることで延焼を防止する帯状の空間、いわゆる延焼遮断帯を確保する考え方で代用していった。結果として現在、高層棟のみならず低中層の不燃建築群も組み合わせながら囲い込んだ中央の避難広場が、大らかな憩いの都市空間となって機能している。ただそれと引き換えに、98.7 ha という広大な面積をもつ同地区の事業期間は、1979年（昭和54）に始まって以降実に40年以上に及んだのである。

図25　亀戸・大島・小松川地区中央の広場

　この延焼遮断帯の考え方は、種地がなく大きな事業化が困難な既成市街地内における都市防災計画に応用されていく。主要な幹線道路に沿って、両側幅30 m ずつの範囲を不燃建築に個別更新していくことで、帯状の延焼遮断帯を徐々に構築する方策であった。1980年前後にスタートしたこの施策は「都市防災不燃化促進事業」と呼ばれ、先の村上が制度設計の舵取りをしたものである。細やかなスケールを保って地域を修復するようなこの地道な手法は、阪神淡路大震災時にも一定の有効性が認められ、都内では現在「不燃化特区事業」として受け継がれている。そうした都市計画の中で小・中規模スケールでの都市更新を支える都市建築のモデルは、いまだなお模索の途中といえるだろう。

　かたや再開発法に基づく大規模な再開発は、都内で200地区以上実績があるが、都心部では例外なく住宅の高層化が前提となっている。江東以降、町屋・日暮里・代官山などでそうしたプロジェクトを手がけた伊丹自身、既成市街地における再開発事業の本来の目的は、①都市防災、②大気汚染・スモッグ等の公害防止、③木密解消の3点であったが、経済論理が優先される現代の再開発は「本来の目的とは別のところでやっている感覚」[*35] に陥っていると警

告する。

　再開発そのものや経済的最適化を目的化することなく、真の課題に向き合いたい。首都直下地震はもはやいつ発生しても不思議ではない。木密地域の現状に目を向けると江東デルタのみならず、杉並・中野を中心とした「木密ベルト地帯」への対処が必要である。そして江東デルタは長雨や大型台風による荒川決壊・高潮といった大規模水害による大きなリスクがある。大規模水害時は最大250万人が広域避難を迫られるともいわれている。白鬚東地区のように、建築・土木群でこれらの災害を防ぎ、耐え切ろうとすることは無謀である。どこまでを都市建築そのものの安全性として捉え、それが決壊した先にどのような二次的・三次的な対策が可能か。総合的なレジリエンスの考え方の中で、都市建築の役割を捉えなおし、実践していく必要がある。

超高層型都心居住：《サンシティ》《大川端リバーシティ21》
東京都心部の産業転換・業務用途利用・郊外住宅志向が進んだ結果、特に1960年代以降、都心の夜間人口は減少し、空洞化した。いわゆるインナーシティ問題である。特に急激な人口減少を見せていた中央区は「大川端作戦」（1972中央区再開発審議会・会長池田弥三郎）と題して人口回復とともに、ウォーターフロントの再生と人工地盤も利用した複合利用化の方向性を掲げた（1979年「大川端開発基本計画」）。湾岸部における、《晴海高層アパート》以来の大規模な都心居住型の開発計画であった。

　その頃、並行して沸き起こっていたのが、財政再建を背景とした鈴木都政、中曽根内閣による「マイタウン東京」「民活」の議論であった。行政が大きな枠組みを定める一方で民間の力を大いに借りた都市改造が目指された。「大川」として愛された隅田川沿いの再生は、そのリーディングプロジェクトと位置付けられた。隅田川23km＝両岸長46kmのうち、13kmを民活と連動で川に対して背を向けない、スーパー堤防等を取り入れて水辺に新たな風情をつくりだす構想が生まれる。こうした背景のもと、石川島播磨重工業（IHI）の工場跡地約28.7haを中心に公団・公社・都営住宅・三井不動産の官民共同開発として《大川端リバーシティ21》は計画された。

図26　《大川端リバーシティ21》

日本設計は上位計画となる大川端開発基本計画の策定から携わり、伊丹勝、小坂敏夫、髙橋琢郎といった面々を中心にプロジェクト全体を通して重要な役割を果たした。日本設計には板橋にある《サンシティ》（1980年）の経験があり、そこでは民間による初の高層集合住宅群を三井不動産とともに計画していた。武蔵野台地のエッジに建つ《サンシティ》では、雁行した板状の住棟ボリュームを25階建を最高として段階的に配置し、地形に合わせて配置した住棟群で敷地中央にあるコモンスペースとしての森を有機的に囲っている。車が入らない中央広場では入居当初から住民による積極的な保全管理が行われ、現在武蔵野の森の一部としての成熟を見せている。その中で、基準階平面におけるセンターコア型の採用や、広がりある足元空地の必要性の認識などの蓄積があった。

　髙橋琢郎によれば、大川端では《サンシティ》の経験から200〜300％程度の容積があれば十分であろうと当初考えていたが、実際はもともと工業地域（容積率200％）の土地に用途変更をかけ、商業地域（600％）・住居地域（同400％）としたうえで、総合設計によるさらなる上乗せを行った。また当初地区センター機能を見込んでいた街区も、行政との折衝で高層住棟を建てる計画変更が行われ、当初2000戸程度で計画されていたプロジェクトは、最終的には4000戸近くにまで膨れ上がった。1970年代の《サンシティ》には容積率を消化しきるという概念すらなかったが、大川端では民活を背景に容積率を獲得する意欲が強まり、計画の前提となる「用途地域も変えられる」[*36]段階に進んだ。結果、はじめて100mを超える超高層マンションとして《大川端リバーシティ21》が誕生した。提案型の開発計画と公共施設整備によるインセンティブは、その後再開発促進区制度のモデルになったといわれる。

　この頃、住宅の価値は日照から眺望へと変化しつつあったが、《大川端リバーシティ21》ではそれがより決定的になった。《サンシティ》のように、それまでは高層住宅でも張出し型のバルコニーが一般的であったが、超高層化しバルコニーの序列も下がった《大川端リバーシティ21》では、いわゆるアウトフレーム形式が採用され、眺望のよいコーナー部には角部屋が配された。計画当時、建設省主宰

の「都市景観懇談会」の座長も務めていた芦原義信は、中層
階を含んだ途中段階の計画を見て「建物が少し大きすぎて
日照で川べりが影になりませんか。もう少し高くて細いも
のにして日陰が早く動くようにはできなかったでしょうか」
と語り、「もっと大都会的にしてもいいと思います」[37] と
注文をつけ、住宅の超高層化と親水空間の両立を後押しし
ている。7棟の超高層が川沿いに並んだ光景は、眺望価値
を基軸とした一種の群造形を成し、新たな都心居住風景像
をつくりだした。

　高橋の印象では大川端という土地は、周辺に武蔵野の住
宅地が広がっていた《サンシティ》とは対比的に、「陸の
孤島のようなとても遠いところにあり、佃大橋から隅田川
を見たら、臭くて汚い、極めて印象が悪い」という場所で
あったという。東京駅から約2kmという至便の立地にあ
りながらこうしたイメージの土地を転換するために、特に
弱かった交通インフラの整備のほか、土壌汚染対策やスー
パー堤防化といった住宅以外の部分に計画全体として多
大なコストを要している。オイルショックの影響を受けた
《サンシティ》同様、《大川端リバーシティ21》において
も住宅そのものに投じられるコストは限られた。それはす
なわち工事費における構造コストの比率が高いことを意味
し、施工者の特殊工法採用によるコストダウンに頼ること
につながる。結果、設計施工の住棟がほとんどとなった。

　そうした計画条件の中、設計者の関心は、自ずと次の
2点へと向かった。

　一つは「表層的な環境デザインや色彩計画」である。超
高層化によって広大に確保された足元の非建蔽地は、住民
たちのコモンという性質が薄れ、どのように地域に開くか
が模索されはじめる。《大川端リバーシティ21》では、緩
傾斜堤防化により隅田川につながる一大オープンスペース
を創出し、その多くをスロープでデザインしてバリアフ
リーかつ親水性の高い地域のパブリックスペースを生み出
している。住棟のカラーリングは色数を減らしたうえでメ
タリックを取り入れ、光の当たり方によって色を飛ばす工
夫を行うなど試みている。

　もう一つは、「住民サービスのデザイン」であり、建築
だけでなくライフスタイルを提案しようという方向性であ

る。脱LDKの研究を踏まえた多様な住戸タイプを供給し
たうえで、建物を貸す・売るだけでなくいろいろな生活サ
ポートサービスを行うべきだと、ランドリーサービスなど
細やかなサービス展開が検討された。

　こうした潮流は、現代でもランドスケープデザイナーや
外装デザイナーの登用、コンシェルジェサービスなどを重
視する住宅のホテル化現象として息づいている。

　《大川端リバーシティ21》にはその後著名人も多く入居
し、極めて環境の悪かった場所をブランド力ある住宅地
へと転換した。この成功は、東京のウォーターフロントエ
リアに倉庫や工場跡地を土地利用転換して、超高層型都市
居住を創出する事業モデルの確立をもたらした。

　《大川端リバーシティ21》の計画・事業期間中、斜線制
限の緩和（1987年建築基準法改正）や再開発地区計画制
度の導入（1988年）など、制度上の規制緩和が行われたが、
とりわけ大きい影響を与えることになったのが、1997年
の建築基準法改正にともなう共用廊下・階段部分の容積不
算入ルールの導入である。都心住宅用途事業に圧倒的有利
をもたらすこの制度により、この大川端モデルは民間ディ
ベロッパーによって競うように湾岸部へ展開されていく。

　日本設計で集合住宅の設計を担う森本修弥は、バブル崩
壊以降も続いた一連の規制緩和ラッシュが、特に中層住棟
を含まない超高層特化型の開発形態への移行を促進し、超
高層住宅の数を激増させていったことを指摘する。防災計
画評定なども廃止され、高層マンションは経済的最適化
がなされ、敷地条件による独自性を失い均質化され、「型
の反復」が足元の街との断絶を進展させていると嘆く[*38]。
かつて、地形と日照といった自然条件に合わせた群として
の配棟デザインがあった《サンシティ》から、新自由主義
経済と眺望がつくりだす超高層景観を編みだした《大川端
リバーシティ21》を経て、ウォーターフロントにおける設
計者たちは集合住宅群そのものへの本質的関与から遠ざ
かり、超高層化にともなうプロジェクトの巨大化および
長期間化によって「当事者意識」までも減衰しているとい
う、危機的状況に陥っている。

5.4　時間的重なりをつくる「都市建築」
時間をかけて醸成された珠玉の環境：「霞テラス」

本章の冒頭でも紹介したとおり、《霞が関ビル》は超高層を手段として、足元に人間性回復の場となる広場を提供することを真の目的として誕生した。もともと《霞が関ビル》の足元は、その直前に建て替えられた《東京倶楽部ビル》と連携した人工地盤により立体的に構成され、《ロックフェラーセンター》や《チェスマンハッタンビル》、サンフランシスコの《クラウンゼラバックビル》といった先進事例を参照してデザインされた。担当者の一人であった石田繁之介は完成したばかりの《霞が関ビル》を前に「目にとびこんでくるのは、広場の中心に植えられた欅とみどりの芝生である。（中略）設計当初から、われわれはいかにしてこの広場をゆたかに広くしようと考えあぐねたことか。広場を中心としてこの計画をみるとき、霞が関ビルはそれに付随したタワー部であり、東京倶楽部ビルはそれに付随したハイ・クラスの休息の場である」[*39]と自著に記し、その強い思い入れを述べた。それでも全体としては、国内初の超高層建築の成立に傾注したため、足元の広場を丁寧にデザインする余裕がなかったという郭茂林や池田武邦の言葉どおり、人々にとってのよりどころの少ない、やや淡白なランドスケープにとどまったこともまた事実であった。

《霞が関ビル》は、その誕生プロセスのみならず、その後、今日に至るまでのプロセスもまた意義深い。実は1968年（昭和43）の《霞が関ビル》の特定街区の認定理由書には「将来官衙地区の再整備にともない、全面的に建直しの必要が生じた場合は、文部省をも含めた大街区として、B地区（三井側）を既存の物として含む総合計画の方向へと発展させる」との条件が付されてある。その後、実際に《霞が関ビル》の低層部は、周辺環境と連続した丁寧なリノベーションが続けられ、まさに人間的環境としての発展を遂げている。

最初に生まれた周辺との呼応関係

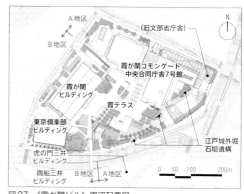

図27　《霞が関ビル》周辺配置図

は、外堀通りをはさんで《霞が関ビル》の南側に建つ、《虎ノ門三井ビルディング》(1972年) と《商船三井ビルディング》(1979年) の配棟計画である。この2棟は総合設計を利用して一体に計画された施設で、日本設計が設計している。《霞が関ビル》のアネックスともいえるこの計画では、最終的に《霞が関ビル》の設計担当者でもあった阿部彰が、北側に開いたL字型の配棟計画を提案し採用された*40。外堀通りを跨いで設けられたブリッジは、配置上重要な軸線として文字通り両敷地をつないだ。現在《霞が関ビル》の足元に立ったとき、南側に視界が広がって日光が射し込み、かつ適度な囲まれ感をもつのは、この敷地を超えた配棟の連携がもたらす恩恵といえる。

図28　改修前の《霞が関ビル》公開空地

　その後、この足元環境にもっとも大きな影響を与えたのが、隣接する官庁施設も含めた街区全体での再編を図る都市再生プロジェクトである。以前から低層部や広場のあり方を検討していた三井不動産が主導して、官庁街区のPFI事業の関係者も含めたまちづくり協議会を設立。当初の特定街区も廃止★5し、新たに全体で地区計画並びに再開発等促進区をかけて再再開発を行った。コンペを経て、日本設計が広場改修のデザイン統括・低層部増築部の建築提案・外構の実施設計を、外構デザイナーとしてトーマス・バルズレーが参画してデザインされることとなった。改修設計にあたって設計者らは、大きく三つの理念を掲げた。①当初の特定街区資料に書かれていた大街区としての再整備という理想を受け継ぐこと、②近隣同士の理解と信頼を下敷きとした官民一体のデザイン、③歴史性と多様性を積み重ねた空間および景観のデザイン、の三つである。新しい広場は「霞テラス」と名づけられ、面積は当初の2倍以上となる約7800㎡に広がり、伸びやかな滞留空間と駅アクセス性の高さをもつ、憩いの空間として生まれ変わった。加えて、江戸城の石垣の活用や、登録文化財・旧文部省庁舎の中庭空間の緑化など、重層する土地の歴史を感じさせる風景が再生された。

図29　改修後の「霞テラス」

図30　《霞が関ビル》一帯の全景

　新たに建ち上がった霞が関コモンゲートのツインタワーは、縦基調のファサードデザインで《霞が関ビル》との呼応関係をもち、かつ色彩のコントロールも一体的に考えられた。設計者らの言葉を借りれば、「先人の思い、隣人の

図31　新橋駅方面から《霞が関ビル》を望む

★5　《霞が関ビル》は特定街区の認定第1号にして、廃止も第1号となった。

考えに敬意を払う」ことを都市再生の作法であり公共の美学とおいた。そうした理念のもと、珠玉の人間的環境として「霞テラス」は誕生し、周辺一帯は群造形として昇華された。建築評論家の松葉一清は、この「霞テラス」から新橋方面を振り返ったとき見事一直線に外堀通りが抜けて見えるようになったことに気づき、都市において尊重されるべき都市軸線の「見晴らしを堪能する場所」[*41]が誕生したと激賞した。そして何より原設計者であった池田武邦もまた、改修後の2015年、久しぶりに《霞が関ビル》を訪れ、周辺環境も含めて一体的にデザインされた風景を目の当たりにし、「これなら国際的に通用する」と大いに喜んだのである。

　《霞が関ビル》は、この「霞テラス」を中心とするリニューアル以外にも、1989〜1994年、1999〜2001年、2004〜2011年と計3回の大規模かつ丹念な改修を重ね、三井不動産のプライムビルとしての風格を保ち続けている。設備増強リニューアルの際、基準階天井裏の大梁がトラスビームであったことからダクトの取り回しが容易であったこと、あるいは専有床面積確保の観点では非効率とされた避難バルコニーの存在が外気の取入れに有効であったことなど、当初の建築がもっていた空間的余力が、改修設計者の仕事を大いに助けたという。社会ストックとして長い時間を生きる都市建築の計画において、「適度な体脂肪率」[*42]は大いに意味をもつことを、一つの教訓として受け止めておきたい。

　《霞が関ビル》は2018年（平成30）に竣工50周年を迎えたが、今後、戦後の都市建築が次々と竣工後50年を迎える。その中で西新宿の超高層ビル街を文化財にしよう、あるいは建替えようという議論すら散見される。設計者たちは今後、超高層群という膨大かつ巨大な社会ストックとどう対峙していくべきか。それを考えるとき、《霞が関ビル》の取組みは示唆に富んでいる。エリアデザインは時間をかけて手を加え続けることが肝要である。《霞が関ビル》という個から始まり、その一帯を一つの組織体（山下寿郎設計事務所→日本設計）が連綿と意志を継ぎながら育て続けることで、それはやがて群となり、豊かな都市環境を形成していくことができる。持続可能な社会に向けて、都市建築

のアップサイクルを実現する必要がある。その際、敷地を超えて「先人の思い、隣人の考えに敬意を払う」ことで、都市建築は周辺環境に貢献する良質な社会ストックとなって、新築のビルには提供し得ない価値をもたらすであろう。

保存と開発の両立：《三井本館》《旧新橋停車場》《東京駅》

時代の多様性を感じさせる都市建築が増えている。近年の都市建築では都市環境を一新する中に、いかにして歴史的な要素を残し、取り入れ、活用するかに腐心している。我が国におけるこうした潮流の先駆けを担った建築家の一人に田原幸夫がいる。《旧新橋停車場》の復元デザインを担当した田原は、同時並行で《三井本館》の保存にアドバイザーとして関わり、またのちに《東京駅丸の内駅舎》の保存復原に関わっており、90年代以降の保存と開発を両立するプロジェクトに先鞭をつけた実務家である。日本設計からJRE設計へと渡り歩いた田原は、かつてベルギー政府のフェローとしてルーヴァン・カトリック大学大学院の保存修復専門課程に留学、ユネスコ世界遺産「グラン・ベギナージュ」の保存活用設計にも関わった人物である。

　田原は、1980年代後半に帰国後、日本設計の一員として《霞が関ビル》のリニューアルに携わり、日本で初めて「保存らしいもの」にめぐり合う。田原は「《霞が関ビル》で、超高層の保存というヨーロッパとは異なる日本の保存の状況に接したことは大きな経験となった」*43と当時のことを振りかえる。《霞が関ビル》のリニューアルを通じ、三井不動産の信頼を得た田原らは、引き続いて《三井本館》についての相談を受ける。文化庁から《三井本館》の重要文化財指定の打診を受けていた三井不動産は、1997年（平成9）頃より日本設計とともにその方針についての検討会を始める。その際、日本設計側で最初のコンサルティングをしたのが田原であった。田原は、三井不動産側に保存活用の理念や事例のレクチャー、有識者を交える委員会方式の提案などを行う傍ら、日本設計の主担当者となった黒木正郎に保存に関する経験を伝えるなど、このプロジェクトの前捌きの役割を果たす。

　《三井本館》が黒木のアイディアをきっかけに「重要文化財特別型特定街区制度」を生み出しながら保存され、そ

の後の都市開発諸制度の一部になっていったことは第4章で紹介があったとおりである。日本橋室町地区は、その後《三井本館》を含む"百尺ライン"をガイドにエリア再生を連鎖させているが、そうした発想を支えるのは、民間設計者の自由な発想を取り入れた文化財保存というあり方である。この仕組みは、それ以前の文化財行政、すなわち国庫補助をともない文化庁の承認を受けた「文化財建造物修理主任技術者」が設計監理を行うというスタイルとは異なり、建築物の保存デザインにもいくばくかの柔軟性を与えている。たとえば《三井本館》と《日本橋三井タワー》の接続部には、《三井本館》のファサードを転写したスクリーンといった付加的なデザインや、地下鉄への出入口といった現代必要とされる施設が大胆に配されており、それらをガラスのアトリウムで覆っている。このガラスアトリウムは、新築棟からのダイナミックな片持梁で構成され、《三井本館》に鉛直荷重を負担させない配慮が施されている。オリジナルありきでの保存から、より生きた保存のための創意工夫が挿入されているのである。

図32 《三井本館》と《日本橋三井タワー》の外装の呼応と接続部

図33 新旧接続部のダイナミックな片持梁

　さて、田原は《三井本館》保存の前捌きを終えたあと、汐留再開発における《旧新橋停車場》の復元に取り組んでいた。汐留再開発は、大規模再開発プロジェクトに地域が有する歴史的資源の保存・復元を大々的に取り込んだ最初期の事例で、再開発地区計画の事業手法を採用しその中で《旧新橋停車場》の保存・復元（Reconstruction）による容積割増しの適用を受けている。

　《旧新橋停車場》については事業計画の段階から、港区議会が保存復元の意向を強く働きかけ、東京都の埋蔵文化財センターがGL下を調査したところ、駅舎の礎石が完璧な状態で残っていたことがその実現の大きな後押しとなった。有識者である八十島義之助や鈴木博之らが「旧新橋停車場跡保存復元方策等検討委員会」の委員会メンバーとして参画し保存の大きな枠組みを定めていき、結果的にB街区において、二つの超高層が囲う広場に駅舎を復元する方針が定まった。東日本鉄道文化財団を施主として、日本設計が《旧新橋停車場》の復元デザイン取りまとめにあたることになった。保存すべきはあくまで地下の本物の基礎遺構であり、そこに"場所の記憶"として失われていた建築

部分・上屋部分を付加的に復元するという点が、このプロジェクトの急所であった。建築部分・上屋部分にはすべて建築基準法などの現行法規が適用され、すなわちかつての《新橋ステーション》とは全く別の建築であることを表現するデザインが求められた。《旧新橋停車場》の見える部分のほとんどは復原（Restoration）ではなく復元（Reconstruction）のデザインだったのである。

図34　復元された《旧新橋停車場》

　ヨーロッパで学んでいた田原は、復元よりも復原に本物性（Authenticity）を見出す進んだ建築保存活用論を吸収していたため、復元前提のこのプロジェクトへの参画を拒みかけたほどであった。しかし、「日本の建築家というのが歴史とか保存に対してポテンシャルが低い」と感じていた田原は、それを解消していくには「設計者として与えられた条件の中で、できるだけ『本物』に近づく努力をするしかない」*44 と、本物の保存の追求に取り組んだ。幸い

図35　プラットフォームと上屋の
再生

残っていた鮮明な写真、かつての改修工事図面などの史料から建物寸法を割りだす、可能な限り確度の高い復元作業。そのうえで、現行法規に従う部分や類推をともなう部分について、いかに付加的かつ現代的なデザインを施すかが模索された。あえて空目地で仕上げた外壁のディテール、礎石の残る地下を避けて設備配管を引き込むための立ち上がり、復元部分とオリジナル部分とを差別化するための素材の丁寧な切替えと「2003」（復元した年）の刻印などに、その丁寧な仕事が見てとれる。広場の中央には史料をもとに、プラットフォームとともにむくりをつけた形状の上屋がデザインされた。残す／戻す／創るという三つのアプローチが民間設計者によって厳密かつ創造的に適用された、単純な復元ではない、まさに時間的重なりをつくる現代建築であった。

　田原は、この《旧新橋停車場》の設計を通じ、国際的な理論に基づく建築保存を我が国において極めて純粋な形で実践するという得難い経験をした。国際的な建築保存理念では、ヴェニス憲章以降、推測によるリコンストラクションを認めない、などの復原の原理原則が厳然たる前提として運用されているが、当時、日本国内ではまだそうした理論的ベースがなく、資料不足のままに復元されてしまう例すらもあった。《旧新橋停車場》の実践は、設計アドバ

イザーの鈴木博之らとも議論を重ねてたどり着いた日本型のケーススタディだった。田原は、その後「なんとか日本でも理念を通す自信をもつことができた」と振りかえる。

このように、高度成長期並びにバブル期に建築保存の視点そのものが顧みられず、数々の建築が失われた時代が過ぎて、《三井本館》と《旧新橋停車場》の二つのプロジェクトが同時期に動きはじめ、保存と開発の両立という経験が我が国にもたらされた。

その後、ちょうど《旧新橋停車場》が完成した2003年（平成15）に《東京駅丸の内駅舎》が重要文化財に指定され、その設計者を探していたJR東日本は、田原をJRE設計に招聘する。《旧新橋停車場》でできたJR東日本との良好な関係性が東京駅のプロジェクトチームに引き継がれた。田原はプロジェクトチームに参画する以前から、JR東日本との付合いの中で《東京駅丸の内駅舎》の専門委員会メンバーに鈴木博之を推薦するなどの協力をしていた経緯を含め、《三井本館》と《旧新橋停車場》の経験で得たノウハウをその後10年にわたる《東京駅丸の内駅舎》の保存再生デザインに展開する役割を果たす。

1日50万人が利用するターミナル駅であり、一流のホテルやギャラリーを含む現代の複合施設でもあり、加えてさまざまに丁寧な改修の痕跡がある100年近い歴史を有する《東京駅丸の内駅舎》では、《旧新橋停車場》以上に高度な保存活用デザインが求められた。田原らは、その保存活用コンセプトを次のようにまとめている[45]。

①失われた部分の復原については、当初の使用が判明しているものは厳密に復原するが、仕様が明確でないものは、推測による復原は行わず、全体と調和する新たなデザインを導入する。

②「すべての時代の正当な貢献」に対する配慮として、後世の仕事でも優れたものは保存し、あえて当初の姿に復元しない場合もありうる。

③駅、ホテル、ギャラリー（美術館）という、現代の複合施設として将来にわたり使い続けるために、復原部分であっても、現代の建物要求性能は完璧に確保する。

特に②の「すべての時代の正当な貢献を尊重」（ヴェニス憲章11条）し復原するというコンセプトは、《旧新橋停

車場》での試みにはなかった部分であり、時間的連続性を
含んだ復原デザインへとより高度化したといえる。こうし
たコンセプトがもっともわかりやすく反映された箇所の一
つに《東京駅丸の内駅舎》南北ドーム部分がある。辰野金
吾の設計による1914年（大正3）の創建当初の姿は3階建
であったが、戦災を受けたのち1947年（昭和22）に資材
不足の中精緻につくられた2階建の屋根は、戦後の「東京
駅」として長く親しまれた風景となっていた。屋根の改修
においては、創建時の姿に復原するが、戦後のドーム天井
のパターンを直下の1階床面に転写するという方法で、①
と②の両立が図られた。さらにドーム下部のコンコース
では、分断されていた2階動線を、創建時のデザインにヒ
ントを得た回廊を新設することで改善するなど、複合施設
としての利便性にも配慮した再設計（③）がなされた[*46]。

図36　《東京駅丸の内駅舎》のドー
ム部分

　《東京駅丸の内駅舎》で確立した復原デザインコンセプ
トは、成熟期における都市づくりに対して非常に示唆的で
ある。たとえば「復原」を「街並み形成」に置き換えてみ
ればよく理解できる。その土地固有の街並みガイドライン
の基準となる本物性のある歴史的建築物をたしかに継承し
（①）、そうした街並みガイドラインからは逸脱するがその
時代なりの街並み形成への貢献の意識が確認されるものは
尊重し（②）、街並みガイドラインに沿いつつも将来にわ
たり使い続けられる余裕をもった設計をしていく必要（③）
がある。我々は、こうしたステップを踏むことで初めて、
次世代の都市に向けた「正当な貢献」を蓄積していくこと
ができるのではないだろうか。

5.5　小結
本章では、都市建築をつくってきた設計者の思想とその継
承・展開を、キープロジェクトとキーパーソンにフォーカ
スしながら詳細に追った。
　池田武邦のモデュール論と前川國男のテクニカルアプ
ローチは、戦後の都市建築を工業化し、やがて高層化へと
導く重要な思想であった。そしてその発展として《霞が関
ビル》において語られた超高層は手段であり、真の目的は
広場であり人間性の回復であるという考え方は、池田が関
わった《新宿三井ビル》の「55 HIROBA」、前川が関わっ

た《東京海上ビル》のエスプラナード両者に共通するものであった。池田はその後も人間性の回復へのこだわりを見せ「呼吸する超高層」の追求を続けたが、それを新東京都庁舎で実現する夢は丹下の造形力の前に破れた。しかし、都市建築に技術をもちこむときに、人間性の議論を欠かしてはならないという教えは、With／Postコロナ時代を生きていく我々にとっても重要なものであろう。

　戦後の都市建築は、主に鉄道駅および駅前を中心に土木との複合化が進み、行政がインフラを、民間が上物を整備した新宿副都心とは対照的に、品川駅東口の開発では民間主導でインフラ・上物とも同時に開発する段階へ発展し、駅のペデストリアンデッキから駅前広場、スカイウェイ、セントラルガーデンが分断することなくつながった風景がそのシンボルとなった。駅建築そのものを生かしてウォーカビリティを向上させる手法は、坂倉事務所の新宿大通り構想、日本設計の《渋谷マークシティ》などでの実践が源流となり現代へとつながっている。一方で森ビルなどが中心となって仕掛ける幹線道路と都市建築を一体化させる手法は、都市計画道路整備と大規模建設需要による経済再生を目論む行政の期待に合致し、いわゆる「規制緩和型都市再生」モデルとしての《六本木ヒルズ》《虎ノ門ヒルズ》を生み出し、さらには赤坂・虎ノ門緑道構想への発展を遂げている。設計者はこれらを都市建築にとどまらない「都市土木」「建築的土木」といった概念で捉え、計画している。

　都心居住のための住宅型都市建築は、土地利用転換型と既成市街地改善型に分かれる。土地利用転換型については、のちにPAUを提唱する前川事務所の大高正人が、《晴海高層アパート》でその工業化（P）を踏まえたビルディングタイプを湾岸部に生み出したが、その後、大高の多摩ニュータウン自然地形案や日本設計による《サンシティ》などで実践された低・中・高層を織り交ぜながら地形・日照といった自然条件を巧みに取り入れる方法論は、内陸部に限られた。比較的インフラ条件や土地条件の悪い湾岸部では、交通インフラや土地条件の改良にコストと労力が割かれ、住棟そのものの計画はそれに見合う床面積を建設業者の工法に頼りがちとなり、結果、住宅における設計者たちの関心はランドスケープや外装、あるいはライフスタイ

ル提案へと移っていった。既成市街地改善型はつねに都市防災とセットであり、江東十字架防災ベルト構想に基づく一連の取組みがその代表例であるが、白鬚東地区再開発では火災を怖れるあまり土木構造物に居住するような土木的条件偏重の住宅が誕生し、その後徐々に再開発は細分化され、複雑な権利調整の泥沼へと陥っていく。そこには新しい社会関係の構築というドラマこそあれ、エリア全体を構成するうえでの個がどうあるべきかといった社会性を含むデザイン思想は存在しない。住宅用途における都市建築の設計思想は極めて貧困化している状況にあるといえる。

　都市建築およびそれを支える法制度も成熟を迎え、時間の蓄積を有する都市建築が次々と誕生し始めていることは一つの光明である。《霞が関ビル》では日本設計（設計時は山下寿郎設計事務所）のメンバーが「先人の思い、隣人の考えに敬意を払い」ながら、周辺の建物との一体的整備や、《霞が関ビル》内外の丹念かつ継続的な改修を続けたことで、珠玉の広場が生まれている。また《三井本館》や《旧新橋停車場》などでは、大規模な開発の助けを借りて、本物性（Authenticity）を追求した保存・復原が田原幸夫らによって我が国にもたらされ、その後の《東京駅丸の内駅舎》保存および実質的な容積移転手法の誕生へとつながった。保存・復原のデザインにおいて採用されたコンセプト「すべての時代の正当な貢献を尊重する」といった視点などは、建築単体に限らず、街並みを構築する都市デザインにおいても非常に示唆的な視点を有している。

　　　　　　　（ながの・まさよし　東京大学工学部助教）

参考文献

＊ 1　池田武邦「個人の能力を超えた近代建築生産」『新建築』新建築
　　　社、1962.06、pp.131-132

＊ 2　林昌二「建築家不要時代への挑戦」『新建築』新建築社、1968.
　　　06、pp.173-174

＊ 3　村松貞次郎「ルポルタージュ：霞が関ビル はじめてのこと、高
　　　いこと、大きいこと、その衝撃的な意義について―設計組織論
　　　的な考察―」『新建築』新建築社、1968.06、pp.175-182

＊ 4　池田武邦、吉武泰水、伊藤寧彦、横山正「オフィスにおける人
　　　間空間の追求」『建築文化』彰国社、1963.10、pp.91-101

＊ 5　池田武邦「基準階オフィス空間」『霞が関ビルディング』三井

不動産、1968、pp16-17

＊6 　池田武邦「工業化と設計」『建築雑誌』日本建築学会、No.950、
　　 1965、pp.97-99

＊7 　三菱地所『丸の内百年のあゆみ 三菱地所社史 下巻』1993.03

＊8 　前川國男、伊藤ていじ「前川國男東京海上ビルディング本館を
　　 語る 超高層ビルの社会的意義への確信」『新建築』新建築社、
　　 1974.06、pp.211-216

＊9 　河原一郎「前川國男の方法論と東京海上ビルディングの高さの
　　 回復」『SD』鹿島出版会、1992.04、pp.85-91

＊10 前川國男「建築家の思想」『建築』青銅社、1969.09、pp.18-23

＊11 宮内嘉久『前川國男 賊軍の将』晶文社、2005、p.88

＊12 「結実した超高層技術の蓄積」『日刊建設工業新聞』1974.11.05、
　　 pp.10-11

＊13 松隈洋『前川國男 現代との対話』六耀社、2006、p.31

＊14 前川國男「建築における《真実・フィクション・永遠性・様式・
　　 方法論》をめぐって」『新建築』新建築社、1984.01、p.121-128

＊15 塚野路哉、千代章一郎「前川國男の東京海上ビルディング（1974）
　　 における『エスプラナード』の設計過程」日本建築学会中国支
　　 部、2016.03

＊16 戸沼幸市編『新宿学』紀伊國屋書店、2013.02

＊17 池田武邦「重厚な造形の修練」『新建築』新建築社、1974.06、p.239

＊18 千代田区「大手町・丸の内・有楽町地区計画図書」2015.01

＊19 松葉一清「五里霧中のただなかで」『新建築』新建築社、1991.
　　 05、pp.291-292

＊20 丹下健三「建築の長寿を考える時代」『新建築』新建築社、1991.
　　 05、pp.194-200

＊21 中野卓「駅前デッキの広場機能とマネジメントに関する研究―
　　 柏駅東口ダブルデッキの変遷と活用実態―」『日本建築学会計
　　 画系論文集』日本建築学会、2017、pp.1977-1987

＊22 伊丹勝インタビュー、2019.06.05

＊23 千鳥義典インタビュー、2019.09.11／竹林正彦インタビュー、2020.
　　 07.08

＊24 千鳥義典、竹林正彦「渋谷マークシティ」『新建築』新建築社、
　　 2000.05、p.212

＊25 千鳥義典：インタビュー、2019.09.11

＊26 森稔「規制緩和とまちづくり」『日本不動産学会誌』第13巻第
　　 3号、1998、pp.3-24

＊27 https://www.nikkei.com/article/
　　 DGXMZO32423250Z20C18A6XQ1000/

＊28 https://www.mori.co.jp/projects/roppongihills/background.
　　 html

＊29 大髙正人「公団住宅の設計に対する批判」『建築雑誌』日本建
　　 築学会、1957.05、pp.15-16

＊30 大髙正人「高層アパートを配置した新しい住宅地の提案と東京
　　 湾上都市の提案」『建築文化』彰国社、1959.02、p.42

＊31 大髙正人＋内井昭蔵「新しい住環境の追求」『新建築』新建築社、

1969.05、pp.241-246

＊32　小林秀樹・大髙正人ほか「広島市営基町住宅と公団高島平団地」
　　　『住宅』日本住宅協会、1992.03、pp.47-57

＊33　伊丹勝インタビュー、2019.06.05

＊34　加賀誠、山本俊哉「白鬚東地区防災拠点の計画・設計の経
　　　緯」『日本建築学会大会学術講演梗概集』日本建築学会、2011、
　　　pp.1127-1128

＊35　伊丹勝インタビュー、2019.06.05

＊36　高橋琢郎インタビュー、2019.01.23

＊37　「民活と動き出した大川端再生構想」『建設月報』1985.11、
　　　pp.82-88

＊38　森本修弥「超高層集合住宅の進化と系譜」『建築雑誌』日本建
　　　築学会、2019.02

＊39　石田繁之介『超高層ビル-最初の試みの記録』中公新書、1968、
　　　p.179

＊40　阿部彰インタビュー、2019.03.16

＊41　松葉一清『現代建築のトリセツ』PHP新書、2016、p.209

＊42　《霞が関ビルディング》のJIA25年賞受賞時の福島加津也によ
　　　る講評文より。

＊43　田原幸夫インタビュー、2019.08.19

＊44　「記念シンポジウム復元（再建）を考える」『建築史学』2005.09、
　　　pp.151-179

＊45　田原幸夫「『復原』あるいは『復元』という行為について」『伝
　　　統を今のかたちに』白揚社新書、2017、p.189

＊46　田原幸夫、清水正人、清水悟巳「東京駅丸の内駅舎保存・復原
　　　におけるデザインプロセス―重要文化財の保存と活用におけ
　　　る理念と手法―」『日本建築学会技術報告集』第19巻第43号、
　　　2013、pp.1209-1214

図版・表出典

図 1　『霞が関ビルディング』三井不動産、1968を元に書き起こし
図 2　撮影：小山孝／提供：前川建築設計事務所
図 3　提供：清水建設
図 4　筆者撮影
図 5　提供：前川建築設計事務所
図 6　筆者作成
図 7　朝日新聞フォトアーカイブ
図 8　提供：日本設計、撮影：翠光社
図 9　提供：日本設計
図10　朝日新聞フォトアーカイブ
図11　提供：日本設計
図12　撮影：川澄・小林研二建築写真事務所
図13　『サンパール藤沢　藤沢駅北口市街地再開発事業施設建築物竣
　　　工記念パンフレット』藤沢市、1978.11
図14　『"新都心しながわ"へ向けて　品川駅東口地区再開発への提案』
　　　興和不動産、1987

図15　撮影：川澄・小林研二建築写真事務所
図16　撮影：クドウフォト
図17　『坂倉準三の都市デザイン─新宿駅西口広場』鹿島出版会、2017
図18　提供：日本設計
図19　筆者撮影
図20　https://www.intercity-air.com/ourstories/story02/ を参考に
　　　筆者作成
図21　東京都都市整備局資料をもとに筆者作成
図22　提供：UR都市機構
図23　『建築文化』彰国社、1959.02より転載／提供：前川建築設計事
　　　務所
図24　朝日新聞フォトアーカイブ
図25　筆者撮影
図26　アマナイメージズ
図27　提供：日本設計
図28　撮影：小池宜夫写真事務所
図29　撮影：Forward Stroke inc.
図30　撮影：三輪晃久
図31〜33　筆者撮影
図34　撮影：川澄・小林研二建築写真事務所
図35〜36　筆者撮影

第6章　地区外への影響：「都市建築」の地域貢献、エリアデザインの源流と展開

田中健介

6.1　20世紀までの「都市建築」による地域貢献

本書第2章から第5章では、《霞が関ビル》を皮切りに都心や副都心に建設されてきた都市建築を複数の視点から考察してきた。本章ではこれらの考察に基づき、あらためて20世紀までの都市建築による地域貢献を三つの視点から整理してみたい。

建築敷地内での地域貢献

都市建築による地域貢献の主となる考え方としては、密集市街地や大規模跡地などにおいて、まとまった空地を線的（歩道状空地）、面的（広場状空地）に確保し、地区の都市環境向上を図ることであった。これは同時に、市街地の防災性向上にも資するとともに、沿道の景観形成に資する考え方でもあった。

　空地整備の評価については、地区によって見解が分かれることも想定される。特に空地として確保するものの人が出入りできないような設えや、単に空間が存在するだけで有効に活用されていない（冷たい印象をもつ）都市建築が多く見られるためである。他方、計画当初から人々に利用されるデザインを取り入れた空間は築年数が経過しても長く利用される場となり、都市建築および地域のブランド力向上に寄与している。

　また、公開空地の中には、明確な計画コンセプトをもち、適切な管理を行われることにより、時を経て緑あふれる憩いの空間として成熟し、地域の貴重な財産となる空間となっている場所も見受けられる。

　導入施設について、住宅整備や文化施設など、特定の施設については、開発諸制度各基準に基づき計画されたが、複数の開発で連携した計画は見られることはなかった。

都市基盤での地域貢献

20世紀に限らず、都市建築の構築にあたっては、新たな交通負荷や居住者・就業者の活動にあたって必要と考えら

図1　《新宿三井ビルディング》55
HIROBA

図2　《新宿三井ビルディング》55
HIROBA

れる道路、広場、公園などの整備が求められ続けている。

　本書で取り上げた20世紀における都市建築の場合、特定街区等を除いた都市開発手法での整備の多くは、人口増加・市街地の拡大にあわせて、開発行為や土地区画整理事業や市街地再開発事業などの面的事業を展開しながら、制度の基準や地域のまちづくりの要請に基づき公共施設の整備が行われてきた。現在でも都市計画事業で整備を行う場合は、一定水準の公共施設の整備が求められるが、東京都心部の中には、すでに十分な公共施設が存在している地区もあり、こうした市街地においても機能更新を進められるような制度等の構築も求められた。

図3　品川駅東口地区

　大規模工場跡地等の開発を行う再開発地区計画（現在の再開発等促進区を定める地区計画）においては、市街化を図るうえで必要となる主要な公共施設など、地区の利便性向上に資する公共的施設として、区画道路や公園、歩行者デッキや駐車場ネットワークなどの公共施設について、複数の開発をつなぐ広い範囲で位置付けを行い、地区内で負担区分を明確化したうえで整備を行っている【p.182参照】。

　一方で、前記の場合でもあくまで地区計画や都市計画事業など、一団の都市計画の地区内での整備が主である。区域外の敷地を離れた位置での整備、広域的な基盤整備に対する負担が地域貢献として評価されるようになったのは、主として都市再生特別地区をはじめさまざまな制度で可能になってきた2000年（平成12）以降がほとんどであり、20世紀時点では開発諸制度で地区外の公共施設整備に対する評価の考え方が整理されていなかった。

6.2　21世紀の都市づくり：課題解決型から政策誘導型へ

本書の第2章から第5章では、主に高度経済成長期から2000年にかけて計画・建設された開発計画の当時の経緯・考えとその後現在の評価について記載している。各々のプロジェクトは高度経済成長期、バブル期など時代背景は異なるものの、当時抱える社会的課題を解決することを目指していた。これらの課題解決型プロジェクトは現代のニーズと必ずしも合致していないケースもあるが、そこで生み出された都市的空間は現在まで何らかの形で残り、活用さ

れ、地域の環境として根づいてきた。この点は高く評価されるべきであろう。

　一方、人々にとって課題解決型プロジェクトによって整備された都市的空間が有効に活用されているか否かについては、詳細な検討を要するであろう。というのも、都市的空間の有効活用は現在の都市的な立地環境や属性、公共的空間の管理運営システムの有無などによっても左右されるため、必ずしも空間が豊か＝魅力ある空間となっているわけではない。言い換えれば、大理石をふんだんに用い意匠を凝らした広場であっても、市民に開かれ活気に満ちた広場になっていない事例が散見されるためである。

　それに対して本章で扱う2000年以降の20年は、バブル崩壊以降の不景気、ニューヨークにおけるテロ、リーマンショック、東日本大震災、アベノミクスの展開、オリンピック誘致、そして新型コロナウイルスの世界的流行など、社会を大きく揺るがす事態が数多く展開する時代であった。その中にあって、20世紀までの課題解決型プロジェクトから、将来ヴィジョンに基づいた政策誘導型プロジェクトへの転換を目指し、都市開発諸制度を運用することで、新たに直面した課題に対して真摯に向き合うことが求められる時代となった。

　そこで本節では、21世紀における政策誘導型プロジェクトを以下三つの視点から整理してみたい。

東京都における都市開発諸制度運用の転換点

東京都における都市開発諸制度の運用は、20世紀末から大きな転換点を迎える。1999年に石原都政となり、これまでの多心型構造（都心部に集中する業務機能を抑え副都心や多摩の「心」に分散立地させる構造）の議論から取り残された東京都心部における業務・商業機能のあり方を再度整理し、従来の課題解決型の都市づくりから、将来像を示したうえでそれに向けた政策誘導を行う方向への政策転換を図る方針が示された。具体的には都市構造として「環状メガロポリス構造」型の社会が示されるとともに、センター・コア・エリアに位置付けた地区をビジネスセンターとしての役割を明確に位置付ける方向となった。以降、おおむね20年間は本方針と同時に定められた「東京の都市

づくりビジョン」に沿って都市づくりが進められることに
なる。

　この方針策定の背景としては、各開発諸制度が個別に運
用されており、制度間の不均衡が生じていた点が挙げられ
る。たとえば、1970年（昭和45）に制度化された総合設
計制度は、既成市街地の狭隘化や魅力的な公共空間の乏し
さに対応するために創設され、数多くの開発で適用された。
しかし、都市計画手続きを経ることなく高容積を可能とす
る制度となったため、近隣問題が発生し地域のまちづくり
に悪影響を与えるケースも見られた。他方で、総合設計制
度は都市計画を前提とした建築計画では実現する数も制限
され、大きく街並みを変えることができず、制度間の不均
衡が指摘されてきた。

都市再生特別地区制度の創設

都の開発諸制度運用の転換の動きとほぼ同時期に、都市
開発にかかる制度上の大きな転換点として、2002年（平成
14）6月に制定された都市再生特別措置法の制定が挙げら
れる。

　バブル経済崩壊後、大都市を中心に不良担保不動産が大
量に発生し、経済再生に対する足かせになった。また、急
速な情報化、国際化、少子高齢化等の社会経済情勢の変化
に対応した都市とすることが求められた。このため、前述
の情勢の変化に対応した都市機能の高度化と都心の居住環
境の向上を図ることを目的に都市再生特別措置法が制定・
施行された。

　本法律制定時におけるもっとも特徴的な制度が都市再生
特別地区である。この制度の趣旨は、民間事業者の創意工
夫により、都市再生緊急整備地域内において都市再生に資
する貢献を行う都市開発事業を行うことで、既存の制度に
捉われず都市計画を定め、用途制限や容積率や斜線制限、
日影規制等の緩和を行うことができる点にある。

　民間の提案によって既存制度に捉われず積極的に開発を
誘導しようというこの制度は、政策誘導型のまちづくりを
目指した都の方向性と、そのすべてが必ずしも整合したわ
けではなかった。このため、都市再生特別地区制度は、大
都市圏において民間の提案に基づき実施されることを目的

としていたにもかかわらず、制度ができた当初は東京では特区制度があまり多く適用されなかった。たとえば、2002〜2006年の間に決定された都市再生特別地区計22地区のうち、東京の件数は6件となっている。その後は2007〜2011年で16件、2012〜2016年で16件、2017〜2020年4月までで10件と、コンスタントに広がり、2020年4月1日現在では、全国で98地区のうち、東京が48地区を占めている。エリアとしても都心・副都心を中心に、複数の開発がまとまって集積して展開しているといえよう。

都心の機能更新に向けた街区計画手法の拡張

都市建築を計画するうえで、敷地形状・規模の設定は開発の根幹となる。いわんや既存の都市建築を解体して都心の機能更新を目指す際に、敷地形状・規模は最重要なテーマとなる。一般に都心部で開発を行う場合、大規模工場跡地や密集市街地のような公共施設の脆弱な地域だけでなく、すでに戦後の都市計画等により道路をはじめとした公共施設が整っている地区の中で街区をまとめて計画する場合が挙げられる。特に後者には、土地区画整理事業や市街地再開発事業の対象地が含まれ、民間事業者の努力だけでは機能更新が進まなかった。こうした区画整理済み・開発済みの環境下において機能更新を図るための手法として、柔軟な事業区域の設定につながる手法が複数生まれた。ここでは、敷地整序型土地区画整理事業と道路区域の立体的利用の二つについて触れてみたい。

まず、前者の要点は以下3点に整理できる。

①都市計画決定を必要としない、法手続き期間の短縮化

②土地の交換分合を主体とし、できる限り公共施設の再配置を最小化

③事業目的や地域の状況に応じた柔軟な区域設定と集約換地の実現

この事業は、従来の区画整理を小規模化・短期間化でき、民間主導の事業展開が可能な点に特徴がある。一部土地・建物を単独所有したい人がいる場合や、開発計画とあわせて街区形状や道路や広場、公園などの形状を整えるために、大規模な公共施設整備を必要とせず土地の交換分合を

表1　各エリアにおける企業誘致対象と都市基盤

	企業誘致のコンセプト	空間・基盤
大手町	本社機能・金融	日本橋川沿いの整備
日本橋	創薬産業・金融	歴史的建造物を中心とした街並み景観形成、地下道拡幅整備、首都高地下化と水辺再生
赤坂虎ノ門	外国企業外資系企業	日本道の整備、地下鉄新駅前整備、環状2号線
渋谷駅	生活文化拠点エンタメ・IT産業	駅改良事業、駅前広場再編、渋谷川整備

効率的に行うことで、すでに基盤整備がなされた市街地の再編を行いつつ開発を進めることができる。

　一方の後者は、道路と建築物の一体的整備を可能とする制度で、1989年（平成元）に法制度化された。代表的な事例として《虎ノ門ヒルズ》の再開発が挙げられる。1946年（昭和21）に戦災復興による都市計画決定された重要な環状道路でありながら、膨大な用地費を要することや、多くの住民が地域に住み続けることを要望したため長年にわたり事業が進まなかったが、本制度の制定をきっかけに都施行の市街地再開発事業の中で地元への合意が進み、1998年に都市計画決定、2014年までに主要3街区が完成している。

　その後、立体道路制度は制度の改定を進めながら対象が拡充され、当初は自動車専用道路や特定高架道路に限定されていたが、現在は既存道路での活用や公共施設の土地の権利を残したまま道路の立体的区域を定める制度ができるなど、新たな展開を見せている。

　本項では道路との一体整備について紹介したが、2000年の都市計画法改正により、道路に限らず特定の都市施設（公園、交通広場、通路、河川、駐車場等）など、さまざまな公共施設ついて立体的な区域を定めることができる、いわゆる立体都市計画制度が設立されるなど、公共施設と建築計画の区分をより柔軟に整備を行う方策が打ち出されるようになってきたのが2000年以降の大きな流れになる。

図4　《虎ノ門ヒルズ》と、整備された環状2号線

6.3　21世紀の都市づくりにおける七つの論点

前項で記載したとおり、2000年（平成12）までの開発は都心部から周辺部に開発範囲を広げた時代だったのに対し、2000年からの20年間は都心回帰・都心の再構築に主眼をおいた時代であった。もちろん2000年までも都心部の開発はあったが、この20年は都心部における再投資が飛躍的に高まった時代であったといえよう。

　本節では、2000年以降の20年における都市建築に関わる主要なトピックと具体例を取り上げたい。

都市再生特別地区をはじめとした開発の面的展開

2000年代前半から始まる都市再生特別地区の開発は、大崎

駅周辺、新宿（モード学園）、東京駅八重洲口など一部の地域で行われた。しかし、それらは単体での開発や、これまで再開発等促進区に定められたエリアで展開した計画が主であった。

一方で、2005年に都市計画決定され、同年に土地区画整理事業の事業認可がなされた大手町の連鎖型開発を皮切りに、その後、赤坂・虎ノ門エリア、日本橋エリア、八重洲・京橋エリア、渋谷駅周辺などで、複数の開発が面的に展開されるようになる。

各々の地区の事情やまちづくりの特性はあるものの、根幹の課題としては、建物の老朽化により競争力を失いつつあるエリアにおける機能更新を図ることが求められている点にある。同時に、一開発にとどまらず、都市スケールの空間やグローバル企業の集積など、国際競争力に資する機能を複数の街区で連携して一体的に整備する考え方が示されている。

たとえば日本橋地区においては、《三井本館》の保存とあわせた建替え計画にあわせ、中央通りに沿った面的な開発が展開された。開発の展開にあたっては、日本橋室町・日本橋本石町・日本橋本町周辺地区デザインガイドラインを策定し、景観形成の方針を策定したうえで、それに沿った開発計画とすることで、景観形成と機能更新のための容積緩和の両立を図っている。

八重洲を中心とした東京駅前地域についても、地区のまちづくりガイドラインが2007年に策定され、数年ごとに改定を繰り返しながら、開発とあわせて段階的に導入機能・都市基盤の方針をアップデートし、一体的なまちづくりを誘導している。これらの間にある日本橋川沿いについても、複数の開発で連携してまちづくりのヴィジョンを打ち出し、首都高速道路移設と合わせた行動指針と開発の連携方策の位置付けを行っている。

こうした自治体と地元との連携による指針づくりと開発計画の深度化を連携させながら、段階的・連鎖的なまちづくりの展開を行っており、日本橋エリアの再生が進んできている。

赤坂・虎ノ門地区では、赤坂一丁目計画（赤坂インターシティAIR）の検討段階から大緑道の整備構想を、開発を

検討している沿道開発と連携して位置付けを行い、地区の顔となる都市空間として、複数の開発で連携して整備の実現に向けて動いている。また、近傍の環状2号線沿いについては、立体道路制度の活用により市街地再開発事業と環状2号線の整備を行い、そこを基点に地下鉄新駅・通路等の基盤整備と拠点開発が連動し、赤坂・虎ノ門エリアを一体として開発間を役割分担しながら外国企業・外資系企業が集約する新たな拠点が生み出されている。

こうした活動を実現するには、ディベロッパーをはじめとした開発事業者の取組みはもとより、行政とも連携を図りながら実現性と将来性のあるヴィジョンを描くハブとなるコンサルタントの働きも重要になる。

高度経済成長期の都市インフラ更新時期

東京は持続的に公共交通や高速道路など都市インフラが拡張してきた都市である。その状況は2000年以降も変わらず進化してきた。2000年以降は、高度経済成長期に建設された首都高速自動車道やターミナル駅の改良が都市開発の主要テーマとなった。

先に挙げた首都高の地下化は、2001年に日本橋の景観問題を機に当時の小泉首相が取り上げて話題になったが、日本橋地下化に向けては民間開発と行政が連携して負担し、機能更新を行う枠組みで整備の検討が進められている。ほかにも、駅や駅と街をつなぐ空間の整備、新たな緑道空間の整備など、エリアとしての都市空間のイメージを大きく変える整備を、民間開発の敷地外における協力により実現するスキームが徐々に定着しつつある。また、鉄道駅や河川沿いの空間などは、これらを一体的に取り込む空間の再整備を積極的に誘導する方向性が、2019年（令和元）に改定された開発諸制度の運用指針において示されている。

東京圏のターミナル駅の更新も2000年以降大きく進むようになる。東京駅では、東京駅舎の保存と駅前広場の再整備を実施した。現在はそれに続く形で、八重洲側の複数の再開発事業により、連携してバスターミナルを一体的に整備し、駅周辺に分散していた中長距離バスや観光バスの発着機能を拡充するなど、交通ターミナル機能の拡充を進めている。

第2章で取り上げた渋谷駅・新宿駅など
のかつて副都心といわれたターミナルに
ついても、2000年以降新たなまちづくりの
展開を見せる。両駅が設計・建設された
1950〜60年代から50年以上経過し、両駅
に限らず、その間鉄道網は大きく発展し、
主要ターミナルは拡張し続けた。その反面、
鉄道駅間はいわゆるつぎはぎ的に結ばれる
拡張を続けたため、迷路的な空間であり、
かつ地域を分断する存在となっている。
また、かつては駅の顔であった駅ビルも、
周辺の開発の進捗と反比例し老朽化して
いる。当時の駅ビル敷地は幅が狭く、多く
の機能や空間を生み出す余裕がない。当初
の設計段階での見立てからニーズが多様化
することにより、東京の都市活動に対して
駅全体の狭小化が、駅を通過するだけの
場所・駅ビルを買物するだけの場所にして
きた。

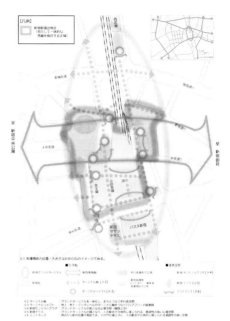

図5　新宿グランドターミナルの再編イメージと新宿駅西
口の基盤整備イメージ

図6　新宿駅直近地区基盤整備イメージ（新宿駅西口地区）

　渋谷駅では、銀座線や埼京線などのホー
ム移設と連動し、土地区画整理事業による
土地の集約化を図り、かつ複雑な乗換動線
を立体的につなぐ「アーバンコア」を設置
することで、駅を中心とした新たな拠点形
成を図ってきた。現在すでにいくつかの
開発が進んでいるが、基盤と拠点の整備が進むにつれて、
渋谷エリアのポテンシャルが増し、その効果は駅周辺に及
び始めている。近年は宮下公園再整備や都市再生ステップ
アッププロジェクト、さらに複数の再開発構想が展開する
など、新たなまちづくりの展開を見せており、区もそれを
意識し、第二フェーズの将来ヴィジョンを掲げ、渋谷らし
さを残しながら新たな基盤整備やさまざまな導入機能を導
く施策を検討している。

　新宿駅では、駅周辺の建物の老朽化・新宿の相対的な地
位低下といった街の課題や、駅施設・駅ビルの老朽化、駅
構造が複雑でわかりにくい、駅と街、街と街の間が移動し
にくい、駅前広場が自動車中心の空間構成となっており、

膨大な歩行者が滞留できる空間が不足するなどのターミナルの課題を踏まえ、駅、駅前広場、駅ビル等が有機的に一体化した次世代のターミナルの形成を目指して、再整備に向けた動きが進んでいる。

2018年に新宿の拠点再整備方針を策定し、更新期を迎えた駅ビルの建替えを契機として、敷地の整序を行いながら駅、駅前広場、駅ビル等を一体的に再編することとし、「交流軸の構築」「連携空間の創出」「持続的な発展への挑戦」を掲げた方針を策定した。2019年には土地区画整理事業（都施行）や東西駅前広場その他都市施設、用途地域、地区計画などの都市計画を東西一体で定め、現在その方針・都市計画に基づき、順次開発事業が計画されている。

「ウォーカブルなまちなかの形成」の議論

人口減少や少子高齢化が進み、商店街をはじめ地域の活力の低下が懸念される中、都市の魅力を向上させ、街なかに賑わいを創出することが、多くの都市に共通して求められており、街なかにおける交流・滞在空間の創出に向けた官民の取組みをまちづくりに位置付けていく方向性として、「ウォーカブルなまちなかの形成」の方針が出された。

本方針が出される以前から、札幌駅前や姫路駅など、ウォーカブルなまちづくりの取組みは地方都市でまず率先して取り組まれた印象ではあるが、その背景には2000年以降長引いた不況への対応・中心市街地の活性化に向けた取組みへの端緒があり、東京都心部での取組みは、開発事業者らが自らの開発敷地内で展開できたこと、道路行政との調整の難しさもあり限定的であった印象である。

一方で近年は、ニューヨークのタイムズスクエアやハイラインの整備など、世界的な取組みの傾向を受けて、（遅ればせながら）東京都心でもインフラのダイナミックな人中心の公共空間への再編への動きが活発化してきている。

道路占用の特例を受ける地域は、丸の内や新宿、虎ノ門（新虎通り）ほか、さまざまな主体が手を挙げるようになっているが、本格的な都市空間再編は、都市インフラのリニューアルとあわせ、自動車交通等の将来需要や技術革新を見据え、人中心のまちづくりに向けた再編をコンセプトに沿った取組みが、今後各所で見られるようになるので

図7　ウォーカブルなまちづくり。札幌市北３条広場俯瞰

図8　ウォーカブルなまちづくり。札幌市北３条広場

はないだろうか。

　なお、ウォーカブルなまちづくり・賑わいづくりの議論
にあたっては、エリアマネジメントの議論を避けて通れな
い。こうした議論の際の日本のエリアマネジメントは一部
を除いて基本的には公物管理の印象が強く、特に行政の規
制が関わる部分については、法規制の中で十分な展開がな
されているとはいいがたい。逆に民間管理地内でイベント
等を行うことについては、大手ディベロッパーや鉄道会
社、その他民間会社が数多く取り組んでおり、都市のブラ
ンディングに大きく寄与している。本方針では道路空間を
はじめ公共施設の利活用の方向性も示されており、公共施
設の有効活用による一体的なエリアマネジメントの展開が
期待されている。

東日本大震災を受けた災害時対応

2011年（平成23）3月11日に発生した東日本大震災は、「想
定外」という言葉で語られたほど、これまでの常識に衝撃
と疑問を与える災害となった。以降首都圏においても、帰
宅困難者対応をはじめ、首都圏で震災が発生した場合を想
定したあり方が議論されるようになった。

　災害発生時の対応を念頭に、施設建築物のあり方や、
公共的空間や建物内においても平常時と災害時の両面で計
画のあり方が議論されるとともに、開発を行う場合の条件
としても災害時対応に対する回答を用意することが求めら
れるようになった。施設単位での帰宅困難者対策や施設の
安全性確保はもとより、東日本大震災時の帰宅困難者対応
を鑑み、緊急整備地域に位置付けられた主要なターミナ
ルにおいては、駅周辺ごとに都市再生緊急整備協議会によ
り「安全確保計画」が定められることとなり、一時滞在施
設や避難場所、避難経路の位置付けを面的に行うことに
なった。

　現在の開発諸制度でも、建物利用者に対する防災備蓄
の考え方等位置付けがあるが、現実としては特に大規模
ターミナル周辺など、官・民単独で賄える内容ではなく、
個別に明確な数値目標を打ち出すことが難しいのが実情で
ある。

　たとえば渋谷では条例化し、床面積の1％以上の一時滞

在施設確保など、明確化した基準をもっている自治体もあるが、少なくとも開発を行ううえで可能な範囲での災害時対応は、運営面も含めて検討すべきテーマとなっている。

　震災だけでなく、近年は都市型水害への対応についても重要視されており、浸水リスクの高い地区においては、河川・下水道の改良や一時貯留の整備、浸水時を想定した一時避難スペースや避難経路の確保など、さまざまな対応が求められている。これらも同様に単一の開発で解決できる内容ではないが、複数の開発での整備を見越して、特に都市型水害に課題をもつ地区においては、地域貢献として検討すべきテーマとなっている。

CO_2排出量低減へ向けた敷地内・地区レベルの取組み

CO_2排出量削減の動きは京都議定書以降継続的に続いており、東京都でも2050年までに「ゼロエミッション東京」を実現するため、主に4点（スマートエネルギー都市の実現、持続可能な資源利用の推進、生物多様性の保全と緑の創出、快適な大気環境への取組み）が掲げられている。

　開発計画でも高い水準での環境水準達成は求められており、CO_2排出量削減はもとより、新たな環境技術の適用に加えて、本章「東日本大震災を受けた災害時対応」とあわせて、多重で面的エネルギーシステムの構築を地区単位で構築することが求められている。また、交通システムについても、駐車場施設配置の適正化など、地区単位での効率的で低炭素なまちづくりの展開が求められている。

　これらの流れは今後も継続され、次世代交通システムや新技術の採用などつねに先進性が求められるテーマとなっている。

観光立国、オリンピック・パラリンピック

2010年代以降、アジア近隣の経済成長なども牽引して、日本への来訪者は右肩上がりで増加している。人口減少化社会において観光産業の発展はサービス業にとどまらず、幅広い分野の産業の活性化に寄与するため、率先して外国人観光客誘致に向けた取組みが進められた。ターミナル改善はもとより、都市開発に対しても外国人観光客受入れのためのサービス施設や宿泊施設、観光交通移動のためのバ

スターミナルの整備など、受入れのための機能提案が相次いでいる。

　オリンピック・パラリンピックの誘致も原動力となり、本章「高度経済成長期の都市インフラ更新時期」で触れた都市インフラの整備、特に駅施設の再編は、こうした観光のための来訪者にとってもわかりやすく魅力的な空間となることが求められており、人中心の駅前広場再編や案内機能の充実等、ターミナルが一体となった整備が求められている。

新型コロナウイルスによる都市の変容可能性

現在進行形の状況としては、2020年（令和2）に大流行した新型コロナウイルスは、日本のみならず世界中に経済的・社会的にも大きな影響をもたらし、ワクチン等の直接的な対策に期待はあるものの、今後の都市環境・都市建築のあり様を考えるうえで、避けて通れないテーマとなった。

　すでにさまざまな場で議論がなされているが、大きくはコロナを受けた建築・都市空間の技術的対応、人々の活動・ライフスタイルの変化への対応、都市としての活力維持のためのあり様が切り口になると思われる。

　建築として求められるであろう環境設備機能や接触に対する先端技術の導入などの技術的進展の面もあるが、特に公共的空間のあり方については、空間の密度のあり方や利活用の冗長性（業務活動・交流活動の場としての変容性）、都市全体における回遊性の拡充（多様なルートの確保、平準化）など、都市への投資を維持し活力をもちながら、街の魅力付けも兼ね備えた整備のあり方が議論されるものと考えている。

　また、拠点のあり方も、在宅環境や活動拠点の多様化に対応し、都心部からより裾野を広げた中での活動拠点・導入機能のあり方は検討されることになるのではないだろうか。これまでのオフィスの集積地においても、オフィス空間自体のあり方とともに、リモートでは解決できない「交流の場」のニーズに応えるソフト・ハードの整備について検討が求められるだろう。

　まだCOVID-19にかかるまちづくりの議論はこれからであるが、これまでの都市建築の動きからもこうした大

きな社会的変化を動かす出来事をきっかけに、「時代の公
益的な思潮を切り拓く」ことが制度的な宿命となるため、
今後の計画においては複数の開発における議論を受けて、
徐々に新たな方向が形づくられるものと考えている。

6.4 「都市建築」とエリアデザイン

先述したとおり、2000 年以降の都市開発は、都心部にお
ける機能更新への回帰とともに、都市再生特別地区制度と
都市計画提案制度の導入により、既成市街地の更新に対し
て民間も主導役となり、行政と連携して面的なヴィジョン
を打ち出し、都市の老朽化や社会的課題に対応する新たな
局面を迎えている。

　人口減少化社会の到来とともに、都市の再構築が主流に
なる中、都市再生特別地区をはじめとした開発諸制度の適
用を行う中で、社会的な課題を解決するためのシナリオを
構築するうえでは、民間が単体開発ではなくエリア全体で
の将来像を示すことが動機付けとして求められるように
なってきている。いわば、21 世紀の都市デザインとは都
市建築とエリアデザインの複合体と定義付けられよう。

　特に、すでに一度マスタープランが定められている既成
市街地の再編整備には、何らかの事業的動機付けが必要と
なっており、一つもしくはいくつかのプロジェクトを契機
に動き出すことが主である。

　エリアとしての開発意義を定めようとすると、事業者の
みで行うことが難しくなる一方で、行政側も現在のマス
タープランを変えることの意義付けを先んじてもちあわ
せていることは近年少なく、開発機運にあわせてエリア
の将来像を検討する枠組みを行う必要性が出てきている。
結果、民間提案が起点となりつつも、行政側などが立ち上
げる委員会等が必要になり時間をかけて方針を議論するこ
とになる。

　いずれにせよ、2000 年以降の都市計画においては、都市
再構築のシナリオ形成が都市開発を展開するための重要な
要素となっており、整備方針やガイドライン、その中での
官民連携の枠組みづくりを議論する中で、都市建築とエリ
アデザインのあり様が語られる時代になっている。加えて、
単なるマスタープランだけでなく、整備時期の異なる複数

の開発・異なる事業者でどのように協力するかの枠組みづくりが、重要な拠点であればあるほど必要とされている。

「都市建築」を核とするエリアデザインの定義

都市建築を核とするエリアデザインについて、以下のように定義できる。

①交通基盤系の土地も含む、複数建築・複数都市建築の集合体であり、ある特定のルール・目標・体制、たとえばまちづくりガイドラインや、マスタープランや、まちづくり協議会などにより、特定の範囲における一定程度のまとまりを目指す（あるいは実現した）地区を指す。

②「主体」行政（都・地方公共団体）を中心に取りまとめられることが多いが、近年は民間事業者もしくは団体など、地方公共団体以外の組織が起点となることも多い（行政がオブザーバーとして入る）。

③「行為」行政などと連携しながら、開発単体ではなく、一団の広い区域を調査・計画・事業区域として捉え、公共施設のあり方や周辺の将来像を描く（整備方針、空間方針、開発プログラム）

特に主体の一翼を民間および事業者としたのは、都市計画提案制度が創設されるまでの都市計画は、あくまで行政が主導で定めるものであったが、2000年以降、都心部の再構築に向けて、政策誘導型の都市づくりへの転換、民間による提案制度の創設の流れなどから、開発側で率先してエリアの将来像を描き、それを行政や地元と協議・共有しながら、調査だけでなく計画や事業単位までにらんでまちづくりの方向性を位置付け、提案していくことが求められるようになったためである。

また、都市建築とエリアデザインを考えるうえで、以下の2点を考慮する必要がある。

①事業対象範囲としては、将来のプログラムを考慮した単位とし、必ずしも面的にすべてを一つの事業として解決するのではなく、さまざまな主体を考慮する。

②計画・調査範囲としては、必要に応じて、段階開発を行う一つもしくは複数の街区単位とともに、その都市建築の重要性を示すうえで重要となる範囲の地区が

対象になる。

　ただし、都市の再構築なので、必ずしも一体的・面的に進めることがベストとは限らず、時間軸の中で段階的な枠組みを理解してもらう必要がある。

エリアデザインを進めるうえでのキーワード

大きくは、「エリアの将来像・コンセプト」「導入機能の考え方」「インフラデザイン（自動車、歩行者、駐車場、駐輪場などの枠組み、駅周辺の場合は、地下鉄や鉄道のあり方も含まれる）」「まちづくりの展開イメージ（地権者・事業者の意向・行政の視点を両面にらんで踏まえた連携方策）」などが中心となる。

　計画内容のレベルは地区のまちづくりの熟度によっても異なる。重要なのは、地元住民や町会などの地元組織、今後開発を見込む事業者らを巻き込むことを想定しつつ、行政が将来の都市計画的な枠組みを説明できる根拠となる計画に昇華させることである。そのためには、街を改変するコンセプトが伝わるインパクトをビジュアルに示すことも時として必要となる。

　また、エリアデザインから行政計画・都市計画につなげるためのプロセスも重要である。設計事務所・都市計画コンサルタントは、①都市建築の計画を作成し推進を支援する開発コンサルタントの立場と、②行政の立場を鑑み複数の開発の展開を想定し将来ヴィジョンの作成を支援するコンサルタントの両面の役割を果たす。これらは同時並行で動くことがほとんどであり、コンプライアンスを遵守しつつも、地元の熟度や事業成立の可能性も含めてさまざまなアプローチから提案を行い、徐々に一つの形を築くことになる。

6.5　次世代の「都市建築」に向けた素描

本章では、エリアデザインの源流と展開を追いながら、21世紀の都市づくりにおける都市建築の地域貢献について考察してきた。ここで得られた知見を三つの指針にまとめつつ、次世代の都市建築のあり方を素描して見たい。

都市と交通、土木と建築を一体的に計画する

都市と交通、土木と建築を一体的に計画する際の三つのポ

イントが重要となる。

　一つ目の「インフラ改変との一体的な提案」について、近年特に都市インフラの改築が都市開発の動機付けとなっていることから、建築と土木が都市開発を行ううえで連携する機会が高まっている。都心部の開発では、インフラ再編にあわせて土木構造物と建築物が立体的に重なりあうことも多く、計画論だけでなく実際の構造体としても連携して検討する必要性が高まっている。

　二つ目の「計画段階からの一体的な計画調整」について、既存遡及や構造計画の考え方等の技術的な課題ももちろん発生するが、重要なのは、建築物を計画するうえで、基本構想段階から土木と連携した計画検討が必要になっていること、特に共通領域となる公共インフラ再編については、役割を区分しながらも目標を明確にしたうえで協調して検討を進める必要がある点にある。

　三つ目の「管理者・関係者との調整に向けた枠組みづくり」について、道路や公園など管理者側との調整を行ううえではまちづくりの推進という理由付けと、管理者としてのメリットを考慮したうえで、長期的な視点に立ってプログラムを構築する必要がある。

　現在は新虎通りや新宿エリアの一部などで道路占用等のエリアマネジメント活動が展開され、今後、渋谷駅・新宿駅の再整備にあわせてさらなる進展が期待されるが、エリアマネジメントのあり方とともに、民間事業者や外部の資金を取り込むための柔軟な仕組みづくりも重要と考えられる。

　また、開発計画内で公共施設と一体的に整備を行う際に、市街地再開発事業などの都市計画事業において、権利の区分を前提とした事業が法的に認められていないなどの課題もある。道路や鉄道の一部はすでに法的に認められつつあるが、今後さらにこうした対象を拡張しながら、都心部のインフラ再構築を都市建築で実現するためのルールづくりが重要と考えている。

将来に残る空間づくりに向けたヴィジョンの構築

次世代の都市建築を実現するにあたって、社会変化があっても変わらない魅力ある都市空間を提案する必要がある。

都市の再構築が主流となる都心部の再開発では、実施のための大義が求められており、特に注目度の高い地区であれば、都市再編の動機付けを行ううえでの説得力ある空間像が求められる。地区の開発動向を見つつ、都市スケールで実現できる空間を意識することが、最終的に複数の都市建築をつなぐ開発の意義付け・エリアの再開発コンセプトにつながることを意識して開発事業者や地元、行政と会話し枠組みを徐々に構築することが重要である。

　また、合意形成を進めるうえで、段階的なヴィジョンのアウトプットイメージを構築する必要もある。複数の都市建築で連携して望ましい都市空間を実現するには、計画の熟度にも差があり、整備方針策定段階・都市計画段階・設計段階それぞれで調整する場と、熟度を認識しつつアップデートしながら対外的に空間像を提示する方針・計画での担保が必要となる。空間イメージの提示だけでなく、プログラムとあわせたアウトプットについて、関係者間で共有化できるよう意識することが重要である。

　複数の都市建築による空間イメージ、環境へのインパクトを議論する場をつくる必要がある。関係者間で都市像を構想する段階においても、具体の空間イメージが不可欠であり、開発単位によらない大きいスケールの提案を意識しながら、関係者間の懸案事項を議論する場づくりが重要である。まちづくりの動向の変化や、関係主体から多様な意見が寄せられた場合も、共通して議論を生む場の中でさまざまな関係者の意見をくみとり、課題と評価を共有することが重要である。

　計画・設計段階においては、空間イメージを実現するための計画調整の議論に加えて、環境への影響や交通への影響、防災の枠組みなど、都市建築の与えるインパクトの共有化を図ることについても重要となる。計画変更への対応等、開発間の役割分担等を意識した対応が必要となる。

共通理念、冗長性、社会変化への対応可能性

この20年間で起こったさまざまな出来事を鑑みると、今後も起こりうるさまざまな出来事や技術革新によって、ライフスタイルや社会の変化が生まれ、魅力ある都市であり続けるためにはその基準も臨機応変に対応が求められる。情

報通信が飛躍的に進むことにより、将来のワークスタイル、ライフスタイルにおける人々の活動はさらに変わりうるし、自動運転・AIの進化は場のつくり方や既存のシステムを大きく変える。

　社会的現象を20年単位で予測して計画することは実質困難にちかく、計画段階での構想は将来陳腐化している可能性も十分に考えられる。空間の使われ方一つとっても、今後の社会に求められるのは、次代の展開を許容できる冗長性をもった空間・場の確保となり、可変性を許容する都市計画のルールづくりとなる。都市計画は都市建築ができあがるまでの通過点であることから、早い段階で縛りすぎず、それこそ民間の裁量を生かした、「高揚感」「将来への期待」のあるものが生み出せるような地域貢献の枠組みが重要視されるとともに、将来の不確実性に対応した「余地」「余白」としてどの程度確保しておけるかは、都市建築の継続的な価値を高めるうえで重要と考える。

　新型コロナの影響は直近における予測できなかった事象であり、少なくともワクチン等の明確な対応が定着する段階までは、在宅・住宅至近での業務活動実施など、人それぞれが活動を選択する社会が想定される。一方で、リアルな場での業務の重要性も変わらず存在することをあらためて認識されており、業務集積地における交流の場の構築は求められている。オフィス一つとっても、これまでの高規格・大規模プレートのオフィスから、さまざまなニーズに対応できるような施設のあり方が求められるようになり、多様な活動を受け入れる役割が都市建築には求められるようになる。

6.6　小結

都市建築を計画し実現するうえで、都市の上位概念から街区レベルの計画、施設建築と公共貢献、設計、そして完成後のマネジメントまで、長期にわたる時間軸で関わり続けることが重要である。

　近年は業務の細分化が行われ、また設計者以外でもエリアデザインへの関わりを行う主体も増えているが、エリアデザインは将来の事業展開とソフトも含めた活動の増幅をにらみつつ、大きなヴィジョンと現実的な事業推進の天秤

をもちつづけ、施策や検討を進めることが重要である。

　業務としては多岐にわたるとともに、次代の変化により求められる役割も変わるが、その中にあって重要な骨組みとなるのは、「都市がよくなることを実感できる空間」の存在であると考える。本書の第2章から第5章で示した2000年までの主な都市建築でも、建設当時から時代を経た現在にあっても良好な利用をされている空間は、建築敷地単位でも数多く残っているように、それを都市スケールで維持・更新していくことは、あらゆる新型コロナウイルスにより社会の価値観やライフスタイルも今後より変化することが想定されるが、そうした中で、都市に残る普遍的な空間の魅力は変わることなく、その使い方にあわせられる舞台として、都市づくりの重要なベクトルになると考える。

　設計者あるいはコンサルタントは、将来にわたる空間の提案と、実現に向けた枠組みづくりの両面を、多様な主体の中にあり、時に提案し、時に調整役となりながら実現していく重要な役割を担う。エリアデザインを絵面だけでなく将来につながる意図をもったものにするには都市建築の企画から設計・工事、計画から事業推進まで、さまざまな段階の業務の経験値を積むとともに、あらゆる主体と意見を交わしながら業務に接触をもちつづけることが重要となる。

（たなか・けんすけ　日本設計都市計画群副群長）

図版・表出典
図1〜2　撮影：川澄・小林研二建築写真事務所
図3　撮影：ミヤガワ
図4　撮影：日本設計
図5〜6　新宿区「新宿駅直近地区に係る都市計画案について」2019.9
図7〜8　撮影：ハレバレシャシン

II 「都市建築」を振りかえる

01　特定街区：《京王プラザホテル》
…豊川斎赫＋山下博満

・計画の経緯

新宿副都心計画は、新宿駅の西側、旧淀橋浄水場跡を中心として30haに及ぶ広大な再開発計画である。《京王プラザホテル》はこの新宿副都心における建築第1号として、在来の一般的な都市ホテルの計画とは基本的に異なる条件を与えられていた。ホテル計画と平行して、新宿副都心11街区の全地主が集まって新宿新都心開発協議会（SKK）が設けられ、この再開発計画のより望ましい形での定着を願って多くの努力が続けられた中で、《京王プラザホテル》については単一街区による特定街区指定でありながら、この副都心全体の一部として備えるべき内容を満たすことを求められたのである。

《京王プラザホテル》の初期段階の検討は、新都心開発協議会のまちづくりの方針、すなわち車と人のレベルの分離、地域冷暖房への積極的協力、駐車場の共用化という三本柱のコンセプトへと発展し、実際の計画においても車と人のアプローチレベルとエントランスのとり方、高層部の配置、ロビーフロアとレストランフロアのとり方、敷地内の公共歩廊の設置、地域冷暖房方式の採用、共用化を前提とした駐車場のとり方など、新宿副都心の総合利用に向かって非常に多くの努力が払われたプロジェクトとなった。

また、超高層建築が建ち並ぶことになる新宿副都心地区は、国際都市東京の新しいランドマークになると考えられ、計画当初から建築の「見え方」に関しても多くの検討が積み重ねられた。シルエットやパターンは建築の基本的な

印象を形成するが、都市にあっては建築が大型になればなるほどその造形的効果が一種の公共性をおびてくるので、もっとも機能的で技術的に望ましい計画であると同時に、造形的にも十分な配慮を払った設計が求められていた。

しかし、何にもまして貴重なのは、このような民間の発意による大型のまちづくりが成果を挙げたことと、その中で《京王プラザホテル》がパイオニア的役割を果たすことができたということである。

・計画の進行

［京王電鉄の井上貞雄社長による新宿副都心6号地の購入］

井上社長の認識によれば、当時の電鉄は国内産業（縄張り産業）であり、高度経済成長の追風に乗って路線を伸ばし、周辺の土地を押さえて宅地分譲することによって利潤を確保するビジネスモデルであった。同業他社との差別化を図ろうとした井上社長は、ドメスティックな鉄道事業にとどまらず、国際的な事業に関与することを目指し、京王線のターミナル駅である新宿を拠点とすべく6号地を購入してホテル業に参入することを決断した。

［創立間もない日本設計に設計を依頼］

まだ国内に100mを超える超高層が1〜2本しかない時期に日本初となる超高層ホテルを計画するにあたり、1968年（昭和43）3月に竣工した《霞が関ビル》の設計実績を踏まえて、1967年9月に創立されたばかりの日本設計事務所（現日本設計）に設計を依頼することとなった。

［基本設計・実施設計の体制］

施設計画と意匠計画を日本設計事務所が、構造

計画を武藤研究室（動的解析）と鹿島建設構造設計部が、設備計画を鹿島建設設備部がそれぞれ担当した。また、インテリアデザイン、庭園デザインについては多くの協力事務所と連携し、特にインテリアの統括顧問として剣持勇氏を招聘した。

　井上社長は設計を進めるにあたって建設委員会を2週に一度のペースで開催し、京王の役員5〜6名、日本設計、鹿島建設の各代表者が参加した。この委員会には施設計画のテーマに応じて検討案がもちこまれ、井上社長の判断を仰ぐスタイルを採用した。

　施設計画の総括であった日本設計村尾成文によると、テーマは大まかに五つに分類でき、第一にサイズの異なる客室ユニットを上下に積み重ねていくことに対応した柔軟な構造計画、第二に工業化・乾式化を追求した構法計画、第三に日本初の超高層宿泊系施設の防災計画・EV計画、第四に現地プラントによる大型PCaカーテンウォール計画、第五に低層部の厨房・インテリア計画が挙げられる。

　施工は鹿島建設が担当し、工期は1968年11月から1971年5月であった。

・計画の概要
大型の超高層都市ホテルとしての《京王プラザホテル》（地上47階＋地下3階）は、宿泊・宴会・飲食・ショッピング・駐車、その他の多彩な機能をもった複合建築である。これらは、それぞれ客層が異なるだけでなく、必要とされる空間の性格も異なっている。こうした各機能に適した空間を得るために、比較的奥行きの浅い小区画の空間で構成される客室を主体とする高層棟と、ロビー・宴会場・レストラン・厨房など奥行きの深い空間で構成される低層棟とに分けて計画を進めることにした。

　特に、大スパンを要求される大宴会場と広々とした空間のロビーは、低層棟の中心として高層棟の形状とともに全体計画の方向を決定付けている。容積率が1000％という《京王プラザホテル》では、ロビーは高層棟のスパンをうまく活用してその下部に重ねながら空間を広くとり、大宴会場は高層棟と切り離してロビーフロアの上に重ねることにした。また、都市リゾートの標語のもとに多彩を極めるレストランやバー、小宴会場などについても、機能的な配慮などもあり、42階から上の部分と、新宿副都心の歩行者レベルに合ったロビーの1層下のフロアとに集中して、他の用途とは別の階に重ねるようにして設けた。

・事業手法
特定街区の指定（1.5ha）は東京都内で11番目、新宿副都心では初指定であった。都市計画決定告示は1969年5月8日、商業・防火地区にあり、基本容積率1000％、指定容積率1060％、建物の最高高さ180m（本館）、140m（南館、1980年に増築）となっていた。

・《京王プラザホテル》の意味
第一に、《京王プラザホテル》は従来のブランドホテルとは一線を画し、人々がコミュニケーションを行う「都市の広場」としての超高層都市ホテルの雛形となった点である。具体的には、大阪万博（1970年）以後の急速な国際化と都市化現象、社会構造の高度化に呼応して、単なる宿泊のみのための施設ではなく、多様な機能空間の集積による複合的魅力を備えることに成功した。そして通り抜けのできるロビーを中心とした極めて開放的で都市的な構成とデザインによって統合され、都市社会のコアの役割をもつ場、その名のごとく「プラザ＝広場」となり得た。これをまちづくりの文脈から読み替えれば、《京王プラザホテル》は「生き生きとした

ヒューマンスペース」を掲げた新宿副都心という民間の発意による大型のまちづくりにおけるパイオニアとして、その後の副都心全体を牽引する重要な役割を果たすこととなった。

　第二に、工業化を推進してPCaカーテンウォールとユニット構法を採用した点で注目される。特にPCaは、単一の材料で耐水・耐火・遮音・断熱・耐風、その他多くの性能を同時に満足させることができ、しかも低廉であったが、重量・生産体制の点で超高層には不利とされていた。一方、《京王プラザホテル》はスレンダーなプロポーションで、地震・風による引抜き応力が発生するため、PCaカーテンウォールの重さが構造上不利に働かずコストの点で有利であった。また、ホテルの特質上、床面積当たりの外壁面積の比率が大きく、低廉なPCaカーテンウォールがこの面からも有利であった。この結果《京王プラザホテル》は、《霞が関ビル》《世界貿易センタービル》などの無機質な外観のオフィスと異なり、このホテルにふさわしいソフトでスレンダーなシルエットを獲得した。

　第三に、超高層都市ホテルの多様な設えをデザインに展開すべく、インテリアデザイン体制を構築した点である。まとめ役の日本設計内藤徹男は、基本ポリシーとして、《京王プラザホテル》が高度の多様性と流動性に富んだ現代の都市文明の華であり「一つのタウン」であることを掲げ、それに基づき各空間の位置付けを個々のデザイナーと共有することで大きな成果を挙げた。具体的には経営側と設計側が参画する「デザイン委員会」と複数の分科会を設置し、多くのデザイナー、アーティストが参画することでハイレベルのインテリアデザインを実現することができた。

02　特定街区：《新宿三井ビルディング》
…湯澤晶子＋永野真義

・計画の契機

《新宿三井ビルディング》（以下、新宿三井ビル）は、新宿副都心地区に1974年（昭和49）に竣工した超高層ビルである。同地区は、国が1958年の「首都圏基本計画」で位置付けた新宿・渋谷・池袋の三つの副都心地区の一つである。副都心は、高度経済成長期の都心の人と交通の過密を緩和するため、既成市街地内での宅地の高度利用・建築の高層化を行い、諸機能を都心から移動・分散させることを目的として定められたものである。

　東京都は、1960年に「東京都市計画新宿副都心計画」を決定し、「財団法人新宿副都心建設公社」を設立した。同計画中、淀橋浄水場跡地を中心とした約50haの土地は、公社施行区域として新たなビジネスセンターを目指すエリアであった。11ブロックの業務施設用の宅地と都市公園、街区間の30m道路、新宿駅西口広場と地下道等が計画された。公社により造成された宅地は、東京都が入札方式で売却した。入札不調によって売却条件を緩和しながらも、1965年から1969年にかけ8ブロックが順次民間に売却され、都は3ブロックを所有した。

　1968年の売却で三井不動産は9号地と呼ばれるブロックを購入し、のちの《新宿三井ビル》計画の始まりとなった。事業者は、「あの位置は、新宿駅からの幹線である4号街路（副都心中央通り）に面し、なおかつ、道路がちょっとカーブしているため駅前から真正面の位置にビルが見えるというのをメリットと考えた」（三井不動産平氏）という[*1]。駅と副都心を結ぶ主動線を受け止めつつ、立体交差する街路や地下鉄など多様なレベルの動線が集中する9号地は副都心開発の中で特別な位置にあった。

一方、法制度においては1963年に建築基準法が改正され、建築物の絶対高さ制限に代わって、容積地区制度が導入された。都心と同等として、1964年に新宿副都心は最高の容積率である1000%の指定を受けている。また同年に、特定街区制度（1961年創設）が改正され、市街地環境の改善に資する民間による再開発を、行政が容積地区による一般的な制限より高い容積率を認め誘導することが可能となった。

・計画の進行
1968年11月に官民協働を実現する協議体としての新宿新都心開発協議会（以下、SKK）が生まれた。特定街区制度を活用した超高層ビルは、先行して同年4月に竣工した《霞が関ビル》をはじめ、単体では実現していた。しかし、隣接する11街区がまとまって高度利用を実現するために、地域に何を貢献できるのか、ヴィジョンの提示がSKKに求められたという。そこで、1969年5月に「生き生きとしたヒューマンスペースの創造」という共通の理念をベースにした、民間の開発ヴィジョン「新宿新都心開発計画」をまとめるに至った。

また1971年には、具体の建築計画策定にあたってのガイドラインとして、地区全体の天空率をベースにした形態規制（壁面線の後退、空地率の下限および建築物の最高高さ）などを示す「建築等に関する協定」を締結し、ほぼ同時期に東京都へ特定街区の指定、容積率の割増し、および道路上部・下部の占用などについての要望書をSKKとして提出した。

一方、《新宿三井ビル》の設計は1970年から開始され、《霞が関ビル》に倣いディベロッパー・設計事務所・構造事務所・施工業者などから数名ずつが集められた組織体が決定機関となって進める建設委員会方式が採用された。委員会の中心にいたメンバーは、《霞が関ビル》とほぼ同一のメンバーであり、当初から《霞が関ビル》を超えることを命題とし、新宿副都心の要として地区の理念を象徴することが課題とされた。高層部は《霞が関》で培ったノウハウを生かし、新宿では低層部と広場のデザインに注力し、地区全体の活力形成に寄与することを整備の本質として議論がなされたという。1971年には欧米視察を行い検討も本格化、1972年に着工となるが、同委員会は1974年10月の竣工のあとまで継続的に開催されていた。

・計画の概要
《新宿三井ビル》は、新宿駅西口広場と新宿中央公園を結ぶ4号街路（中央通り）の真中に建つ地上55階、地上高約210m、延床面積約18万㎡の超高層オフィスビルである。配置計画の特徴は、高層棟を敷地の北寄りに位置させ、4号街路と接する敷地の南側半分に空地を確保したことである。「生き生きとしたヒューマンスペース」の実現を目指したこの広場空間は、地区全体の人の流れの立体的な結節点としての動線計画と、地区全体の印象を形成する水と緑と店舗に囲まれた広場の実現のために形成された。事業者である三井不動産が、新宿駅西口から正面に見えることを敷地のメリットとしながら、広場を手前に配置したことから、当街区を副都心全体の入口としてその都市的な位置付けを重視したことがわかる。

《霞が関ビル》《新宿三井ビル》ともに設計者として関わった池田武邦は、「超高層の目的は都心の中に市民の憩いの場を確保することにあります。ゆえに、低層部の緑が重要になります。『超高層は低層部の緑を確保するための手段』ということが明確に僕の中にあります」という[2]。

街路から1層沈み込んだサンクンガーデン

（55 HIROBA）のおよそ25m四方のスケール感は、イベントがない通常時も利用者が居心地よく佇める大きさとして設えられた。ビル街からの利用者を引きつけるべく、囲みながら開くという動線・滞留空間の配置が低層部全体で行われている。異なる機能をもつ三つのレベル、すなわち2F：高層階へつながるオフィスロビーとしての大空間と前庭、1F：ショールーム沿いに4号街路という地域の主動線を受け止めて捌き、隣接する《新宿住友ビル》へと連絡するレベル、B1F：飲食を多く配置し憩いとたまりをもつプラザレベル、が中央に向かって低くなる段丘状の構成で重ねられ、立体的で回遊性ある一体的な広場空間となっている。

　また、サンクンガーデンのメリットとして、中央の広場が高層部から吹き下すビル風を和らげる効果、地下階の各店舗からの避難を容易にするという防災上の効果がある。

　1階および2階の2層に避難階を設定していたこと、有効空地の登録がない緑地があったことなど、冗長性をもって法規上の設定がなされていたことも大きな特徴である。この点は近年のロビーリニューアル計画を円滑に進めるうえで大きな助けとなっており、社会変化にあわせた柔軟な更新を可能にする効果をもった。

　高層棟については、《霞が関ビル》で開発された技術を、より合理的で柔軟性の高いものとする工夫がなされた。たとえば、オープンコアという考えに基づき、機械室をタワーの妻側に配置し6層吹抜けにするなど、将来の機能更新を見据えたプランを採用している。

　ファサードについては格調ある近代性と群の中での表現が意識され、ダークなアルミフレームによるカーテンウォールと、空を映しこむ熱線反射ガラスを組み合わせた設計となっている。素材使いやスキームを検討するにあたり、設計チーム内では、ダークスーツとカラーシャ

ツの例えが用いられたという。

・事業手法
当街区は都市計画法の特定街区として、1972年3月に都市計画決定を受けている。新宿副都心の11街区はすべて特定街区制度を利用しているが、事業ごとに個別の都市計画決定を行っている。前述のとおり、すでに東京都と公社により都市計画「新宿副都心計画」、基盤整備について「新宿副都心計画事業」が行われたあとの民間の開発であった。そのため、街路、西口広場、公園、宅地等の基盤は整備されており、民間でまとまった高度利用を行うことで、市街地環境の整備として何が貢献できるかエリアとしての提案が求められたことが興味深い。現在の整備手法でいえば、行政による地区計画と土地区画整理事業そして街路事業の整備がなされた区域に、高度利用を実現する民間提案の街区ごとの地区計画と、各街区をまとめる民間によるまちづくりガイドラインが示され補強している構図といえ、先駆的な試みである。

・《新宿三井ビル》の意味
第一に、「超高層は低層部の緑を確保するための手段」という明確な設計方針を、街区内の空間設計の中で実現し、かつエリアの共通理念「生き生きとしたヒューマンスペースの創造」に反映したことに意味がある。

　第二に、《新宿三井ビル》の事業者である三井不動産のリーダーシップで、民間の自主的な協議会をつくり、インセンティブ型のまちづくりの実践にエリアで先駆的に取り組んだこと、11街区の個別の特定街区の指定の基礎を築いたことに意味がある。

　第三に、《新宿三井ビル》が、地区の連携といった空間軸の広がりだけでなく、超高層ビルの竣工後の使われ方や更新への配慮といった時

間軸上の進化を重んじていることに意味がある。竣工後12年を経て1986年に隣接する《新宿住友ビル》との連絡通路が開通したが、これは街区をまたいだ歩行者ネットワークが唯一実現した区間となっている。また、個別の問題に対応する単なる維持管理にとどまらず、新たな価値を生み出すリノベーションが続けられていることも特筆すべきである。2018年には、ロビーの屋内外のワークプレイスづくりが、有効空地の配置の見直しを行い実現した。4号街路からは、ビル低層部の段丘状の緑地に人々が憩う姿が見えるようになり、一方ロビー前のテラスからは、50年の歴史をもつ地区の豊かな緑を借景とした、今までにない新宿副都心の風景を楽しめるようになった。

《新宿三井ビル》は、まちづくりに完成形がないこと、また使い続けることから生まれる都市資産としての超高層ビルの実践を示す不動の存在となっている。

（ゆざわ・しょうこ　日本設計
ランドスケープ都市基盤設計部主管）

参考文献
＊1　新宿新都心開発協議会『SKKリポートNo.20（1986.3）』
＊2　池田武邦ヒアリング、2019.02.22

東京都都市整備局『新宿副都心指導調整』
新宿副都心建設公社『新宿副都心建設公社事業史』1968
河村茂『新宿・街づくり物語』鹿島出版会、1999
『建築文化』彰国社、Vol.30 No.341、1975.03
新宿新都心開発協議会『SKKリポートNo.1（1974.4）〜No.35（2003.3）』
『SD』鹿島出版会、No.62、1969.12
『日本設計　1967-1992』彰国社、1992.09

03　高度利用地区：白鬚東地区
… 伊丹 勝＋武田匡史*

・計画の契機

1964年（昭和39）の新潟地震により、地震災害に対する大都市の危険性が再認識され、東京の江東デルタ地域に対する防災再開発計画の研究が行われ、十字架防災ベルト構想や16拠点構想が作成された。この研究の成果を受け止め、かつ実現し得る構想として東京都において採用されたものが、1969年の江東地域再開発基本構想であり、防災拠点6地区もこの構想の中で位置付けられた。江東デルタ地域（約4500ha）再開発のための重点拠点地区として6カ所の防災拠点があり、白鬚東地区は6拠点のうち最優先整備を要する地区として1969年度より計画策定を開始し、1975年に一部の工事着手、1982年に主要部分の完成を見ている。

このように、白鬚東地区の計画の契機（再開発の顕在化）は行政側からの提起であり、このことは計画段階、事業実施段階とも行政主導で進行することにつながった。

・計画の進行

再開発基本構想（昭和44年11月）を受けて、白鬚東地区の計画は昭和44年度の基本計画（再開発等調査A）で始められている。基本計画の内容としては、住民アンケート調査、現況調査、基本計画の作成等であった。引き続き昭和45年度には実施基本計画調査が行われ、現況調査の補完、施設需要予測、施設計画、事業採算の検討、権利変換モデルの検討等が行われた。事業手法については、基本計画の後半に、市街地再開発事業にしぼられた。

この間、東京都と地元住民の間には、初めての防災再開発説明会（1968年11月）につづいて計画素案の発表（1970年12月）が行われ、

また、実施基本計画の成果を受けて計画修正案が発表（1971年8月）された。その後住民との協議は活発化し、公聴会の開催（1972年2月）を経て、1972年9月に都市計画決定されている。第1回説明会から計画素案発表まで25カ月、計画素案から都市計画決定まで21カ月を必要とした。

都市計画決定以降の事業化の段階では、まず住民との話合いを細部にわたって本格化するために、「白鬚東地区防災再開発協議会」が発足している。これは都の担当各部課、墨田区の担当部課、地元代表よりなる協議会で、すべての重要事項はこの協議会で確認されていった。この結果、1973年9月に測量・各種調査を開始、ビル入居希望調査（1974年7月）、都市計画の変更（1974年11月）を行った。第一地区（改良住宅再開発住宅）は、事業計画決定（1975年2月）を経て1975年3月に工事着手、権利変換計画の認可（1975年10月）、工事完了公告（1978年3月）を行って入居開始は1978年6月であった。第二地区（公設工場駐車場ビル）は1977年3月に着工、翌1978年7月に使用開始、第三地区（住宅棟）は1979年3月着工、1982年夏に入居を開始した。そのほかに小・中学校各1校、神社・寺院各1、都市計画道路4路線が完成し、全地区にまたがる東白鬚公園の開園は1986年（昭和61）6月であった。

・計画の概要

白鬚東地区は防災拠点整備を目的としているため、地区面積は38haと一般の再開発に比して極めて大規模であることを必要とした。そのため計画内容としても、他に例を見ない複雑で高度なものを備えている。

まず公共施設としては、境界をなす都市計画道路を従来の計画幅員よりさらに拡幅することに変更し、道路機能の向上を図るとともに避難

時の人の自由な流動を可能にしている。また首都高速道路6号線にランプを設け、それを結ぶ付属街路を整備することにより、地区のポテンシャリティの向上を図っている。避難広場となる公園は、地区の中央部に細長く10haを設け、都市計画道路と重複して指定し立体的に連続する。また、60台収容の公共駐車場がある。

公益施設としては、隅田ポンプ所を存置したほかに、神社・寺院各1を存置または移転、学校の移転と1校の新設、防災センター、コミュニティセンターおよび医療センターの新設（計画）、保育所3カ所の新設、備蓄倉庫の新設を行っている（1984年時点）。

一般建築（施設建築物）としては、住宅、商業、工場施設からなっている。住宅は市街地火災から避難広場を守るための防火壁を形成しており、長さ約1200mの連続した住棟であり、延面積約23万2000㎡、地下1階地上13階、住戸数1867戸である。うち改良住宅620戸、権利変換住宅260戸、他は保留床の購入者としての一般都営住宅である。商業施設としては量販店、診療所を含めて70軒、約5100㎡が地区中央部と端部にある。

工場施設としては、約8200㎡の公設工場（異業種の集合した工場アパート）および駐車場ビルが特徴的であり、そのほかに改良住宅併設の作業所が47区画、1300㎡ある。また、防災拠点として、各開口部を閉じるシャッター、ドレンチャー、放水銃、スプリンクラー、大口径現場築造杭、設計地震力の加算、高級コンクリートの使用、3カ所のベース拠点（統合監視室）と監視塔などが採用されている。

・事業手法

当地区の事業手法は、事業内容に対応して複雑である。すなわち、首都高速道路整備事業と市街地再開発事業、住宅地区改良事業（市街地再

開発事業の一部との合併施行）、学校整備事業、寺の任意移転である。改良住宅は三つの住棟に分散しており、地区内建設（78戸）と地区外建設（312戸）がある。また、そのほかに再開発住宅（230戸）が含まれている。

　権利変換された住戸数は102戸であり、残余の160戸は分譲住宅として一般公募された。従前の地価は安く、一方、工事費は通常より高価になり、原価を大幅にわった権利変換が必要となり、事業主体の単独負担が必要となった。

・白鬚東地区の意味
白鬚東地区の計画内容は高度成長時代の反映であり、今後同様な再開発が再び行い得るとは考えられないが、一方、この事業により切り開かれた問題は、現在の都市再開発に深く影響を及ぼしている。

　第一に、大規模で複雑な再開発の完遂がある。事業面積38ha、権利者数590人、従前人口2274人、総事業費1330億円（1984年時点の予定）に及ぶ事業を一気に事業化し得たことは、再開発事業史上のエポックであり、後続の再開発のよき目標となった。

　第二に、都市再開発法等の多様化の引き金となったことである。第二種市街地再開発事業、再開発住宅、特定建築者、住宅型再開発に対する補助枠の拡大、再開発関連融資制度の充実などに、当事業の経験が大きく反映されている。

　第三に、住民参加方式および事業者間の調整の方式の確立がある。地元組織としては、再開発協議会、事業者間調整の連絡協議会、そして双方にまたがる都区住民協議会が、延べ数百回にわたり開催されている。これらの方式は、その後の大規模再開発の貴重な先駆例となった。

　最後に、都市防災計画の発展確立の中で、防災拠点計画の果たした大きな役割がある。都市防災に対する社会的認識の薄かった時代に、多くの学識経験者によって支援された防災拠点計画は、社会に対する都市防災のアピールに十分な効果を発揮したと思われる。防災遮断帯計画、防災基地、都市防災不燃化促進事業、防災施設計画等のその後の都市防災施策の高まりの出発点に、防災拠点計画が位置付けられる。

　幸いにも、本開発がその都市防災拠点としての役割を果たすことはなく現在に至るが、隅田川沿いに約1.2km に渡って連なる特異な配棟と公園は、南北に遮るもののない快適な住環境を提供している。現代の都市建築においてもなお防災性の向上が重要なテーマとなっている中、防災遮断帯と防災公園を開発の主軸においた本計画は、都市防災のハード面で画期的な計画であった。

　加えて、八つの自治会で構成される白鬚東自治会連合会 ★1 では「地域力」を要に据え、地域住民の結束を強めるイベントも行いながら、日常の防災まちづくり活動を積み重ねてきている。都市防災のソフト面においても、現代のエリアマネジメントの思潮につながる先駆的な事例となっている。

（いたみ・まさる　いたみプランニング代表）
（たけだ・まさし　日本設計建築設計群
チーフ・アーキテクト）

＊ 本稿は『新建築学体系19　市街地整備計画』（彰国社、1984）に掲載された伊丹の論考に、武田が今日的視点から加筆したものである。

★1　http://www.bousai.go.jp/kyoiku/minna/
machidukuri/matidukuri/jirei/jireinew/
syousai113.htm

04　高度利用地区：江戸川橋第二地区
…伊丹　勝＋武田匡史*

・計画への契機

文京区の江戸川橋地区には、東京都内において組合施行の市街地再開発事業の完了した地区のうち、第一番目と第二番目が存在する。江戸川橋第一地区と第二地区がそれである。

文京区の地形は台地と谷筋がはっきりとしており、多くの谷筋には江戸時代から集落が開かれ、現在でも街道沿いの町並みの面影が残っているところが多い。江戸川橋もその一つであり、狭小な宅地、老朽化した木造家屋が建ち並んでいた。住宅以外には道路沿いの店舗に加えて、出版・印刷・製本等の事務所、作業所が立地していた。

当地区の計画の契機は、重要な公共施設の整備であった。江戸川橋地区の中央部を通る都市計画道路放射7号線の拡幅が計画決定されており、隣接した地区では用地買収方式や土地区画整理事業による事業化が進みつつあった。また、神田川の河川改修のための拡幅事業が決定されており、用地買収の話が起こりつつあった。また、鉄道駅からは比較的遠かった当地区に、地下鉄有楽町線江戸川橋駅の開設が1974年（昭和49）10月に行われた。

一方、文京区は「住みよい、働きやすい街」を目標として、計画的な再開発を促進することとし、再開発基本構想作成調査（昭和46年度）により、区内の再開発適地の抽出を行い、再開発の指導を始めた。江戸川橋地区は、その第1号となったモデル地区である。第二地区に先行した第一地区については、文京区は1971年4月より呼びかけを行っている。第一地区は、土地区画整理事業区域内にありタイムリミットがあったが、1971年11月都市計画決定、1972年6月組合設立、同年10月工事着手すること

ができ、1974年7月に完成している。

このような状況を受けて、東京都は1972年に第一地区周辺の市街地再開発適地調査を行った。その後の社会情勢の変化に応じた修正を行うため、文京区が第二地区および周辺街区の基本計画を昭和48年度に作成し、1974年6月にはその概要を地元住民に説明している。このうちから、定期的に勉強会を開催することになった街区がその後に第二地区と呼ばれるようになる。

・計画の進行

まず第一に、1974～77年初頭の呼びかけの期間の2年半余りに非常な特徴がある。この期間に概略の建築計画の提案と、それに基づいた権利変換試算案が提示され、第四次案まで修正されていったことと、それらの作業と説明が文京区職員のみによって行われたことである。これらの実戦的なプログラムによる行動は、第一地区の経験が十分に生かされていると思われる。結果として、第四次の権利変換試算案と、実際に行われた権利変換の内容には、ほとんど差異がなかったようである。

第二の特徴は、都市計画決定以前に実質的な詰めが行われたことである。これは、後戻りのきかない最初の法手続きである都市計画決定の以前に、個々の権利者に権利変換や補償費の概要を提示して、事業への不安を除くとともに事業進行の意思決定を強固なものにしようとするものである。従前の土地建物評価額の発表、補償額の提示、従後の床価格の提示を行っている。これによって、各権利者は自己の権利変換の概要を推定することが可能となり、都市計画決定に進む決断を得ることができた。

この結果、第三の特徴として、権利変換の実質的スケジュールの繰り上がりがある。すなわち、都市再開発法上の手続きとしての権利変

換は、本組合設立後、土地調書、物件調書を作成し、評価基準日に従前評価を確定し、この間、建築実施設計を行って権利変換計画の認可申請を行うものである。しかし、これらは法的に確定させることを意味しており、実質的作業および同意形成は、はるか以前から始まっている。

当地区の場合は、先に述べたように準備組合の設立のときから始まっており、都市計画決定前には従前向後の権利額の概要は同意されていた。また権利者別の権利床の配置は、本組合設立以前に同意されている。このように、法律上で権利変換計画を確定させることに先立って、実質的に全員の同意をとりつつ進める必要があるところに、再開発事業の最大の難しさがある。

・計画の概要

江戸川橋第二地区は、特に他施設と複合されておらず、通常に事例の多い一個の単体建築が出来上がりの姿である。施行区域面積0.4ha、建築敷地面積約2345㎡、延床面積1万4704㎡、地下2階、地上9階で、地下1階および1階が店舗、2、3階が事務所、4〜9階が住宅（80戸）である。公共施設の整備としては、都市計画道路放射7号線の拡幅（27〜35mに）を延長110mにわたって行っている。また地区に隣接した神田川については、別途事業として河川改修が行われ新しく護岸が整備された。

・事業手法

本地区の事業手法は、都市再開発法による市街地再開発事業である。しかし、これをとりまく事業としては、都市計画道路（放射7号線）整備事業と河川（神田川）改修事業があり、前者は市街地再開発事業の中で整備することとし、それに対応して道路整備特別会計による公共施設管理者負担金補助が組合に支給された。後者は別途の事業（河川単独事業）となった。

市街地再開発事業に関連しては、用途地域の変更（商業地域の500%を同600%に、約0.9ha）、高度利用地区の指定（容積率の最低限度200%、建蔽率の最高限度90%、建築面積の最低限度200㎡、約0.5ha）を行っている。市街地再開発事業の中の区分としては、施行者は市街地再開発組合、事業の種別は第一種（権利変換型、当時は旧法で区分はなかったが）、権利変換は全員同意による特則型である。なお借家人は準備組合では他の権利者と同一の立場で参加し、実質的な権利変換にも加わっていたが、組合設立後は借家人協議会を組織した。権利変換の結果をまとめると、表1のようになる。

・江戸川橋第二地区の意味

本地区は、東京都内における本格的な組合施行市街地再開発事業の第1号であり、権利関係が成熟して借地・借家の位置付けの強い大都市内の組合施行方式のモデルとなった。また、都市計画道路整備を市街地再開発事業の組合施行方式で行うことの第1号ともなり、したがって、建設省都市局所管で道路整備特別会計補助を導

表1　権利変換の結果

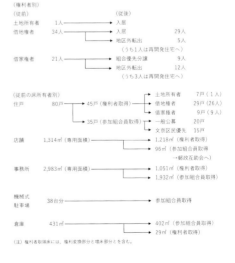

（注）権利者取得床には、権利変換部分と増床部分を含む。

入した組合施行方式の最初の事例となった。このことは、官民協同方式あるいは民間活力活用方式の先駆的事例としても位置付けられよう。

次に、前記した先行提示方式ともいうべき計画の進行手順が、その後の他地区にとってのモデルケースとして、模範的な参考事例となっていることが挙げられる。権利変換素案を示すなど行政機関の積極的かつ実戦的な呼びかけ行動、事務局・コンサルタントおよび行政機関（区）の一体的活動、参加組合員（首都圏不燃建築公社）のレスポンスのよい判断、タイムリミットの設定方式など、とかく堂々めぐりの起きやすかった再開発事業の進行をいかに建設的に進めるかのよき事例が、本地区の再開発には盛り込まれていたと思われる。

現在の都市建築では、本地区のように良質な公共施設整備を再開発事業の中で行うことは、事業者側にとっても公共側にとっても街の価値を持続性の高いものとするために欠かせない重要な要素となっている。また、江戸川橋第一地区とともに、集合住宅と低層商業の組合せは駅前再開発のプロトタイプといってよい。

一方、江戸川橋駅直結である第一地区に対して、直接接続していない第二地区では低層商業の賑わい不足が感じられ、現在の都市開発では優先度の高い駅との直接接続については、好対照をなしている。

＊本稿は『新建築学体系19 市街地整備計画』（彰国社、1984）に掲載された伊丹の論考に、武田が今日的視点から加筆したものである。

05　高度利用地区：《代官山アドレス》
… 東濃　誠

・計画の契機
《旧同潤会代官山アパート》は、都市郊外型の理想的な住宅地として、同潤会 [*1] によって1927～1928年（昭和2～3）にかけて建設された鉄筋コンクリート2、3階建37棟、345戸のアパート群である。親隣会という一つの町会であり、昭和50年代になって建替えが話題に上るようになった。

親隣会がアンケート調査をしたところ、8割ちかい人が建替えに関心を示したこと、民間ディベロッパーから再開発の提案をしたい旨申し出があったこと等から、町会が主体となって1980年（昭和55）に再開発を考える会を開催し、同年世話人会を発足、再開発をスタートさせた。

うっそうとした緑に囲まれ、36棟の区分所有ビル群＋文化湯（公衆浴場）＋浄化槽等の共有地で構成され、村社会のようなコミュニティを形成していた。また旧山手通りの《ヒルサイドテラス》（1期1969～3期1977年までに5棟がすでに完成）とともに、代官山を代表する存在だった。著者は再開発事業の推進を1982～2002年（事業完了）まで約20年間担当。《代官山アドレス》竣工まで再開発の軌跡をたどりつつ、その意味を検証する。

・計画の進行
［1980年（昭和55）再開発を考える会世話人会発足～1990年（平成2）都市計画決定まで］
1982年準備組合の結成、コンサルタント、事業協力者の決定。渋谷区に再開発を担当するセクションがなく、地元の恵比寿地区連合町会の協力のもと、専任組織設置の請願を出し1986年12月に再開発担当副参事が渋谷区に設置さ

れた。1990年（平成2）12月に都市計画決定。
［1990年（平成2）都市計画決定〜1996年既存
建物除却着手まで］
都市計画決定したもののバブル経済により土地
価額が暴騰、地権者の「さらに上がる」とい
う期待もあり、事業計画が成立せず停滞した。
1992年（平成4）バブル経済崩壊で、事業協力
会社の中心ディベロッパーが1993年5月に撤
退。その直後に東京電力拠点変電所導入決定、
谷口壮一郎理事長を中心に地元をまとめ頓挫を
回避した。計画建蔽率50％の枠内で地下を保
留床として処分したい準備組合と、電力需要の
逼迫を予想して、拠点変電所敷地を探していた
東京電力を渋谷区が引き合わせた。開業時期を
確実にしたい東京電力は、土地買収や補償交渉
に長けた送電線配備担当者を事務局に入れ、ま
た拠点変電所からの電磁波が健康に影響がある
のでは、と不安に思う若いお母さんたちに対し、
代官山の現存電磁波に比べ既存拠点変電所が低
いことを実証するなど丁寧に対応した。1994
年（平成6）5月組合設立認可、1996年7月権
利変換計画認可、既存建物除却と並行し最後の
1軒について建物明渡し裁判を行い、強制執行
のうえ本体工事着工。
［1996年（平成8）既存建物除却着手〜《代官山
アドレス》竣工（2000年）・事業完了（2002年）］
建物除却直後から、《ヒルサイドテラス》と協
調して街の情報プラットフォーム（代官山ステ
キ委員会。のち協議会）を構築しはじめ、親隣
会、代官山アドレス管理組合と代官山のまちと
の新たな関係づくりに取り組んだ。

・計画の概要
［建築計画］
【ボリューム】敷地面積1万7262㎡、延床面
積9万6512.6㎡、法定容積率450％。【配置】
中央に地上36階120mの高層住宅、その周り

に5〜13階建の中低層の商業・公益施設・住
宅を配置。土地の高低差を利用して、構造的に
自立するブリッジ2本で東急東横線の橋上改札
と《代官山アドレス》に接続。区域内区道を東
側に付け替え、恵比寿側から東横線を立体交差
して代官山につながる渋谷区街路1号線の整備
に備えた。東横線の地下化にともない同街路は
廃止。跡地はひまわり畑として区民から親しま
れている。【住宅】戸数501戸、うち34戸は
区民住宅として高層棟に配置。【拠点変電所】
1万3051.9㎡。渋谷区域を中心とした都区内
南東部に電力を供給する施設。【渋谷区公益施
設】区道の一部を権利変換し温水プールをもつ
《代官山スポーツプラザ》3407.59㎡を整備、
また東京都から払下げを受けた30、31号館底
地を権利変換し区民住宅34戸を整備。区の追
加投資額（増床）は30億円。【商業・業務】1万
0152.5㎡。【駐車場】468台。
［資金計画］
総事業費603億7800万円（内補助金は88億
7000万円で総事業費の14.7％）。施設建築
物の土地建物総額は720億円。専有面積6万
3028㎡で割ると114万円／㎡（378万円／坪）。
［権利変換計画］
関係権利者622人のうち、権利変換または優
先分譲による入居者321人、転出者301人。

・事業手法
都市再開発法に定める第一種市街地再開発事
業。施行者は代官山地区市街地再開発組合。参
加組合員は東京電力、鹿島建設、大成建設。権
利変換方式は都市再開発法第111条に規定す
る地上権非設定型。

・代官山地区の意味
［再開発の建築デザインの転換点］
東京都において代官山地区以前は、関係権利者

（土地建物所有者、借家人、担保権者）全員の同意で事業を進めることが行政指導の主流であり、最後の一人の同意を得るために多くの再開発事業は建築計画そのものを歪めてきた。《旧同潤会代官山アパート》では、防火水槽用地など住戸の相続・譲渡時に名義変更されず、旧所有者が名義を残す共有地が存在し、またバブル期に高額で買収した地上げ企業所有の住戸も複数あり、全員同意はとうてい不可能だった。東京都と協議し、全員同意によらない方式＝「地上権非設定第111型権利変換」の扉を開いたのは私たちだと自負している。

　代官山地区以降は、「第111条型」という選択肢ができたことで、関係権利者の生活・営業要望と意思の適格な把握、それに基づく公正な権利変換計画が作成できれば、縦覧と意見書の処理を経て権利変換をすることが可能となった。都市デザインが権利者要望と対等となる転換点だったと考える。また、全員同意型は金と時間がかかり、事業が読めないため、民間ディベロッパー導入に限界があった。代官山地区以降、民間ディベロッパーの事業参画はごく自然に進んだと考えている。

[変化に対応できる、無理をしないシンプルなデザイン]
再開発を考える会設立から事業完了まで20年以上、時代の変化に対応するため、無理をしないシンプルなデザインに収束した。

　保留床用途の変更により建築計画は大きく4回変わっている。

　1回目　当初保留床：中層業務床
　2回目　都市計画決定時：高層住宅＋地下商業
　3回目　第1回目の組合設立同意時：高層住宅＋地下業務床
　4回目　組合設立認可時：高層住宅＋地下拠点変電所

[優れたコミュニティデザイン継承の中継地点]
《旧同潤会代官山アパート》*2は、中心に公益機能をもち、ランドスケープを生かした配棟計画、家族形態の変化に柔軟に対応できる居住形態やアパート内での移動の仕組みなど、コミュニティを育むという評価軸で見れば、都市建築2.0を越えて3.0につながる可能性をもっていた。《代官山アドレス》は、建築計画、記録、仕組み（まちのプラットフォーム）づくりで、その可能性を継承する中継地点になろうとした。

[建築計画でコミュニティの単位をつくる]
501戸の住宅について、高層棟のエレベーターホール2層（約30戸）を吹抜けでつなぎ明るく視認性のある空間を確保するなど、空間的な単位を30戸前後とし、コミュニティ認識、役員選出の単位をつくった。

[記録として残す]
再開発組合・都市機構・都立大学と協力して旧同潤会住宅のUR集合住宅歴史館への移設。『同潤会アパートメントとその時代』（鹿島出版会）刊行、『代官山再開発物語』（赤池学、太平社）を再開発組合から執筆依頼。

[まちのプラットフォームをつくりコミュニティをつなぐ]
①計画容積率450％のうち、地上容積率を370％程度と低く抑え、低層の街代官山に馴染む計画を目指した。②建物除却直後から《ヒルサイドテラス》と協力し、代官山ステキ委員会創設。『ステキガイドブック』を制作し代官山のお店・住人・企業の魅力を3回（1999年、2000年、2002年）にわたり発信、竣工後親隣会や管理組合がコミュニティに参加し貢献できる仕組みをつくった。代官山ステキ委員会は、渋谷区認定代官山ステキなまちづくり協議会へとつながっている。

　　　　（ひがしの・まこと　渋谷区都市整備部）

★1 同潤会は、1923年（大正12）関東大震災直後の翌年3月に、被災地に安定した住宅を供給することを主な目的とし世界各国から寄せられた義損金をもとに設立された財団法人である。1920年代は日本では大正デモクラシーの時代であり、建築の分野でいえば世界的にはモダニズムが勃興しさまざまな実験的な試みが行われる時代でもあった。同潤会はこうした時代背景から、先端的な都市居住を提案し、住宅建設を実践した。1943年（昭和18）同潤会は解散し住宅営団に受け継がれ、戦後東京都に移管、東京都から1951年からまず建物を、翌年から敷地ごとにそのときの居住者に払い下げられた。当時土地は使用価値という考え方が一般的であり、道路として使用されていた土地や公園は東京都に残り、その後渋谷区に移管された。

★2 《旧同潤会代官山アパート》は、団地の中心に食堂、娯楽室、公衆浴場、店舗、広場が配置され、小高い丘の南斜面のランドスケープを生かして代官山駅のほうから2階建棟を階段状に配し、丘の上に3階建を配置した。2階建棟の2階の一部は日照と風通しのため広い屋上テラスとし、隣棟間隔を縮める工夫がなされた。また家族館と独身館を備え、独身館からは雨にぬれずに食堂に行けるように2階に渡り廊下が設置された。また住戸は奥行きが浅く襖を開ければひと部屋になる風通しがよいプランで家族形態の変化に対応できる住みやすさがあった。払下げ前の賃貸時代は、家族形態の変化によって代官山アパートメントの中で住まいを移動していたらしく、結婚すると独身館から家族館に移る仕組みもあったと聞く。払下げ後区分所有となった独身館では、家族が増えるたびに独身館の中で隣戸を購入したり、借り増ししたりして居住空間を増やし、タコ足的な独自の居住形態をもっていた。文化湯は薪で炊く方式で、再開発で姿を消すまで、代官山食堂とともにコミュニティの中心であり続けた。

06　研究所跡の都市型団地開発：
《サンシティ》…湯澤晶子

・計画の契機

《サンシティ》は、板橋区中台に1980年（昭和55）に竣工し現在まで続く高層集合住宅である。都内初の民間主導の住宅団地で、約13haの研究所跡地に環境創造型大規模開発の先駆けとなるプロジェクトとして進められた。主要な開発者を三井不動産として、設計は1972～75年に行われ、4年の工期を経て完成した。

《サンシティ》の設計期間は、オイルショックが続く低成長の時代であり、中心市街地の人口が減少し、郊外の人口が増加する都市の空洞化が顕著となった時代でもあった。《サンシティ》は民間で行う初めての大規模団地開発であったが、不況と郊外住宅の広がりとともに、それまでは公団による事業であった大規模な団地開発が、民間の手で始まった時代といえる。

・計画の進行

敷地は武蔵野台地の端部から荒川へ向かう丘陵地の一部にある。高低差が大きな地形上にあり、地形に合わせた配棟計画が検討された。設計当初は、超高層住宅を複数含むマスタープランも検討されたが、1974年（昭和49）のオイルショックにより、現在のような14階建の団地の配棟の検討がベースとなった。

　設計期間は1972～75年、工期は1976～1980年で4年半ほど費やしている。設計時には15mもの高低差のある地形に合わせ、中央の約1haの緑地が団地の核となるよう囲み型配置が検討され、25層の高層棟や、4、5層の低層を組み合わせながら、中層が分散する現在の案が選択された。緑地に関しては武蔵野の森を復元するというコンセプトがあり、植栽計画は、武蔵野の植生が表れるよう造園家・彫刻家

とともに検討された。当時の設計者によると、敷地にあった湧き水をサンクチュアリとして残す検討、昔の大地を中央の緑地として残すことにつねに意識があり、電線地中化も緑地への意識から実現したという。

南北軸に沿った配棟は、当時の東京都の一団地認定の基準には、公団住宅の基本である低層板状住宅を前提とした住宅の4時間日照の確保の原則から導かれた。高層棟配置を複数行うには、南北軸にすべて揃える必要があった。住宅仕様について研究が進んだ時代でもあり、本件では当時の公団の仕様やフランスでの住宅仕様を設計時に参考にしたという。

また、設計には建設会社によるコストコントロールの提案が大きく採用されたという。三井建設と鹿島建設の2社がそれぞれ建てた超高層は、異なる構造形式を採用しながら、当時の住宅構造の先端をいく住棟を実現した。三井建設は特殊なSRC造である特許工法のチェッカー耐震壁工法によりD棟（23階）を建設し、鹿島建設は日本でいち早くRC造でG棟（25階）を建設した。

・計画の概要
《サンシティ》は、A〜G棟まで7棟あり、A・B棟（15階）は在来工法、G棟（25階）RC工法、大型枠工法（鹿島建設式）、残りのC・E・F棟（15階）、H〜J棟（16階）、D棟（23階）はすべてMCS工法（三井建設式）となっている。高層棟ばかりであるが、足元を広くとることで、容積率は200％未満となっており、1800戸超の世帯が緑に囲まれた居を構え、ショッピングセンター、集会所、幼稚園、プール（民間）、小学校、児童館、保育園（区）、カルチャーセンター、冒険広場等を介している。周辺に対する配慮から、周縁部に公益施設を、東の丘は低層住宅として周辺に馴染ませる配置としている。

敷地の約4割弱を占める緑地・広場では、完全歩車分離などの快適な住環境づくり、中央広場の充実、武蔵野林の再現が行われた。住宅棟足元のつくり方や、プレイロットとロビーの関係がよく検討され、母親と子供のスペースの確保やきめ細かい植栽が実現している。中央広場の造形的かつ自然に溶け込んだつくり方、滝と流れの広場、冒険広場は、子供たちのアイディアによって緑と人間のつながりが感じられるように設えられた。バードサンクチュアリなどの残された緑地を保全するもの、椎の木広場などの活用するものと使い分けで、それぞれ四季の変化を感じられるようにしている。

現在の緑地は、管理専門会社による管理に加え、住民ボランティアによる手入れが行われている。竣工時に入居者により植樹された5万本の樹木は、現在では緑豊かな樹冠をもつ雑木林を形成し、緑被率は7割に及ぶ。住民による緑地の維持管理活動の契機は、事業者が入居者用の活動小屋を広場の近くに用意し、そこで住民の活動を支援するような仕掛けを試みたことだったという。ミニコミ誌が発行されるなど、コミュニティ活動が活発化し、緑の継続的な管理だけでなく、住民による自主的な交流活動が行われ、現在まで続いている。

・事業手法
《サンシティ》は研究所の跡地を利用した民間による再生事業であり、民間による都内の環境創造型大規模開発の先駆けとなるプロジェクトであった。当時、都市計画制度の一部であった一団地認定を活用し、敷地を分けず一体で形態制限をかけ複数棟を建設している。

・《サンシティ》の意味
建築施設だけでなく、住民の共有の資産として緑地が認識されたことが、住民の生活スタイル

に影響を与え継続的な緑地管理が実現されたといえる。《サンシティ》は、築40年を迎えながら、こうした住民の愛着をもった活動から、マンションは高い資産価値を維持している。そして、緑地とコミュニティが密接に関わりながら年月を経てより豊かに成熟することを体現している実例としてその歴史に貴重な意義があり、建築設備にとどまらない資産価値に影響する要素として、緑地とコミュニティの存在が実証された一例といえる。

　また、近年《サンシティ》の東と西に隣接する2地区（平成22年決定：中台二丁目北地区地区計画、平成30年決定：若木二・三丁目地区計画）に、新たな地区計画が決定している。相続や工場の転出等から、民間開発による宅地の細分化等が進み、緑の減少、狭隘道路の残存など、災害に強いまちづくりや、住環境を維持・保全するまちづくり計画が提案されている。竣工から四半世紀後、《サンシティ》を核とした緑豊かで快適な住環境の広がりが、エリアとして目指されているといえる。住む街を自ら維持・保全そして向上させることの重要性の認識が実感をもって地域に広がっていることを示唆している。

07　特定住宅市街地総合整備促進事業：
《大川端リバーシティ21》

・計画の契機

大川端とは江戸時代からの地域概念であるが、本計画はそれをやや拡大的に利用したもので、東京の中央部を流れる隅田川沿岸を意味する。区域面積は約230haに線引きをしたが、特に明瞭な境界を形成する条件があるわけではない。また、中央区佃二丁目の石川島播磨重工業跡地を中心とした約25haを大川端地区と呼ぶこともある。この地区は大川端再開発構想の先駆的事業として位置付けられる。

　大川端の再開発については、中央区の策定した「中央区再開発基本構想」の中で初めて「大川端作戦」として示された。これは隅田川沿いに分布している倉庫・工場の移転等に際して、その周辺も含めた再開発を促進し、住宅を確保して夜間人口の回復と居住環境の改善とを実現しようとするものであった。その後、この構想が公表されたにもかかわらず、数年間は具体的な動きはなかったが、1978年（昭和53）に至って石川島播磨重工業の移転が現実となり、日本住宅公団と三井不動産が移転跡地を購入することとなり、大川端再開発計画が本格的に始動することとなった。なお、この時期に建設省も「大都市都心地域居住環境整備調査」を実施し、移転および再開発の動きを支援している。

・計画の進行

前記した「大川端作戦」の考え方は、その後の再開発計画の方向を定める重要な構想であったが、計画の本格的始動後の最初の節目は、東京都が行った「都市再開発基本計画策定調査」であった。これは昭和54年度に、高山英華東大名誉教授を委員長として、「大川端地区再開発

基本計画」としてまとめられ、さらにその主要な内容を、昭和56年度に「大川端地区再開発構想」として東京都は発表した。また中央区も、昭和54年度に「隅田川河岸地域拠点開発検討調査」を実施し、大川端作戦や高山委員会の考え方と類似した方針を打ち出している。これらの一連の動きの中で、大川端地域のマスタープランは行政関係者間の合意が得られていったわけである。

　一方、佃二丁目の石川島播磨重工業跡地を中心とした先駆的事業地区については、前記した高山委員会による計画策定と同時並行的に第一次開発計画案が作成され、計画の概要が固められた。また、高山委員会の考え方を具体化する手法として、跡地と周辺市街地約25haが、特定住宅市街地総合整備促進事業の候補地として浮かび上がることとなった。この事業区域の計画は、大川端地域全体のマスタープランが合意される見通しのついた1981年（昭和56）夏より本格化し、特定住宅市街地総合整備促進事業の整備計画を策定するための調査会や推進連絡協議会が設置され、計画の煮つめと調整が精力的に行われた。その結果、整備計画の建設大臣承認を1982年2月に受けている。

　もう一つの計画の事業化への動きは、大規模倉庫に対する大川端計画への参加の呼びかけである。これは計画策定調査の中でのヒヤリングや、行政と倉庫業者の接触、業者相互の協議会などの形式で行われている。いくつかの倉庫については開発の動きが波及しているので、大川端計画およびその先駆的事業としての佃二丁目地区の意味には大いなるものがある。

・計画の概要
今までに述べたように、大川端開発計画には大川端全域の再開発構想と佃二丁目の事業区域についての再開発計画がある。

　大川端再開発構想は、隅田川両岸の約230haを計画区域とする。夜間人口の減少、住商工の混合地域、東京駅から至近、長い水際線をもつといった大川端地域の問題点と特性を踏まえ、基本的考え方として、夜間人口回復のための都心定住型住宅の供給、水と緑の回復を目指して隅田川緩傾斜型堤防の築造、大規模流通業務施設の再配置と跡地利用、複合市街地の形成、先駆的事業として佃地区の再開発を挙げている。また図1にあるように、道路の新設、隅田川の公園的利用、整備の拠点、歩行者道・緑道のネットワーク、水際景観の形成、センター施設の立地、土地利用の方向をガイドプランとして示している。

　次に、佃二丁目地区の再開発の基本方針については、計画区域約25haの整備計画を策定することとし、そのうち石川島播磨重工業跡地等の14haについて再開発を実施することとしている。計画の内容は、都心定住型住宅の供給（目標約2000戸）、センター施設の導入、道路橋梁の建設、緩傾斜型堤防への改築、公共公益施設の整備、旧佃地区の修復、地区計画制度等の推進を挙げている。これらの内容は、1982年2月に大臣承認された特定住宅市街地総合整備促進事業の整備計画に反映され、図2のような整備計画図として定着化された。

　これらの基本方針と計画内容を受けて、工場跡地を購入した事業者および将来の事業予定者で、具体的な再開発の計画設計の検討が進められている。整備計画に基づく事業は、道路事業、河川事業、公園事業および住宅等の建設事業に分けられ、それぞれの事業者が施行していくことになるからである。整備計画図にあるように、道路事業としては対岸の新川地区と結ぶ新しい都市計画道路（橋梁を含む）、河川事業としては緩傾斜型堤防による堤防整備、公園事業としては主に沿岸部に指定される都市計画公園の整

備がある。住宅等の建設事業は、住宅約2000戸と文化商業施設等の建設があり、基本理念である都心定住型住宅の供給のため、住戸タイプのバラエティの確保、都心地としての賑わいの創造と豊かなオープンスペースの確保、従前居住者用住宅の建設をねらいとする。配置計画については、立地条件・計画戸数・オープンスペースの必要性という条件を満足させるために、超高層住棟を主として高層・中層住棟を配する形態としている。

このように、当地区は土地の高度利用を図るべき地区であるので、全体計画の中で各事業者が各々の役割を実行する共同開発事業を目指しており、「官公民」共同開発事業の貴重な先例となった。

・事業手法

本地区に適用された手法には多彩なものがある。まず計画の手法として、都市再開発基本計画策定調査が「大川端地区再開発基本計画」（高山委員会）に利用された。これは特定の地域の都市再開発のマスタープラン策定を推進するための国庫補助調査であった。

佃地区については、特定住宅市街地総合整備促進事業区域に指定されている。この事業は、大都市既成市街地において住宅建設事業と公共施設整備事業を総合的、一体的に行おうとするものであり、大川端地区は全国で4番目の指定である。公共施設整備事業としては、新川地区と結ぶ新設の都市計画道路の整備事業、緩傾斜型堤防整備のための河川事業、公園緑地整備のための都市計画公園整備事業がある。これらは各々の用地を分割しながら（重複する用地もある）各々の施行者が施行する。住宅および文化商業施設等の建設は住宅建設事業者4者（都住宅局、都住宅供給公社、住宅・都市整備公団、三井不動産）で行う。これに関する手法として

は、地域地区（用途地域等）の変更、高度利用地区の指定、総合設計制度の適用、一団地の申請（建築基準法第86条）等が採用されている。

土地の有効な高度利用を図るために、事業手法から見ても本地区は多彩な適用を指向しており、また官公民をまたがった多様な施行者が全体計画の中で、それぞれ持ち分を遂行することを要求される共同開発事業である。

・大川端地区の意味

まず第一に、計画と事業との関係について、新しい局面を切り開いたと思われる。つまり、都市再開発のマスタープランとしての大川端再開発構想と、マスタープランに則った事業地区としての大川端佃地区の関係であり、また佃地区の中でもマスタープランとしての整備計画と、個々の事業者による個別事業の関係でもある。今（1984年）までの例では、マスタープランは再開発の必要性の視点に傾斜しアピール効果や政策的効果を重視した派手なものであり、一方、具体的な事業は現実的制約にとらわれて可能性の視点に終始し、行政の縦割り機構にもとらわれて、結果としてマスタープランとは異なった例が多い。マスタープランはいわゆる「絵に描いた餅」となり、現実に出来上がったものは事業間の相互関連・相乗効果の発揮を期待できないものとなった（1984年時点）。

このような状況を抜け出して、計画は事業を支援し、事業効果を高め、相乗効果の発見によって開発の付加価値を最大限にするように事業をコントロールすること、事業は計画の目的を理解し、各々に取り得る最適の質と量によって各々の役割を果たすことが、本地区の計画および事業化の過程で生まれた。たとえば、新設の道路整備、緩傾斜型堤防や公園の整備についての各事業者の熱意と柔軟な対応姿勢、超高層という新しい住棟形式に対する事業者の熱心な

研究開発体制などにその表れがある。また、計画担当者や担当部局においても、いたずらに派手な構想を追わず、現実に到達可能でしかも夢のあるバランスのとれた計画案をガイドプランとして策定していく姿勢で一貫していた。このことは、マスタープランは行政で策定し、これに基づいて個々の事業は民間も含めた各事業体で進行させるという、いわゆる官民共同事業が成立する基本的要件であるといえよう。

第二の意味としては、公共公益施設の整備や地区修復的事業も含まれた総合的な地区開発計画の貴重な事例であることである。公共施設整備では、橋梁建設や緩傾斜型堤防などの親水空間の回復は新しいプロトタイプとして位置付けられよう。また、由緒ある旧来の市街地である佃一丁目との調和ある計画設計内容は、高密度開発が、一方では周辺環境といかに馴染ませ得るかの一つの回答となろう。このような多面的で総合的な配慮により周辺地区の環境改善も含んだ開発効果を発揮し、相乗的な魅力の形成となって地域の活性化をもたらしたことで、本地区の計画目標は達せられたといえるであろう。

第三の意味としては、都心定住型の住宅地および住宅像の追求がある。現在（1984年）までに都心に供給されているマンションは、需要を一部に絞った超高級クラスのものか、セカンドハウスや業務用利用も容認した非定住型のものであった。しかし本地区の目標とすべきはそのいずれでもなく、より広い需要層に対応可能な定住型の住宅である。そのための供給価格の限界設定、土地の高度利用という条件の中で、一定の基準を保った住環境および住宅像を見出さねばならなかった。その回答は1984年時点でも検討が進められており、複合的多目的な用途の導入、土地の重層的利用、低コストで良質な超高層住棟の開発といった諸点が核心であった。本地区の貴重な立地性を生かし、かつ将来

の都心居住のモデルとなり得る住宅地像が望まれていた。

最後に、大川端地域全体の視点でいえば、開発の波及あるいは連鎖的効果をいかに生み出すかの試行が行われた。前記した高山委員会の報告でも、佃地区は先駆的事業地区として位置付ける一方で、新川・箱崎等の地区では倉庫等の移転等を機にその有効利用を図る、その他の土地利用の細分化された地区では、長期的な誘導策や地区計画制度等の活用によって整備を図るとされている。1984年時点で、倉庫等の拠点については、都市計画道路や緩傾斜型堤防の整備などの公共事業にからめて再開発事業化の呼びかけが行われ、倉庫業者のうちには、再開発への意欲を示し、倉庫業者同士の横の連絡会も生まれた。このような動きを育成し、また計画的にも支援しつつ、マスタープランに従って誘導したことは、地域的な広がりをもつ再開発を必要とする他地区にとって貴重な先例となった。

なお、その後の地区整備計画の計画手法の歴史的な充実として、再開発地区計画制度から再開発等促進区や誘導容積型等の地区計画制度へ、また都市再生特別地区制度へとつながって現在に至るが、この大川端佃地区整備計画における諸事業の連携した同時並行のかたちが、これらの諸制度制定への大いなるヒントとなったことを特別に付記しておきたい。

そして本計画は、現在のタワーマンションブームの火付け役となった先駆的開発といえよう。かつて工業主体であった湾岸地区の利活用において、ウォーターフロントでの都心居住を大規模に実現したことは、都市開発事業の潮流における大きな転換点となった。一方で、極端な住宅供給により適切な社会インフラがともなわないケースも見られるなど、現代の都市計画的な課題にもつながっている。

＊本稿は『新建築学体系19 市街地整備計画』（彰国社、
　1984）に掲載された伊丹の論考に、武田が今日的
　視点から加筆したものである。

図版・表出典
図1　東京都長期計画懇談会「中間のまとめ」1982
図2　伊丹勝「2市街地の再開発」、土田旭他『新建築
　　学体系19市街地整備計画』彰国社、1984

凡例（図1）
― 道路（既存）
▪▪▪ 道路（計画）
　 新設道路
● 地下鉄（既存）
○ 地下鉄（計画）
□ 隅田川の公園的利用
○ 整備の拠点
　 公園
▮ 教育施設（小・中学校）
　 歩行者道・緑道
▨ 水際景観の形成（緩傾斜堤防など）
　 河川・運河の有効利用
● センター施設
▮ 住宅・業務
▮ 住宅・商業
□ 住宅を主とした複合地

0 100 200　500　1,000m

図1　大川端地区の将来構想図

新川一丁目
新川二丁目
隅田川
相生橋
佃大橋
住吉神社
佃一丁目
佃堀
佃二丁目

凡例（図2）
▫ 整備計画区域
▫ 主要な街区
□ 住宅地区
□ 商業地区
□ 文化・商業用地
□ 公園・緑地
▨ 〃（堤）
　 河川（堤防整備区域）
　 〃（予定区域）
▨ 教育施設用地
▨ その他
□ 計画道路

図2　大川端地区の整備計画図

08　再開発地区計画：シーリアお台場
…森本修弥

・計画の契機

江戸末期に江戸湾防衛を目的としてつくられた
海上砲台をその名の由来とする台場地区は、臨
海副都心においてもっとも都心部に近い半島状
の突端に位置する。臨海副都心は、青海、台場、
有明各地区を合わせた約450haからなり、高
度経済成長期の1971年（昭和46）までに完成
した埋立地に建設された。レインボータウンと
命名されるものの、現在その名称が用いられる
ことはほとんどない。もともとは1961年の東
京港改訂港湾計画に基づき、住宅供給や廃棄物
処分場など、予想される都市問題への対応用地
として位置付けられていた。

　1979年に就任した鈴木都知事は、中曽根内
閣による民間活力導入を背景とした都市開発の
推進と歩調を合わせるかのようにマイタウン構
想を掲げ、東京の都市改造に着手した。一方
1980年代から、都心部の異常な地価高騰に対
する土地供給への要求、都心部へ過度に集中す
る業務機能の分散が課題となり、広大な未利用
地が残るこの埋立地が注目された。臨海副都心
の開発は、1986年の第二次東京都長期計画に
基づき具体化され、1998年（平成10）より建
設が着手された。国際的な情報発信業務を中心
とした第7の副都心として、就業時人口10万
人、居住人口6万人、供給戸数2万戸が計画さ
れた。

　1990年代に入ると、バブル経済の崩壊によ
り事業者の開発意欲が減退し、臨海副都心の開
発の妥当性が問われ始めた。1995年に就任し
た青島都知事は、選挙時の公約のとおり臨海副
都心を会場とする世界都市博覧会を中止した。
開発規模は大きく見直されることになり、就業
人口は7万人、居住人口は4万人へと縮小され

た。結果として、建設途上であった台場地区での住宅計画は継続されたが、青海地区や有明南地区での住宅用地は保留されたままとなった。一方、有明北地区では2000年代に入り民間での超高層分譲住宅の開発が進行している。

・計画の進行
臨海副都心開発事業化計画によると、都市機能の配置に際しては、業務、商業、居住、文化、スポーツ、レクリエーション等の諸機能を、純化と複合化を適切に組み合わせて配置することとされた。居住用地として純化を図る区域は、台場地区のほか有明北地区に、また住・商・業務複合用地は、青海地区と有明北・南地区にそれぞれおかれた。臨海副都心全体で限られた70haの住宅用地の中で居住人口6万人を確保するために、必然的に超高層住棟の選択となる。
　台場地区の住宅計画に際しては、以下の6点が要点とされた。誰にも住みやすい住宅地、ソフトな外観＝ヒューマンスケール、光あふれるホール・明るい居室、ゆとりの内部空間、リゾート感覚の余暇生活、先進設備である。これらの要点を実現しつつ、非常に低廉な賃料で賃貸することが条件とされている。
　臨海副都心の開発規模の見直しの中で、台場地区ではすでに計画が進行していたため、開発は継続する。後述するように既定の計画が地区計画の前提になっていることも関係する。その結果、民間の開発意欲の減退とともに公的な立場からの住宅供給の必要性が高まり、さらには臨海副都心の玄関口としてのランドマーク性が保たれた。

・計画の概要
台場地区の居住エリアは、北西側から順に、I、J、Kの街区と道路を隔てたL街区の合計5.3haに1700戸が計画された。このうちI街区とK街区それぞれに、東京都住宅供給公社と住宅・都市整備公団（現都市再生機構、以後、URという）による2棟の超高層住宅が建設された。
　I街区1.7haはシーリアお台場一番街と称し、1号棟280戸、2号棟280戸が超高層、3号棟40戸が中層棟で、2000年（平成12）12月までに完成した。K街区2.3haはシーリアお台場三番街と称し、2号棟320戸、4号棟330戸が超高層、1、3、5号棟計210戸が中層棟で、1996年3月までに完成した。超高層住棟は延面積3万2000～3万7000㎡である。J街区には小学校と幼稚園が配置された。また、未来の住宅都市を象徴するかのように重装備なインフラとして、通常のもの以外に中水道、CATV、地域冷暖房、真空集塵システムが計画された。
　住棟構成は超高層棟と中層棟を複合した計画となっている。街区の軸線が地形の関係から、南北軸に対して約45度振れているため、南北軸に合わせて配置された4棟の超高層住棟は互いに正対しない配置となった。
　K街区の2棟の超高層住棟では2号棟が南側に、4号棟が西側にそれぞれ各階で共用スペースを広場に向けて設けている。この共用スペースは、吹抜けの中に5層おきに設けられ、空中のコミュニティスペースとしての機能を追求したものである。このような平面計画は民間開発での超高層住宅では通常は考えられない。眺望と日照に優れ、当然分譲価格や賃料も高額となるような南面や西面の部分の一部を割いて共用スペースに充てているからである。同様の事例は、同時期に建設された東雲地区の都営住宅《東雲二丁目第2アパート》と東京都住宅供給公社による《トミンタワー東雲》で構成されるツインタワーでも見られる。

・事業手法

台場地区での住宅計画は、UR、東京都、住宅供給公社の3者共同事業である。敷地は都有地で、なるべく低廉な家賃で賃貸することを目的に、定期借地権方式となっている。

1988年（昭和63）に創設された再開発地区計画を適用して、430〜570％の容積率と110ｍの建物高さの最高限度を定めた。一方、壁面線は計画図に示された建築物のものを遵守することと定められている。このことは具体的な計画が開発の制度設計の前提になっているため、計画途上での変更が困難であることを意味する。

・計画の意味

東京都心部での大型再開発が進行する中で、臨海副都心の地位の相対的な低下は否めない。広大な埋立地に人工都市を築く事例として、台場地区のほか、千葉市の幕張新都心、神戸市のポートアイランドや六甲アイランドがある。多くは都心部とのアクセスは建設コストの低い新交通システムに依存し、高速大量輸送が可能な都市高速鉄道による直結性が低く、既設の鉄道インフラを活用できる都心部の既成市街地再開発が相対的に有利となる。

東京都では2020年東京五輪を契機に、大会施設の整備やMICE（ビジネスイベントの総称）・国際観光拠点としての位置付けなど、臨海副都心の魅力回復のための再定義を図っている。新しくつくられた土地に未来都市を描くスタイルは、人口減の縮小社会にあってどのような展望があるのか、そして高密度開発である必要があったのかかが問われる。

台場地区の計画に先行する公的な超高層住宅として、公団は大川端地区、南千住地区や光が丘地区などの建設の過程で技術的な蓄積を築き、超高層住宅の全国的な普及につながった。

台場地区も含め、それらは超高層住棟だけでなく低中層住棟も混合した団地型配置計画であり、多様な世代や生活スタイルの網羅を模索していた時期といえる。

住棟内の計画では、顕在化してきた超高層住宅に内在する数々の課題、とりわけ高密度居住空間における共用スペースの相対的不足に対し意欲的な取組みが見られた。前述した空中のコミュニティスペースがその代表的なものであるが、実際にこれが有効に機能しているかどうかについては、懐疑的な見方がある。ところが、東日本大震災を契機に、堅牢な超高層住宅は避難所利用の対象ではないとされ、籠城による自助として震災後の生活継続性が重視されるようになる。この意味から、空中のコミュニティスペースは、エレベーターが長期間停止した際の生活継続拠点として注目すべきである。

（もりもと・しゅうや
日本設計建築設計群専任部長）

参考文献
浜恵介『東京臨海副都心での「台場地区33F」1棟、超高層集合住宅最新事例』ジャテックインターナショナル、1992.2、p.70およびpp.65-92
東京都港湾局編『臨海副都心まちづくり推進計画 ―レインボータウンの明日をめざして―』1997.3

09 街並み誘導型地区計画・
高層住居誘導型地区：
東雲キャナルコート…森本修弥

・計画の契機

東雲キャナルコートは、東雲地区の北東端で辰巳運河に接する位置にある。1965年（昭和40）に新設後、1993年（平成5）以降、順次他工場へ機能移転した三菱製鋼東京製作所跡地の開発である。東雲地区は関東大震災での発生瓦礫による埋立地で、工業用地として利用されてきた。

1980年代に入ると円高政策を余儀なくされた影響により、各産業は生産性向上を迫られ、国内の生産拠点の海外移転や集約が見られるようになった。さらに重厚長大産業からハイテク産業等への産業構造転換や、鉄道貨物輸送体系の変革により、都心部周辺には広大な工場跡地や操車場跡地が残されるようになった。

中央区大川端地区や、江東区豊洲地区のように、これら多くの跡地が売却されたのち事業者により開発される一方で、渋谷区恵比寿地区のように、自社または関連企業の手により開発される場合もある。東雲キャナルコートの前身となる開発は、三菱グループの手による「チッタアルタ・チッタバッサ（Città Alta・Città Bassa：北イタリアの都市Bergamoにおける街の上、街の下の意味）」をタイトルに掲げた「SWC：Shinonome Water City」プロジェクトである。それは、敷地内に運河の水面を大胆に取り入れた超高層や低層建築からなる都市空間の計画であった。

1990年代に入るとバブル経済の崩壊により、これらの計画は頓挫する。結局、三菱製鋼は工場跡地の大半を売却することとなり、1995年に住宅・都市整備公団（現都市再生機構、以降、URという）が開発事業用地として取得した。

・計画の進行

基本計画はURが日本設計に委託して策定された。区域の西北側が豊洲駅に、反対側の南東側が辰巳駅にそれぞれ近いことから、両者を玄関口として区域を対角線上に貫通する動線が必然的に浮上する。主要幹線である晴海通りに接していることから、西側から東側に、動から静へ、複合から純居住空間へと空間の性質を変えていく考えとなり、建物高さを順次低くする計画で、1996年（平成8）にほぼ現在のような街区の骨格が形成された。

開発の主導権がURに移行しても、事業環境の厳しさは変わらない。収益の向上とそのための高密度化が求められ、事業は民間事業者参入の方向となる。東側の辰巳運河側、西側の晴海通り側の各ゾーンは民間、それらに囲まれた中央ゾーンはURによる開発である。

中央ゾーンの計画に際しては、今までの高密度開発とは一線を画するもの、新しさが求められる。それは、大川端地区のような超高層建築に依存しない高密度都心居住である。具体的なイメージとしては「ニューヨーク」、すなわち低層部に商業施設をもち、街路に沿って住戸が並んだ板状の高層建築群である。その結果、建築物のボリュームは街路に沿った8階建のドーナツ状の住棟配置となり、隣接街区との棟間距離は25m以上確保するように設定された。これは、正対する住戸での、互いの表情がわからない距離である。北向き住戸の発生はもとより、日照の受照時間も、従来の標準的間取りとは大きく異なるもので、URとしては大英断であったといえる。一方、東西側の超高層住宅群には街区軸から45度振れの角度をもち、視線が正対しない配置である。これらの配置計画の成立は後述する都市開発手法の適用が前提となる。

建設コストの縮減の方策は、低層部の商業施設は住棟本体から切り離して可変性をもたせること、ドーナツ状の住棟の中心部の吹抜け部分には、既製品の鉄骨造自走立体駐車場を配置する概念となる。地価の下落は止まらず、400%の容積率を最大限に利用するため、高層住棟の一つの境界である14階建にボリュームが引き上げられ、基本計画として策定された。

1999年に大きな段階へと進展し、外部識者による街並み企画会議が組織化され、基本設計以降は、デザインアドバイザーのもとで、プロポーザルによって選定された各街区アーキテクト、ランドスケープ、照明、サインの各デザイナーによる共同設計体制が確立される。意志疎通と調整の具体的な場としてデザイン会議が定期的に開催され、同時にデザインガイドラインが制定された。それは、理念と目標の共有化を目的とした、規制型とは異なる誘導型ガイドラインで、デザイナー独自のイメージを最終形に反映することができるものとなっている。

2011年までに一連の開発計画はほぼ完成した。中央ゾーンは、S字型の街道に向き合う2街区単位で2階部分に大きな中庭を共有する住棟配置に変わり、住棟平面も中廊下型やツインコリドー型が採用され、当初の街路に面した住戸配置のイメージからは異なるものとなった。

・計画の概要

東雲キャナルコート16haの区域は、東西方向に三つのゾーンに分けられる。西側の晴海通りゾーンJ～K街区は複合市街地区、中央ゾーンA～F街区（1～6街区と呼称変更）は街並み街区、東側の辰巳運河ゾーンG～I街区は民間による超高層分譲住宅街区と位置付けられた。なお、南側M街区は三菱グループによる超高層分譲住宅2棟が別個に建設された。

中央ゾーンはCODANのネーミングを与え

られ、東雲キャナルコートの芯をなす。リング状道路に囲まれ、中心部を街道と称するS字型の街路が貫き、街道からリング状道路や辰巳運河に向けて緑道が配置され、歩行者ネットワークを形成する。1～6の各街区は、低層部に商業施設をもつ14階建の板状住棟で、敷地面積は約7000～9000㎡、戸数は約600～700戸、延面積は約3万～4万8000㎡で、総戸数約2000戸となる。

晴海通りゾーンは、J街区に合同庁舎と超高層の公務員住宅が、K、L街区に量販店がそれぞれ建設された。地下鉄道上にあるため、公共事業用地として保留されていた辰巳運河ゾーンの最北端にも、軌道上を避ける形で超高層住棟が建設された。

・事業手法

事業としては、URが住宅市街地総合整備事業に基づき国からの支援を得て、用地を取得し、道路等の公共施設を整備し、UR事業のほか売却または定期借地による事業者募集となった。中央ゾーンは当初、6街区すべてがURの事業として開発が進められたが、5、6街区については2002年（平成14）に民間供給支援型賃貸住宅制度が導入され、事業者募集が行われた。結果として5街区のみが民間事業となるが、民間事業に移行した後も、基本設計者が設計変更監修者として関与する形で、当初のコンセプトの堅持が図られた。

開発手法としては、用途地域を工業地域、容積率200%（一部300%）から、中央、辰巳運河の各ゾーンについては第二種住居地域（容積率400%）、晴海通りゾーンについては近隣商業地域（容積率400%）へと変更する。計画の進捗への柔軟な対応を図るため、再開発地区計画とは異なる手法を模索した。

さらに全体に高層住居誘導地域として、区画

街路や緑道等の地区施設と容積率の最高限度600％を定めた。中央ゾーンには街並み誘導型地区計画として、建物高さの限度と壁面線位置を定め、斜線制限を廃した。

・計画の意味
CODANの共同設計体制が生み出した、建物からランドスケープ、照明、サインに至る斬新なデザイン空間は「デザイナーズ住宅」という言葉を生み出し、開発地区のブランド向上に貢献した。各住棟での新しい都心居住スタイルのための新しい居住空間への取組みとして、従来のURの住宅には見られない住戸プランが展開された。その挑戦に対する事後検証として、居住者アンケートが実施されたが、結果において好評とされている。

　辰巳運河ゾーンの民間開発は、それに対して安全路線を歩んだものといえよう。オーソドックスな間取りを中心とした堅実な設計となっている。容積率600％の大型住棟による高密度化での土地処分となり、事業全体の収益安定に貢献しているといえる。

参考文献
都市基盤整備公団東京支社編『東雲キャナルコートCODAN設計記録』2003.7

10　再開発地区計画：品川駅東口地区
…安達和男

・計画の契機
1982年（昭和57）に発足した中曽根内閣は民活を推進し、1987年に国鉄は分割民営化された。その過程で1984年に旧国鉄貨物ヤードであった品川駅東口の4.6haが売却された。これを落札購入したのが興和不動産（現日鉄興和不動産、以下、興和不動産と表記）である。当時、東京都は世界の都市間競争に備え、副都心構想を掲げた。新宿、池袋、渋谷、大崎、上野・浅草、錦糸町・亀戸、臨海部の7の副都心である。この中に品川は含まれていなかった。これは国鉄と京急の鉄道施設による駅東西地域の分断と、東口にあった食肉市場の問題のためだった。1985年、プラザ合意以降の円高不況対策として金融緩和と公共投資拡大がとられ、経済はバブルへ向かった。この中で品川駅東口地区の興和不動産敷地開発も動き出したが、地価高騰の引き金と目され、抵抗が大きかった。

・計画の進行
港区は1983年から1987年にかけて、芝浦港南地域整備基本計画を策定した。また1987年に国鉄清算事業団が発足し、興和不動産敷地に隣接する新幹線車両基地も処分対象となった。これにより開発対象面積はおおよそ16haとなった。同年7月、都・建設省はじめ行政も動き出し、港区、国鉄清算事業団が発注する形で都市計画学会が「品川駅周辺地域整備基本計画策定委員会」（座長・川上秀光東大教授、通称・川上委員会）をつくり、調査をスタートさせた。興和不動産はこれらを踏まえ、開発構想レポート『"新都心しながわ"へ向けて』をつくり、関係者に開発を訴えた。

　1988年11月に興和不動産が自由通路協力

確約書（費用全額負担）を提出し、駅東西地域の分断解消に目途をつけた。また、食肉市場の現地再整備の方向も確認された。

　一方、1988年10月に東京都の用途容積見直しが都市計画決定されたが、興和不動産敷地と国鉄清算事業団敷地の品川駅東口16haは準工業地域600％のまま、見直しが見送られた。1989年（平成元）12月、行政、国鉄清算事業団を中心に「（仮称）SEAD21連絡調整会議（SINAGAWA EAST AREA DEVELOPMENT）」が始まった。川上委員会で方向付けられた当地区の具体的計画が検討され、1990年3月に『品川駅東口整備計画策定調査報告書』としてまとめられた。この会議で都市計画の具体的な姿が定まったが、建設省区画整理課の強い主張で、周辺道路の25m道路化、地下車路の導入等、品川では高容積を認める代わりに高負担を求める図式と、同省都市計画課の主張で再開発地区計画の導入が固まった。また、駅前交通広場および八ツ山アンダーパスも含め、国鉄清算事業団側にも高容積を見越した高負担が求められた。

　1990年5月から行政、国鉄清算事業団を中心に再開発地区計画策定調査委員会と都市基盤整備検討会がつくられ、同年11月まで精力的に会議が開かれた。1991年6月に東京都主導の形で、都・港区・品川区の行政3者と開発3者（事業団・JR東日本・興和不動産）計6者で「品川駅東口地区整備計画調整会議」が開催された。調整会議は同年10月まで、都市計画局の部長クラスが毎回出席して、10カ月に17回の会議をこなす前例のないものだった。そこで関係6者間の合意ができ、覚書および協定書で都市計画上の担保がとられ都市計画決定に至った。行政の責任者が一堂に会して議論し覚書および協定書を結んだことが、その後のプロジェクト進捗に多大な効果を及ぼした。国鉄清算事業団敷

地については、鉄道、都市行政の調整が進み、1992年4月にJR東海が新駅計画を白紙撤回、変更がなくなったところで同年2月に都市計画決定、その直後の8月に品川新駅に関わる国鉄グループ間が合意、3年後の1995年4月に都市計画変更決定という時間調整が行われた。こうして、興和不動産が開発を先行させ、新幹線新駅の計画も都市計画との整合を保ちながら実現することとなった。

　興和不動産敷地は、1994年4月からアセス評価書案説明会を各地で開催し、見解書の提出、見解書説明会を経て、同年9月に評価書公示縦覧を行った。さらに、開発許可と建築確認をとる必要があり、同年11月に開発許可を取得するまでの諸調整を完了した。建築確認作業も進め、1995年3月の建築確認を経て、同年6月に起工を迎えた。工期は42カ月、竣工は1998年12月であった。

・計画の概要
品川駅東口地区の再開発地区計画は、1992年（平成4）2月に都市計画決定され、6月に告示された。同時に駅前交通広場、都市計画道路も都市計画決定された。先行する興和不動産地区のみ再開発地区整備計画まで都市計画決定され、他の地区は方針策定のみであった。計画の特徴は、①二号施設としての公園および公共空地を一体の計画とし、地区中央に2ha近い歩行者大空間を実現した。②地区施設として、地上の交通量削減のために各地区地下駐車場を結ぶ地下車路ネットワークを設けた。③地区施設として、周辺街区につながり起点となる歩行者専用通路を設けた。④A−1地区（3.5ha）は業務機能を中心に地域の都市活動に関連する商業機能、文化・余暇機能、コミュニティ機能の複合した地区として整備された。これが《品川インターシティ》で、容積率は910％、延床面積

は33万7119㎡であった。A−2地区は、商業機能を中心に、業務機能、商業機能、共住機能をもった街区として整備された。

・事業手法
本再開発地区計画は、道路および土地利用の平行計画であり、民間部分と国鉄清算事業団部分の段階的都市計画である。また先行する興和不動産部分が開発行為、残りの国鉄清算事業団部分が区画整理と、基盤整備手法が異なる。さらに基盤整備の負担構造を仮想区画整理手法によった。

　このような複雑な事業手法をとったのは、先行する民間部分と国鉄清算事業団部分の事業スケジュールに大きな時間差があったためである。興和不動産敷地が取得されたのは1984年（昭和59）である。再開発地区計画の都市計画決定は1992年であり、ここまでに8年を要している。さらに事業団処分地の売却は1997年である。この大きな時間差のために、基盤整備手法を異にして民間開発を先行させる必要があった。さらに、負担構造の決定も仮想区画整理という独自の方法によった。

・開発の意味
第一に、制度発足の早い時期に再開発地区計画制度を用い、民間提案型のまちづくりを行った。民活推進時代の流れの中で、民間敷地と国鉄清算事業団敷地にまたがる対象地区を、新たな手法と既存の手法を柔軟に組み合わせ、開発の時間差を埋めて、国と自治体の指導・協力のもとで開発するまちづくりが実現した。

　第二に、港南・芝浦地域の開発の発端となり、地域の居住機能、業務機能の発展の糸口をつけた。鉄道施設による地域の分断化と、駅前・駅裏格差という全国に普遍的な課題を、民間協力による自由通路の実現で解決した。これにより、品川駅周辺地域が一体化し、港南および湾岸のマンションやオフィスビルの建設が始まった。

　第三に、スーパーブロック型の都市計画で、街区にまたがるオープンスペースや地下車路ネットワークを生みだした。丸の内や新宿のような従来の道路区画型ではなく、歩行者中心のオープンスペースを共有する都市デザインを一体計画・段階施工で実現した。さらに完成後の維持管理を、シティマネジメント組織で先駆的に実施した。

（あだち・かずお
Adachi Archi Associate 代表）

11 一団地認定：《渋谷マークシティ》
… 千鳥義典

・計画の契機

「渋谷道玄坂一丁目開発計画」に日本設計が参画した1992年（平成4）当時、渋谷駅はJR山手線、埼京線、営団[*1]銀座線と半蔵門線、東急東横線、新玉川線、京王井の頭線の各駅と各路線バスが集積し、1日の乗降人員が200万人を超える一大交通ターミナルを形成していた。

　当該地区は渋谷の中心的な街の一つとされた時代もあった。しかし、当時は公園通り・文化村通り方面への若年層を対象とした商業集積が進み、相対的に地盤沈下をきたしており、渋谷駅に近接した地区にもかかわらず地域の発展から取り残されていた。その要因は、鉄道3社（営団・東急・京王）の用地が道玄坂地区を分断し開発を阻害していたことに加え、鉄道施設（営団銀座線車両基地、京王井の頭線渋谷駅）および関連施設（神宮通り上空連絡通路）の老朽化で将来の輸送需要に対応できておらず、整備・改良する必要に迫られていたことにある。

　以上の背景から、当該地区は開発整備が望まれていた地区であり、老朽化した鉄道施設の整備・改良を契機として、鉄道3社による開発計画が進むこととなった。

・計画の進行

1990年に営団・東急・京王3社による道玄坂一丁目開発協議会[*2]が正式に発足し、その下に運営を担う事務局と権利調整・設計・商業・施工の四つの検討部会が設置され、事業を推進することとなった。

　計画にあたって、銀座線、井の頭線の両路線ともに渋谷の主要な公共交通機関であることから、鉄道機能およびそれにともなう人の円滑な動線の解決は必須であり、もっとも優先度の高

い条件であった。また、渋谷中心部での大規模開発であり将来の渋谷の街の方向を示す重要な位置付けにあることから、都市空間整備など地域の環境形成に寄与することも求められた。

　商業部会では、副都心渋谷の中心地、商業地区の要という地区特性から、丸の内などの都心業務地や新宿新都心での開発計画とは異なる、渋谷固有の都市機能の集積について検討した。設計部会では、鉄道機能を第一としながら、商業部会で検討されたホテル、オフィス、商業、駐車場等の多様な施設用途を、その機能性を重視しながら相互に補完し相乗効果を生み出す最適な施設配置を目指した。施工部会では鉄道機能を阻害しない施工方法・手順について、計画・設計時から検討した。そして権利調整部会は、設計・施工の全過程で生じるさまざまな課題について3社間で総合的に調整する役割を担った。

　1991年のバブル崩壊にともなう景気の後退の中、設計が進められた。一時は着工が危ぶまれたが、軌道レベルである4階床までの下部躯体は鉄道のための土木工事であることから、予定通り1994年4月に第一期として京王井の頭線渋谷駅および営団車両基地関連工事に着手した。その後、経済情勢が落ち着きを取り戻し、1997年後半から第二期工事に入り、2000年2月にようやく竣工、4月に開業した。

・計画の概要

本計画は、鉄道3社が隣接して所有する1万4360㎡の土地を一体として立体的かつ総合的に活用を図ることで、渋谷の課題である交通インフラの老朽化、都市機能のアンバランス、流入年齢層の偏り等を解決し、地域の活性化を引き起こすことを目指した。

　計画地は、神宮通りから道玄坂上交差点までの幅約50m、長さ約400mにわたる、中央に大和田通りをはさんだ東西二つの街区からなる

【p.183参照】。東街区（東棟）は、地下2階・地上25階建、延床面積4万5921㎡、主要用途はホテル・商業施設である。西街区（西棟）は、地下1階・地上23階建、延床面積9万3638㎡、主要用途はオフィス・商業施設・駐車場である。

神宮通りから道玄坂上までの高低差は約16mあり、神宮通りでは1階、道玄坂上では4階レベルで接する。交通動線は複雑で、京王井の頭線は西棟2階レベルから井の頭線渋谷駅に入る。営団線は銀座線渋谷駅で降車したあと、東棟3階レベルから車両基地へ入る。バス車路は道玄坂上交差点から導入し、西棟5階を貫通して東街区の回転広場に至る。駐車場は立地条件の制約から西街区に集約した。道玄坂上の交差点を避けた位置から導入し、西棟の鉄道階より上層の6～10階に配置した。

高層棟は、高さ約100mの東のホテル棟と西のオフィス棟の2棟で構成され、南は東京湾を北は副都心新宿を眺望できる。ホテルは東棟の5～25階にあり、主にビジネス利用のエグゼクティブが対象である。オフィスは西棟の11～23階に配置され、4階歩行者通路から5階ロビーを経由してアプローチする。自然光あふれる開放的なロビー空間を演出し、当時先端とされた1フロア2350㎡のフレキシブルな大空間をもつハイグレードなインテリジェントオフィスである。

商業施設は、地下1～4階に展開し、地下1階と4階で東西両棟がつながる。特に3、4階にわたる敷地を東西に貫く歩行者通路は、渋谷地域全体の歩行者ネットワークとつなげ、「街の回遊性」という魅力を取り入れたショッピングモールとした。

・事業手法
本計画は、民間鉄道会社3社による共同事業である。そして、事業・計画上の大きな課題は、鉄道と道路の上空利用であった。

鉄道の上空利用については、1987年（昭和62）の国鉄民営化をきっかけに大規模な駅構内開発計画がもちあがっていた。これに対して建設省より指導が出され、東京都は1989年「鉄道駅構内等開発計画に関する指導基準」を制定した。本計画はこれに基づくものである。

また本計画は鉄道以外に、神宮通り連絡通路、大和田通り遊歩道、バス専用道の3施設の道路上空利用が必要となる。建設省・東京都・渋谷区・警視庁・東京消防庁と協議のもとに、遊歩道部分に優良再開発建築物整備促進事業（交通機能整備型）の認定と建築基準法44条の道路上空建築許可の適用により実現を見た。

敷地条件等から法的には当時の開発諸制度はすべて適用不可だったことから、一般法規を駆使して計画した。東敷地の区画変更は都市計画法29条の開発行為許可、付置義務駐車台数の西街区への集約は建築基準法86条第1項の一団地による総合設計制度を適用した。

・《渋谷マークシティ》の意味
《渋谷マークシティ》は、その後の東京に出現する多様な高層建築開発のいくつかの潮流につながる要素を内包していたプロジェクトであった。
［地域における意味］
ミレニアムの2000年に竣工オープンした《渋谷マークシティ》は、21世紀に向けての渋谷のアイデンティティを再構築するとともに、あとに続く渋谷駅周辺の多くの開発（《ヒカリエ》・スクランブルスクエア・《ストリーム》《フクラス》ほか）の起爆剤の役割を果たし、地域の経済的発展に貢献した。また、JR渋谷駅から放射線状に延びる歩行者空間とそれをつなぐサークル状の歩行者空間との水平的な連携や、のちに渋谷区「渋谷駅中心地区まちづくりガイドライン2007」の中でアーバンコアとして位置付

けられた街に開かれた立体的な連携を創出し、渋谷地域全体の歩行者ネットワークを形成するなど地域環境整備にも寄与した。

[都市と建築の関係]

建築の中に鉄道やバスの公共交通機関を取り込むことで相互の乗換え・乗継ぎを行う交通結節点としての機能向上を図り、その上部および下部を業務・ホテル・商業・駐車場など当時当地区に不足していた多様な都市機能を集積させ立体的に積層した開発である。建築が巨大化し都市の諸機能を包含するという、現在の都市と建築の関係の先触れともいえるプロジェクトであった。また、現在の都市開発の潮流であるTOD（公共交通志向型開発）の一つのプロトタイプを示した。

[土木と建築の融合]

近年散見される鉄道・道路等の土木と建築との一体的開発の先駆けとなるプロジェクトでもある。《渋谷マークシティ》は、JR渋谷駅を中心としたすり鉢状の渋谷丘陵の地形的特徴を踏まえ、東西の頂部を結ぶ歩行者のための巨大な橋を渋谷川・JR線の上に架けるという土木スケールの壮大な発想と、それが都市機能の集積した建築の中をリンクしながら貫いていくという建築スケールの緻密な計画との融合が図られている。また、技術面でも土木分野と建築分野の技術を結集し相互に補完しながら実現に至った。

★1　現在の「東京地下鉄株式会社（東京メトロ）」
★2　通称「三社協議会」、事務局は「三社事務局」

参考文献
高木進「渋谷マークシティ」『都市再開発』No.119

12　重要文化財特別型特定街区：
《三井本館》《日本橋三井タワー》
… 井上弘一

・計画の契機

江戸時代より商業の中心地だった「日本橋地区」は、大火、大震災、大空襲など幾度もの災害に見舞われながら、成長と衰退を繰り返してきた。

　明治時代に入ると、三井越後屋呉服店が、当地に三越と命名して百貨店という新しい業態で開業した。日本橋は、この三越デパートという先進的な店舗と江戸時代から続く老舗店舗が共存する魅力的な商業地として発展していった。

　また、当地には、金貨の鋳造や鑑定、検印を行っていた「金座」があったため、明治時代中期、日本銀行がおかれた。さらに近接地には、第一国立銀行や東京証券取引所がおかれ、近代日本における金融センターが形成された。そこで江戸時代以来、東京の中心商業地だった当地にオフィス街の色が加わり、日本橋の街は丸の内と並ぶ中心市街地として賑わうことになる。

　その後、1923年（大正12）の関東大震災により《旧三井本館》も壊滅的な被害を受け、取り壊されることになるが、1929年（昭和4）関東大震災の2倍の地震にも耐えられる強固な建築物として、三井財閥系各社の本社が入り、財閥の拠点的な機能をもつ現《三井本館》が再建された。

　戦後、東京は多核的な都市づくり政策により、都心部に集中する業務機能の受け皿として、また、商業や文化、芸術、娯楽など地域の歴史や特性を生かした拠点として、副都心の育成が行われた。

　その結果、一大ビジネス、商業街だった日本橋地区は街の活力を失ってしまった。その一方で、郊外部ではスプロール化が進行し、都心部では著しい人口減少が起こり、地元行政は定住

人口（夜間人口）の回復施策に主眼をおいた。

　しかし、地元行政は定住人口の回復施策に重きをおいたため、他地域へのオフィスの転出などにより、都心部の昼間人口は大幅に減少し、中心市街地としての魅力が急激に低下していった。

　そこで、中心市街地としてのさらなる魅力を高めるため、積極的な本社機能、商業施設、宿泊機能等の誘致、歴史的建造物の保存・再生、街並み景観形成に力を注いだ。

・計画の進行

三井不動産は、東京では日本橋室町地区、西新宿副都心地区、霞が関地区、日比谷地区を中心に、計画的にまちづくりを進めてきたが、すでにリニューアル計画を実施している3地区とは異なり、日本橋室町地区の開発は遅れていた。

　その理由として、さまざまな歴史的建造物が集積し、それぞれが街のシンボルとして重要な役割を果たしていたからである。特に、同一街区に歴史的建造物と建替えが望まれている老朽化した建築物が混在する室町一構地区では、歴史的建築物と開発をどのように両立させていくのかが、大きな課題となっていた。《三井本館》のより効率的かつ高度利用を考えるならば、《三井本館》を解体して新たにオフィスビルを建設することが望ましいことはいうまでもない。

　しかし、本計画では、国（文化庁）、東京都、中央区と民間（三井不動産、日本設計）により《三井本館》を生かしながら最新の機能を備えたオフィスビルの建設を行う検討が進められた。

　また、協議に先立ち、中央区では「金融と商業の街としての再活性化の促進」を図るため、本計画地を「歴史拠点再生地区」として位置付け、「日本橋・東京駅前地区再生計画」を定めて、日本の金融の中心地にふさわしいまちづくりを目指した。

　しかし、課題となったのは、建物の保存維持を図るためには、多大な資金が必要となる《三井本館》の取扱いについてだった。そこで、計画の事業性を高めるため、割増し容積率のさらなる加算が可能なルールを設けるとともに《三井本館》を重要文化財として位置付け、保存の必要性・重要性についての認識を高めることとした。

・計画の概要

本計画は、日本橋室町地区におけるパイロットプロジェクトとして始まり、《三井本館》の歴史的遺産としての保存・継承と再開発として《日本橋三井タワー》の建設という相反する課題を抱えていた。計画実現にあたり、単に歴史的遺産の保存に努めるだけではなく、地域の魅力を高めるさまざまなアイディアやデザインの質を高めることで、日本橋室町地区の代表となるとともに、街の活力を牽引する計画とした。

［六ツ星ホテルの導入］

アメリカの格付け機関が定めた最高ランク「六ツ星」を獲得したマンダリン・オリエンタルホテルをビル上層階に配置させたことで、日本橋という街のイメージは大きく変わった。

［《三井本館》上層部を利用した三井記念美術館の整備］

ホテルと同様に、歴史的建造物の内部の改装を図ることで、これまでの日本橋にはなかった新しい観光スポットが付加された。ショッピングしながら美術鑑賞もできることで、日本橋の新たな魅力をアピールしている。

［中央通りの高さ100尺（31m）景観の形成］

日本橋地区は、戦後、いち早く戦災復興・高度経済成長を成しとげた地域であり、1919年（大正8）に定められた高さ制限100尺いっぱいの建物が連続した街並みが形成されている。そこで、超高層ビル建設にあたっては、低層部

はこれまでどおりの100尺景観を維持しつつ、高層部については、十分なセットバックを図ったうえで、特徴のある街並み景観の維持に努めた。

［地域の中心となる大規模アトリウム空間整備］
日本橋室町地区では、道路沿いに並ぶ建物内に、大規模な公開空地を設置することで、さまざまなまちづくり活動ができる場として整備し、同時に街並みの連続性を図っていくこととした。また、このアトリウムには、歴史的建造物の外壁を鑑賞できる工夫を施した。

［地下通路の空間増強と連続性の確保］
中央通り歩道地下部分には、大規模な共同溝が敷設され、地下通路と沿道建物地下部の接続部に大きな段差が生じるなど支障をきたしていた。

　そこで、総武快速線新日本橋駅から東京メトロ半蔵門線三越前駅間を結ぶ中央通り地下部分では、歩行者動線の確保・拡幅、民間施設との一体化、地下鉄駅との接続による回遊性の向上、新たな歩行空間の創出などを図る観点から、エリアの活性化や地域の都市再生に資する日本橋地区都市再生事業を実施した。この拡幅整備で、地下通路と建物敷地地下部を同レベルでつなげ、段差のない地下空間に生まれかわった。

［日本橋室町地区、最高高さを誇るビルの実現］
日本橋室町地区において高さ約194mは、大きな意味をもつ。西に《東京駅》とさまざまなビル群を眼下に望み、東には高い建物が少ないため、隅田川をはじめ市街地を一望でき、立地を生かした景観を提供している。

［調和のとれた街並み景観の形成］
建物低層部は、《三井本館》や《三井二号館》に隣接して建設されることから、回廊を設け、列柱のリズム感や軒線の連続性を図るデザインを採用し、街区周辺の既存建物の列柱との調和に配慮しながら伝統的な建物景観を演出している。

［周辺建物の建替えにつながる受け皿機能の実現］
《日本橋三井タワー》に、日本橋室町地区のフラッグシップとしての役割を課すとともに、周辺地域の広域的な建替えを実現するため、受け皿としての機能ももちあわせ、地域の再活性化実現につなげている。

・事業手法
《日本橋三井タワー》は、新たに制定された「重要文化財特別型特定街区制度」の第1号として都市計画決定された。これにより従来の特定街区の割増し容積率に加え、重要文化財建築物に指定された《三井本館》の保存・復元を行う場合、最大＋500％の割増し容積率が可能となった。

　重要文化財特別型特定街区制度は、歴史的建造物の保存をうながし、地域色豊かな都市景観の形成につながった。

・計画の意味
《日本橋三井タワー》は、「歴史的建造物の保存・継承と開発の両立」を実現するパイロットプロジェクトの役割を果たした。この計画案実現にあたっては、新たな重要文化財指定の考え方、取扱い方、歴史的建造物を利活用した新たな都市開発に関する諸制度が定められた。これに基づく今回の再開発では、新旧建物および施設の一体的活用、デザインの融合・調和による街並み景観の向上など、日本橋室町地区活性化の起爆剤としての役割を果たすことができた。

　今日日本橋室町地区は、訪れる人が急増し、新たな魅力のある街として発展している。

13　特例容積率適用地区：

《東京駅丸の内駅舎》…田原幸夫

・制度創設の契機

日本初の都市計画といわれる1889年（明治22）の「東京市区改正設計」において、新橋─上野間を結ぶ高架鉄道を建設し、その中間地点に中央停車場を設けることが決定し、1908年に中央停車場（現《東京駅丸の内駅舎》）の工事が着工した。1914年（大正3）の竣工時には駅名が東京駅と改称され、その後1945年（昭和20）の戦災でその姿を変えつつも、この煉瓦造駅舎は首都東京の顔として、多くの人々に愛されてきた。しかしこうした長い歴史をもつ東京駅に関して戦後国鉄（当時）は、駅舎を高層ビルとして建て替える方針を発表し、これに対して日本建築学会や市民団体から保存要望書が出され、東京駅の保存問題は大きな社会的テーマとなってゆく。

　そのような中で保存への可能性を大きく広げたのは1987年（昭和62）の国鉄分割民営化であった。民間企業としての東日本旅客鉄道（以下、JR東日本）の所有となった東京駅は、建替えから保存へと方針が見直されてゆくが、その流れを決定的にしたのが2000年（平成12）に創設された「特例容積率適用区域制度」であった。この制度によって《東京駅丸の内駅舎》の容積移転が可能となり、保存のための財源の確保に道が開けたのである。

・制度の概要

1980年代後半からJR東日本において、《東京駅丸の内駅舎》の保存に向けての検討が始められるが、1999年（平成11）に石原慎太郎東京都知事（当時）と松田昌士JR東日本社長（当時）の会談において、駅舎を創建当時の姿に復原することで基本的認識が一致したことが、保

存・復原への事実上のスタートとなった。ところで近代建築の保存における大きな課題は、高層・高容積化された現代の都市において低層・低容積の近代建築を保存することは、建物所有者にとって大きな経済的デメリットとなることであった。そうした課題を解決すべく創設されたのが前述の「特例容積率適用区域制度」である。この制度は、商業地域において高度利用を図るべき区域を都市計画で定め、この区域全体の中で未利用容積の有効活用を図ることを意図したものであった。既存の特定街区制度と異なり、容積移転が隣接していない敷地へも可能となったのである。

　2002年（平成14）5月には東京都都市計画審議会において、大手町・丸の内・有楽町地区が「特例容積率適用区域」に指定され、《東京ビルディング》の建替え計画が東京駅の容積移転の第1号となった。さらに2004年には適用範囲を、第一種・第二種低層住居専用地域と工業専用地域を除くすべての用途地域に拡大し、現在の「特例容積率適用地区制度」に名称変更がなされた。こうした制度のもとで、東京駅の未利用容積は、周辺の複数敷地への容積移転が認められ、保存復原のための費用が捻出されたのである。この制度により、東京駅の容積移転が行われた建物は以下の6件である。

　《東京ビルディング》《グラン東京サウスタワー》《グラン東京ノースタワー》《丸の内パークビルディング》《新丸の内ビルディング》《JPタワー》。

　なお、容積移転という手法は、一方で都市のインフラにも関わる大きな問題を含んでおり、むやみに認められるべきものではない。《東京駅丸の内駅舎》のように、国の重要文化財に指定された建物等で、大切に保存継承されることが保証されている場合など、特別な条件のもとで適用されるべき制度であろう。しかし、現在

の東京における限られた地区だけでなく、全国の近代建築保存のためのより有効な制度への展開は考えられないのだろうか。次節ではそのことにつき考えてみたい。

・近代建築保存への有効性

「特例容積率適用地区制度」の対象はいまだ「大・丸・有」という東京駅周辺地区に限られており、一般的には"東京駅保存のための制度"という理解がされている。しかし法律の条文として、目的が"近代建築保存のため"と謳われている訳ではないのである。したがってこの制度が、今後日本全体における近代建築の保存にとって、有効なものになり得るかどうかは定かではない。容積移転の先進国であるアメリカ合衆国の制度は、「TDR＝Transferable Development Right」つまり「移転可能な開発権」として以前から知られてきた。この制度は、公共の利益のために都市における自然および人工の資源を保存・保護する目的で考えだされたものである。ニューヨーク市では50年以上も前から、ランドマーク保存法と一体で運用されてきており、東京駅保存復原プロジェクトのモデルともなった《グランド・セントラル・ターミナル》の保存においても、この制度がさまざまな場面で話題となった。

　今後、我が国において特例容積率制度が近代建築保存のために貢献できるかどうかについては、二つの大きな課題があるように思う。一つは前述したように、その制度の目的を近代建築保存のためと明確化できるのかどうか、もう一つは適用地区を全国的な規模で展開できるのか、ということである。最初の課題については、そもそも現在の制度が東京駅の保存に対して有効に機能した実績があることから、今後とも近代建築の保存を目的として適用すべきと考える。二つ目の課題については、現在の制度は、

容積の「出し地」と「受け地」が政令の基準により、経済的にほぼ等価となる"容積売買契約"を行うという極めて特殊な法制度であり、その"等価"のあり方について全国的な規模で基準を定めることは困難であろう。また、離れた地域への容積移転を認めるには、その容積の移転先での受入れが問題ないことを、各地方自治体が責任をもって判断することが必要不可欠なのである。こうした現状を考えると、やはり今のところ特例容積率制度は、ある限られた地域を対象として適用するということにならざるを得ないのだろう。

・縦割り社会を超えて

近代建築の保存活動に大きく貢献された故鈴木博之氏は「東京駅保存・復原の歩み」と題した論考の中で以下のように述べている。

　「2003年（平成15）に東京駅丸の内駅舎の建物は国の重要文化財建造物となった。けれども東京駅の復原のための工事は、一般の重要文化財の修理工事のような、国の補助事業として行われたわけではない。つまり、一般的に重要文化財を修理する場合には、国が工事費の半額を補助し、残りの部分についても地方自治体が補助して、所有者が自己負担する工事費が抑えられるシステムがあるのだが、東京駅のような大規模な建物の場合、文化庁の予算規模では、とても補助金を支出しきれない。都市計画的手法による特例容積移転制度は、そのために作られたのである。これはある意味で、文化財保存行政に対する強烈な批判と言えるかもしれない。こうした制度下では、保存の指針を提示するべき立場の文化庁は、補助事業の指導を行う力を持たず、単に助言をする位の立場しか示せないからである。都心に建つ大型の近代建築の保存・修理事業は、みな東京駅に似た手法で行われており、実際上は文化庁の保存行政は破綻

してしまっているのである」

　鈴木氏のいわれていることには、直接東京駅の保存復原事業に携わった筆者としても異論はない。しかし、これから長い将来の日本全体の文化遺産の保存や活用を考えた場合、これでは困るのである。半世紀以上前のフランスにおける「マルロー法」をもちだすまでもなく、現代の都市における文化遺産の保存活用は、建築都市行政と文化財行政が手をとりあって進めなくてはならないものであろう。近現代建築の保存における喫緊の課題は、「文化遺産」としての価値を守ることと「建築」として有効に使い続けることをいかに両立させるか、という点にある。

　我が国の悪しき縦割り行政を排除し、文化庁や国土交通省といった関係官庁の枠を超えて、豊かな国土づくりに向け一体となって文化遺産の保存・活用を進めなくてはならない。東京駅周辺地区を対象とした「特例容積率適用地区制度」によって、少なくとも《東京駅丸の内駅舎》は見事に現代に甦った。この制度をさらに発展・進化させるとともに、今後より多くの叡智を結集して、全国に存在する多数の魅力ある近代建築を保存・活用するための有効な法制度をつくりあげる必要があるだろう。

（たはら・ゆきお
ヘリテイジ・デザイン・アソシエイツ代表）

図1　《東京駅丸の内駅舎》竣工時、1914年

図2　《東京駅丸の内駅舎》戦災時、1945年

図3　《東京駅丸の内駅舎》戦災復興時、1947年

図4　行幸通りから《東京駅丸の内駅舎》を望む、1975年（左）、2012年（右）

図5　東京駅周辺の夜景、2012年

図版・表出典
図1　提供：東日本旅客鉄道
図2、3　提供：大林組
図4、6　筆者撮影
図5　撮影：佐々木直樹

図6　広場完成時の《東京駅丸の内駅舎》、2019年

都市建築によるTOKYOの変化　超高層のあけぼの〜50年

街区間の連携
01 《京王プラザホテル (KPH)》× 02 《新宿三井ビルディング(SMB)》

二つの街区が新宿駅西口広場から直進する 4 号街路をはさんで向かい合う。足元では、街路の歩道から少しずつレベルを変えて、多様な動線が視線の高さとともに連続的に調整された。街路樹の樹幹とつながる豊かな緑と多様性に溢れた都市空間となっていて、街区ごとの計画を超えた連携の意味を実感することができる。

① 1968年 《KPH》の工事初期

② 1971年5月 《KPH》の竣工時

④ 1971年7月時点の新宿副都心計画

③ 2015年4月 街区間の連携

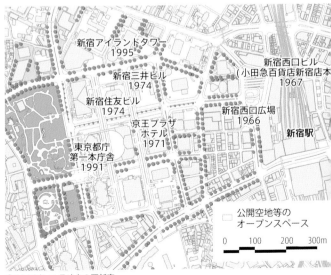

新宿アイランドタワー
1995

新宿三井ビル
1974

新宿住友ビル
1974

京王プラザ
ホテル
1971

東京都庁
第一本庁舎
1991

新宿西口ビル
(小田急百貨店新宿店本
1967

新宿西口広場
1966

新宿駅

公開空地等の
オープンスペース

0　100　200　300m

⑤ 2003年11月時点の西新宿

⑥1973年3月 《SMB》の工事

⑦1970年頃 《KPH》の工事

⑩1971年7月時点の新宿副都心計画

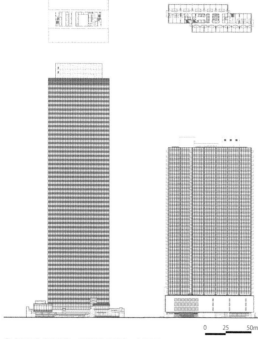
⑧《SMB》《KPH》 基準階平面図、立面図

0 25 50m

京王プラザ 新宿副都心 55HIROBA 新宿三井
ホテル 4号線 ビルディング
⑪《KPH》～《SMB》 低層部連続断面図

⑫2003年5月 《SMB》の55 HIROBA

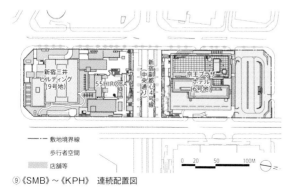
新宿三井
ビルディング
（9号地）
55HIROBA
新宿副都心中央通り4号線
京王プラザ
ホテル
（6号地）

—·— 敷地境界線

歩行者空間

店舗等

0 20 50 100M

⑨《SMB》～《KPH》 連続配置図

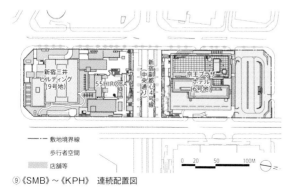
⑬2020年8月 《KPH》のプロムナード

駅との合体

10 品川駅東口地区(《品川インターシティ；SIC》)× 11《渋谷マークシティ(SMC)》

品川駅東口では、駅前広場や接続道路とともに、街区と駅をつなぐ自由通路・駅広場デッキ・歩行者専用通路(スカイウェイ)・歩行者大空間(セントラルガーデン)が一体的に計画された。渋谷では、JR駅直結の神宮通り上空連絡通路を更新し、井の頭線の駅と銀座線の車両基地の上に重ねた歩行空間(アベニュー)が駅と街をつないでいる。この2事例が建築と駅などの交通基盤とを合体するTODの先駆けとなった。

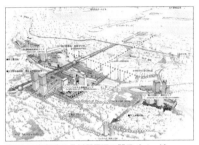

①2006年提案の品川駅周辺の開発イメージ

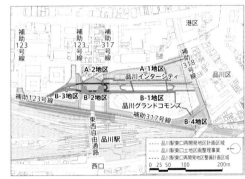

②品川駅東口地区の都市計画総合図

③1973年3月 《SIC》の工事

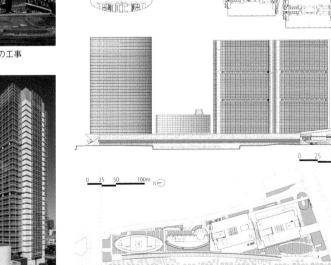

④2013年9月 《SIC》とセントラルガーデン ⑤《SIC》基準階平面図、立面図、配置図

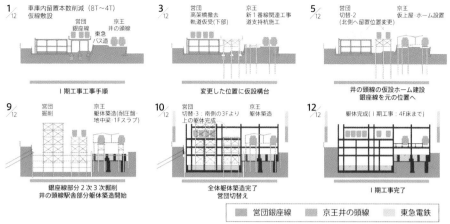

1/12	車庫内留置本数削減（8T〜4T） 仮線敷設	
	営団 銀座線　京王 井の頭線 東急 バス道	

I期工事工事手順

3/12	営団 高架橋撤去 軌道仮受(下部)	京王 新1番線関連工事 道支持杭施工

変更した位置に仮設構台

5/12	営団 切替・2 (北側へ留置位置変更)	京王 仮上屋・ホーム設置

井の頭線の仮設ホーム建設
銀座線を元の位置へ

9/12	営団 掘削	京王 躯体築造(耐圧盤・ 地中梁:1Fスラブ)

銀座線部分2次3次掘削
井の頭線駅舎部分躯体築造開始

10/12	営団 切替・3：南側の3Fより 上の躯体完成	京王 躯体築造

全体躯体築造完了
営団切替え

12/12	躯体完成(I期工事：4F床まで)

I期工事完了

■ 営団銀座線	▨ 京王井の頭線	▤ 東急電鉄

⑥《SMC》鉄道機能を阻害しない工事手順図（抜粋）

⑦《SMC》完成時（2000年2月）の渋谷駅周辺広域動線図

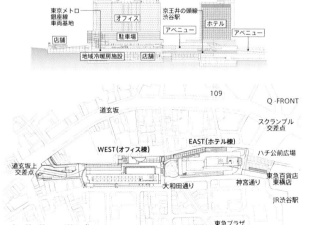

⑧《SMC》断面図、配置図

⑨1997年10月　《SMC》の工事

⑩ハチ公前広場からの《SMC》

⑪神宮通り上空連絡通路

駅との合体　　183

継承による開拓
12《三井本館》《日本橋三井タワー》× 13《東京駅丸の内駅舎》

高度成長期やバブル期には歴史的建造物を解体して建て替えるプロジェクトが多く見られた。その後、社会的価値観の変化により20世紀末にはインセンティブをともなう制度も整いはじめ、重要文化財などの保存と活用を両立する事例が増えてきた。《三井本館》のプロジェクトは日本橋の街路景観を整えて賑わいを広げるきっかけとなり、《東京駅丸の内駅舎》は駅前広場とともに首都の玄関口として堂々たる構えを形成している。

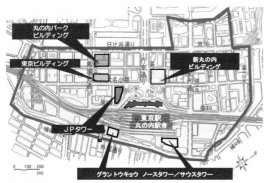

①容積移転概要図

東京駅周辺地区を対象とした「特例容積率適用地区制度」によって、《丸の内駅舎》の未利用容積は周辺街区に売却・移転され、それによって《東京駅丸の内駅舎》の保存・復原が実現した。

③丸の内南口ドーム内観　1947年～

②《東京駅丸の内駅舎》戦災復興後　全体外観　1947年～

⑤丸の内南口ドーム内観　2012年～

④《東京駅丸の内駅舎》保存復原後　全体外観　2012年～

⑥日本橋の中央通り周辺における開発状況（2019年7月時点）

日本橋室町三丁目地区
大手町二丁目地区
三越前駅
八重洲一丁目北地区
日本橋一丁目1・2番街区
東京建物日本橋ビル
日本橋プラザ
JR東京駅
八重洲一丁目東地区
八重洲二丁目北地区
賑わい軸
東京スクエアガーデン
京橋駅
宝町駅
NIPPO本社

日本橋本町二丁目地区
日本橋三井タワー
コレド室町
日本橋一丁目三井ビルディング・
コレド日本橋
日本橋川
日鉄日本橋ビル
日本橋一丁目東地区
金融軸
日本橋駅
北地区
南地区
中央通り
永代通り
茅場町駅
日本橋二丁目地区
亀島川

0 100 200m N

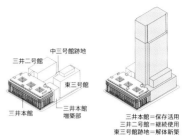

⑧《日本橋三井タワー》建設前後の比較

三井二号館
中三号館跡地
東三号館
三井本館
三井本館
増築部
三井本館＝保存活用
三井二号館＝継続使用
東三号館跡地＝解体新築

《三井本館》は重要文化財のため容積率はゼロとなり、街区全体が「重要文化財特別型特定街区制度」の第一号として都市計画決定された。その枠組みの中で《日本橋三井タワー》を建設することにより、《三井本館》の保存活用が実現している。

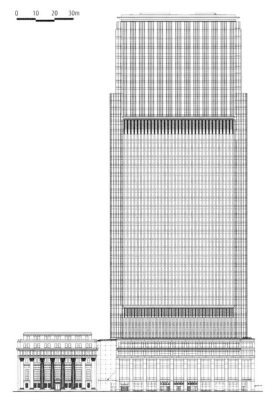

0 10 20 30m

⑦《三井本館》と《日本橋三井タワー》立面図

⑨1989年頃 《三井本館》

⑩2020年10月 《三井本館》から続く街並み

高密度居住の模索
03 白鬚東地区 × 04《プラザ江戸川橋》× 06《サンシティ》

高度経済成長期、都区部での高密度居住の検討が始まった。公益的意味合いの濃い例として、木造密集地の防火壁として計画され再開発事業史のエポックとなった白鬚東、都市計画道路整備を初の本格的組合施行再開発で実現した江戸川橋第二、緑地が住民の共有資産となっている都内初の民間主導住宅団地《サンシティ》がある。

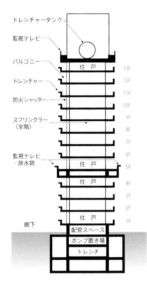

① 白鬚東地区住棟断面図

④ 白鬚東地区　全体配置図

木造密集市街地の面的な不燃化には多くの労力と時間を要する。白鬚東地区では、隅田川沿いの工場跡地に高層住棟による防火壁が形成された。ここで確立された手法は大規模再開発の先駆例となり、都市防災施策の出発点ともなった。

② 白鬚東地区の避難ゲート付近

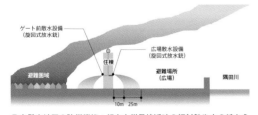

⑤ 1982年2月　完成直前の白鬚東地区全景

③ 白鬚東地区の防災機能：都市火災最接近時の輻射熱や火の粉から避難広場を護る

⑥ 2021年4月　白鬚東地区　東側外観

⑦2021年3月　江戸川橋第二地区全景

⑧《プラザ江戸川橋》低層部の店舗群

本格的な組合施行再開発の第一号として、計画の進行手順が後続再開発のモデルケースとなった。建物名は《プラザ江戸川橋》。

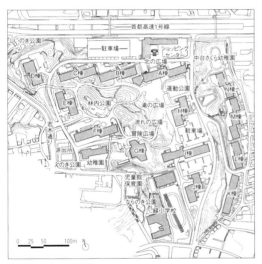

⑨《サンシティ》配置図

⑩1980年　完成当時の《サンシティ》全容

武蔵野の森を復元した緑地整備など、環境創造型大規模面開発の先駆けとなった。植樹とその管理を通して居住者の交流が深まり、地域の価値が維持されている。

⑪1980年　完成当時の《サンシティ》中央緑地

⑫2015年7月　《サンシティ》中央緑地

超高層住宅の成熟
07《大川端リバーシティ21》×08 シーリアお台場×05《代官山アドレス》

超高層住宅は大川端などの総合的な地区開発計画に組み込まれるようになり、1990年代には高強度コンクリート・タワーパーキングなどの技術的な到達点を迎えて、関連法制度も緩和されて建設が急増した。一方、高層高密度な未知の居住環境に対応する段階的な空間構成の試行として、台場・東雲地区の公的住宅や代官山の再開発では空中のコミュニティ空間が設置された。

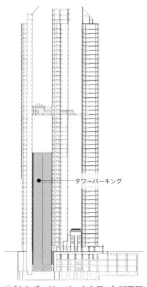

タワーパーキング

①《センチュリーパークタワー》断面図

《センチュリーパークタワー》では、中央吹抜け内に機械式立体駐車場を内蔵する方式など、現代にも生きる多くの技術的挑戦がなされた。超高層住宅としての一つの到達点を示すとともに、ウォーターフロント開発の魅力を一気に広めた。

②2014年10月 《大川端リバーシティ21》北側からの全景

③大川端リバーパーク構想：緩傾斜堤防と公園・緑地の一体的整備

④《大川端リバーシティ21》初期の計画模型

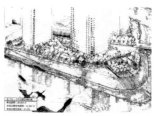

⑤川沿いの緩傾斜堤防と公園のイメージ

1990年代、湾岸地区に建てられた都営や公団の超高層住宅では、3〜5層ごとにパブリックとプライベートの中間的なコモンスペースとなる吹抜けを設け、コミュニティ創出や子供の遊び場に寄与する段階的な空間構成が試みられた。その後、市街地再開発である《代官山アドレス》の超高層棟でも同様な空間が設置されている。

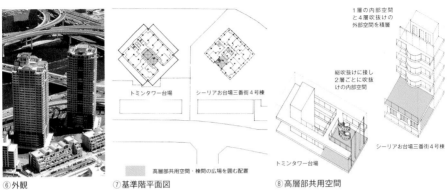

⑥外観　　　　　　　⑦基準階平面図　　　　　　　　⑧高層部共用空間
《トミンタワー台場》、シーリアお台場三番街4号棟

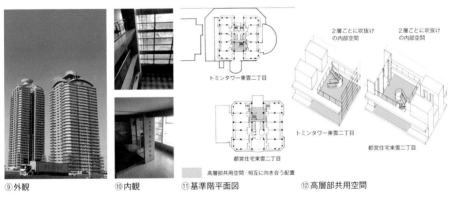

⑨外観　　　⑩内観　　　⑪基準階平面図　　　　　　⑫高層部共用空間
《トミンタワー東雲二丁目》《都営住宅東雲二丁目アパート》

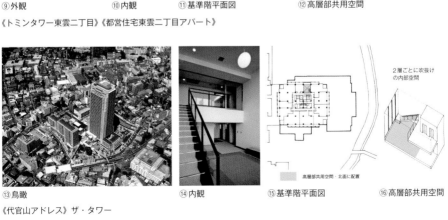

⑬鳥瞰　　　　　　⑭内観　　　⑮基準階平面図　　　　⑯高層部共用空間
《代官山アドレス》ザ・タワー

街路空間の復権　09　東雲キャナルコート

超高層住宅開発では日照確保や隣棟対面回避が最重要とされたが、東雲キャナルコートでは別の視点にも価値をおく住棟配置が試みられた。都心居住でしか実現しえない都市の躍動感や賑わいの享受を前面に打ち出し、街道・みち・緑道などの街路空間を重視した。ポスト大川端リバーシティとして位置付けられ、良質な街並みをもつ公的住宅が新たな都市居住を先導することが期待された。

①東雲キャナルコート全体配置図

中央の街路型高層住宅ゾーン《CODAN》
の周囲を民間の超高層住棟が囲む

②街道とみちの構成

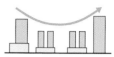

③街区の構成イメージ

④空間構成の考え方

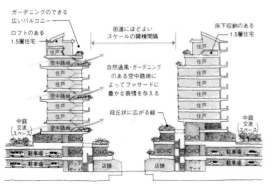

⑤中央ゾーン住棟のイメージ

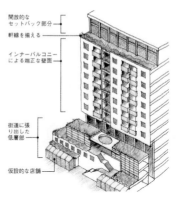

⑥2019年11月　街区全景

⑦2021年1月　中央ゾーンの街道

⑧マスタープラン策定の経緯

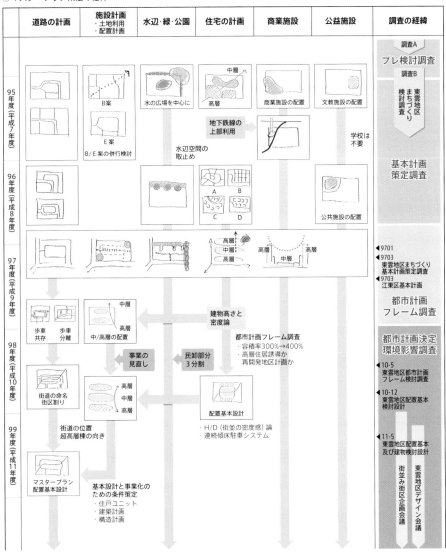

	道路の計画	施設計画 ・土地利用 ・配置計画	水辺・緑・公園	住宅の計画	商業施設	公益施設	調査の経緯
95年度 (平成7年度)	B案 E案 B/E案の併行検討		水の広場を中心に 水辺空間の 取止め	中層 高層 地下鉄線の 上部利用	商業施設の配置	文教施設の配置 学校は 不要	調査A プレ検討調査 調査B 検討調査 東雲地区まちづくり
96年度 (平成8年度)				A B C D		公共施設の配置	基本計画 策定調査
97年度 (平成9年度)				高層 中層 高層	高層 中層		◀9701 ◀9703 東雲地区まちづくり 基本計画策定調査 ◀9703 江東区基本計画 都市計画 フレーム調査
98年度 (平成10年度)	歩車 共存 歩車 分離 事業の 見直し 街道の命名 街区割り	中層 高層 中/高層の配置 民卸部分 3分割 高層 中層 高層		建物高さと 密度論 都市計画フレーム調査 ・容積率300%→400% ・高層住居誘導か 再開発地区計画か 配置基本設計			都市計画決定 環境影響調査 ◀10-5 東雲地区都市計画 フレーム検討調査 ◀10-12 東雲地区配置基本 検討設計
99年度 (平成11年度)	街道の位置 超高層棟の向き マスタープラン 配置基本設計	基本設計と事業化の ための条件策定 ・住戸ユニット ・建築計画 ・構造計画		・H/D(街並の密度感)論 ・連続傾床駐車システム			◀11-5 東雲地区配置基本 及び建物検討設計 街並み街区企画会議 東雲地区デザイン会議

マスタープラン策定までの各計画要素の検討経過を時系列的に表した。
道路と緑地の計画は早い段階で骨格が決定した。住宅ボリューム配置の決定後、具体的な住棟の考え方が検討され、商業施設と公共施設の晴海通りゾーンへの配置が順次決定していった。

千葉大学　豊川研究室

8.1　副都心における容積率の変化

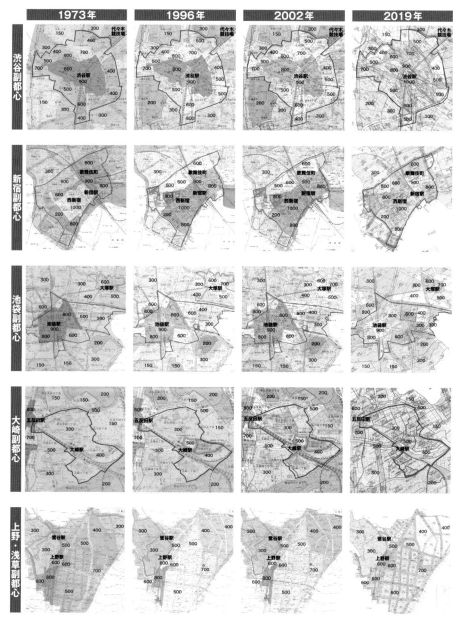

図1　副都心における容積率の変化　その1

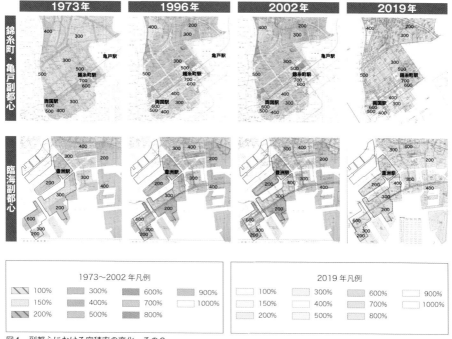

1973年　1996年　2002年　2019年

錦糸町・亀戸副都心

臨海副都心

1973〜2002年凡例

100%		300%		600%		900%
150%		400%		700%		1000%
200%		500%		800%		

2019年凡例

100%		300%		600%		900%
150%		400%		700%		1000%
200%		500%		800%		

図1　副都心における容積率の変化　その2

8.2　副都心における用途地域

図2　渋谷副都心用途地域2002年

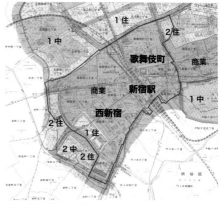

図3　新宿副都心用途地域2002年

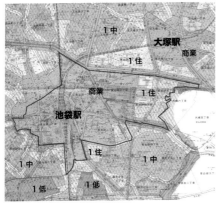

図4 池袋副都心用途地域2001年

図5 大崎副都心用途地域2002年

図6 上野・浅草副都心用途地域1999年

図7 錦糸町・亀戸副都心用途地域2002年

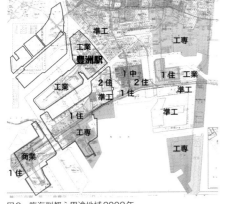

図8 臨海副都心用途地域2002年

凡例
- 第一種低層住居専用地域
- 第二種低層住居専用地域
- 第一種中高層住居専用地域
- 第二種中高層住居専用地域
- 第一種住居地域
- 第二種住居地域
- 準住居地域
- 近隣商業地域
- 商業地域
- 準工業地域
- 工業地域
- 工業専用地域
- 第二種特別工業地区

〜 1970 年代

東池袋三丁目
（サンシャインシテイ）
白鷺東地区
江戸川橋第二地区
西新宿二丁目
6号地（京王プラザホテル）
8号地（新宿住友ビルディング）
9号地（新宿三井ビルディング）
霞ケ関3丁目
（霞が関ビルディング・会計検査院）
赤坂六本木地区（アークヒルズ）
浜松町二丁目
（世界貿易センタービルディング）

1980 年代

西新宿六丁目東地区
（新宿アイランド）
西新宿二丁目
1,4,5号地（東京都庁舎）
大川端地区
（大川端リバーシティ21）

◎ 大川端地区…住宅市街地総合整備事業（拠点開発型）〔整備計画承認年月日〕

1990 年代

環状第2号線新橋・虎ノ門地区
（虎ノ門ヒルズほか）
初台淀橋
（新宿オペラシティ）
日本橋室町二丁目
（三井本館・日本橋三井タワー）
六本木六丁目地区
（六本木ヒルズ）
汐留地区
晴海地区
（晴海トリトンスクエア）
代官山地区
（代官山アドレス）
恵比寿ガーデンプレイス
東雲一丁目地区
（東雲キャナルコート）
臨海副都心台場地区
（シーリアお台場）
品川駅東口地区
（品川インターシティほか）

◎ 東雲一丁目地区…住宅市街地総合整備事業（拠点開発型）〔整備計画承認年月日〕

2000 年代

丸の内二丁目（その2）
（明治生命館・明治安田生命ビル）
赤坂九丁目地区
（東京ミッドタウン）
日本橋室町東地区
（コレド室町ほか）
大手町・丸の内・有楽町地区
（東京駅丸の内駅舎ほか）
霞が関三丁目南地区
（霞が関ビルほか）

◎ 大手町・丸の内・有楽町地区…特例容積率適用地区〔指定年月日〕

2010 年代

八重洲二丁目1地区
（東京ミッドタウン八重洲）
日本橋二丁目地区
（日本橋高島屋S.C.ほか）
品川駅北周辺地区

● 総合設計（許可年月日）
○ 高度利用地区（告示年月日）
□ 特定街区（告示年月日）
■ 再開発等促進区を定める地区計画（計画決定年月日）
△ 都市再生特別地区（初回告示年月日）
◎ その他

図9　東京都　都市開発諸制度・特区・市街地再開発事業　年代別一覧

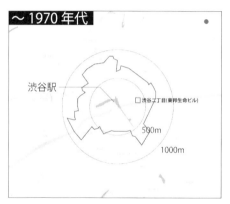

~1970 年代

渋谷駅

□ 渋谷三丁目(東邦生命ビル)

500m

1000m

1980 年代

1990 年代

● 国連大学

渋谷道玄坂一丁目開発計画
(渋谷マークシティ) ◎

○ 代官山地区(代官山アドレス)

◎ 渋谷道玄坂一丁目開発計画…一団地認定(認定年月日)

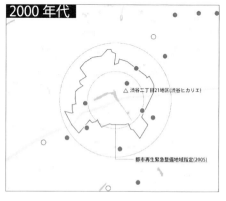

2000 年代

△ 渋谷二丁目21地区(渋谷ヒカリエ)

都市再生緊急整備地域指定(2005)

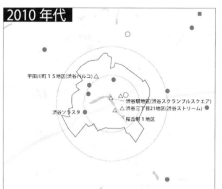

2010 年代

宇田川町15地区(渋谷パルコ)△

渋谷駅地区(渋谷スクランブルスクエア)△ ○
渋谷三丁目21地区(渋谷ストリーム)△
渋谷ソラスタ ●
桜丘町1地区

● 総合設計(許可年月日)
○ 高度利用地区(告示年月日)
□ 特定街区(告示年月日)
△ 都市再生特別地区(初回告示年月日)
◎ その他
□ 都市再生緊急整備地域

図10　渋谷副都心　都市開発諸制度と特区、市街地再開発事業　年代別一覧

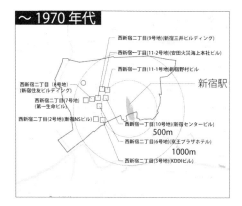

～1970年代

新宿駅

西新宿二丁目(9号地)(新宿三井ビルディング)
西新宿一丁目(11-2号地)(安田火災海上本社ビル)
西新宿一丁目(11-1号地)新宿野村ビル
西新宿二丁目(8号地)
(新宿住友ビルディング)
西新宿二丁目(7号地)
(第一生命ビル)
西新宿二丁目(2号地)(新宿NSビル)
西新宿一丁目(10号地)(新宿センタービル)
500m
西新宿二丁目(6号地)(京王プラザホテル)
1000m
西新宿二丁目(3号地)(KDDIビル)

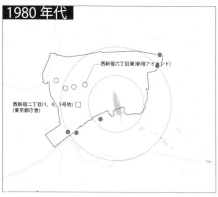

1980年代

西新宿六丁目東(新宿アイランド)

西新宿二丁目(1、4、5号地)
(東京都庁舎)

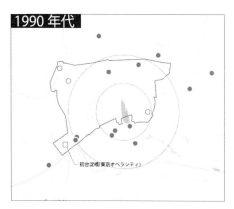

1990年代

初台淀橋(東京オペラシティ)

2000年代

新宿六丁目西北地区
(ザ・パークハビオ新宿)

西新宿一丁目7地区
(東京モード学園コクーンタワー)

都市再生緊急整備地域指定(2004)

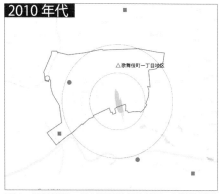

2010年代

△歌舞伎町一丁目地区

● 総合設計（許可年月日）

○ 高度利用地区（告示年月日）

□ 特定街区（告示年月日）

■ 再開発等促進区を定める地区計画（計画決定年月日）

△ 都市再生特別地区（初回告示年月日）

□ 都市再生緊急整備地域

図11　新宿副都心　都市開発諸制度と特区、市街地再開発事業　年代別一覧

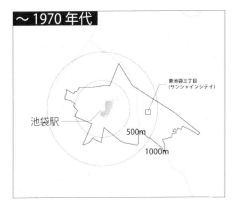

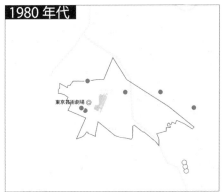

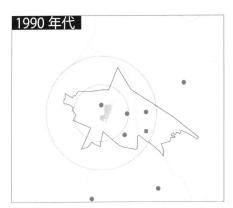

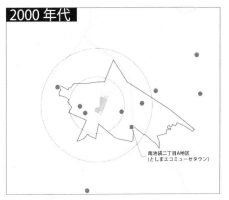

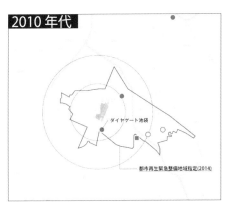

図12　池袋副都心　都市開発諸制度と特区、市街地再開発事業　年代別一覧

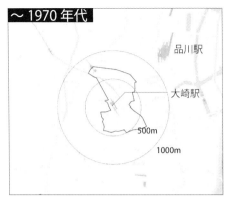

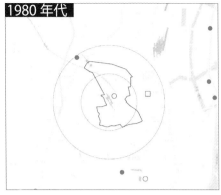

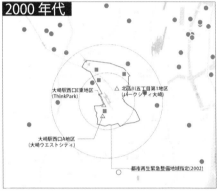

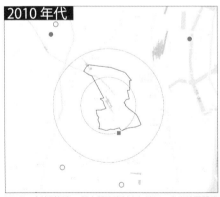

● 総合設計（許可年月日）

○ 高度利用地区（告示年月日）

□ 特定街区（告示年月日）

■ 再開発等促進区を定める地区計画（計画決定年月日）

△ 都市再生特別地区（初回告示年月日）

□ 都市再生緊急整備地域

図13　大崎副都心　都市開発諸制度と特区、市街地再開発事業　年代別一覧

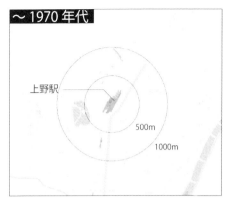

〜1970年代

上野駅

500m

1000m

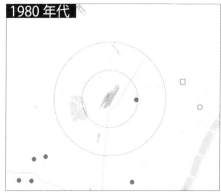

1980年代

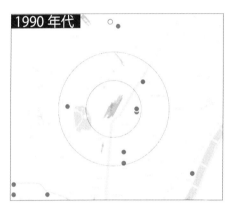

1990年代

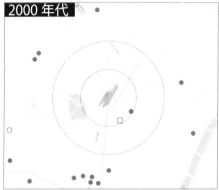

2000年代

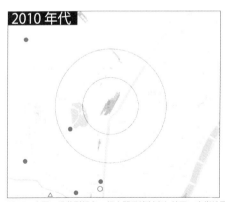

2010年代

● 総合設計（許可年月日）
○ 高度利用地区（告示年月日）
□ 特定街区（告示年月日）

図14　上野・浅草副都心　都市開発諸制度と特区、市街地再開発事業　年代別一覧

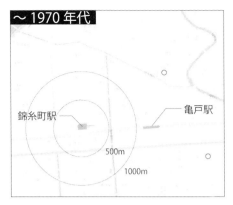

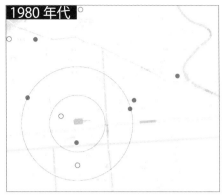

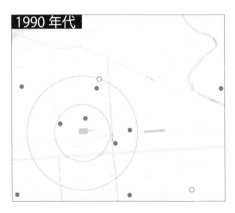

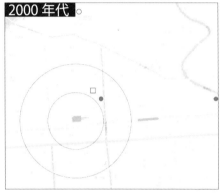

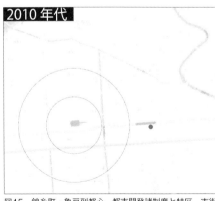

● 総合設計（許可年月日）
○ 高度利用地区（告示年月日）
□ 特定街区（告示年月日）
■ 再開発等促進区を定める地区計画（計画決定年月日）

図15　錦糸町・亀戸副都心　都市開発諸制度と特区、市街地再開発事業　年代別一覧

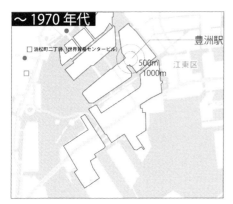

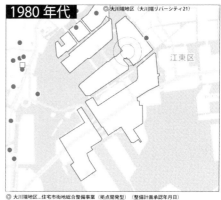

◎ 大川端地区…住宅市街地総合整備事業（拠点開発型）（整備計画承認年月日）

◎◎東雲一丁目地区…住宅市街地総合整備事業（拠点開発型）（整備計画承認年月日）

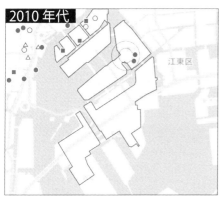

- ● 総合設計（許可年月日）
- ○ 高度利用地区（告示年月日）
- □ 特定街区（告示年月日）
- ■ 再開発等促進区を定める地区計画（計画決定年月日）
- △ 都市再生特別地区（初回告示年月日）
- □ 都市再生緊急整備地域

図16　臨海副都心　都市開発諸制度と特区、市街地再開発事業　年代別一覧

「都市建築」は東京都区部に位置するものとしている（第1章）が、その多くは大手町・丸の内・有楽町のような都心部、新宿・渋谷・臨海に代表される副都心周辺に分布しているものと考えられる。そして、すべての「都市建築」の基本的なあり方に大きく影響する要素として、対象地の指定容積率と用途地域、および適用する都市開発諸制度が挙げられる。

　それぞれの副都心において、指定容積率がどのように変化してきたのか、用途地域はどのように定められているのか、また、各副都心に分布する個々の都市開発にどの都市開発諸制度が適用されてきたのかについて、調査を行った。

　調査結果に触れる前に、副都心の指定プロセスについて簡単に振りかえっておきたい。1958年（昭和33）の首都圏整備計画の中で新宿・渋谷・池袋が副都心に指定され、1982年に公表された東京都長期計画の中で上野・浅草、錦糸町、大崎地区を副都心として育成することが謳われた。また、1985年に東京テレポート構想が発表され、1987年に臨海副都心開発基本構想が決定された。それに加えて、東京都都市整備局は副都心を実現すべくさまざまな取組みを行い、「新しい都市づくりのための都市開発諸制度活用方針」の中で「副都心」の文言を幾度となく用いてきた。しかし、同方針2019年（令和元）3月28日改定版から「副都心」の文字が完全に消え、従来の各副都心は「中枢広域拠点域」（おおよそ環状七号線内側）の一部として再構成された。令和以後の東京の都市開発にとって副都心は過去の都市政策目標になったわけだが、都市再生特別地区が登場する2002年（平成14）までの東京の都市構造を理解するための最重要キーワードであった。

8.1　副都心における容積率の変化

「都市建築」の容積率は、対象地の指定容積率をベースとして、諸制度の適用により容積を割増すことで決定されることが多い。本節では、各副都心地域における指定容積率を、1973年（昭和48）、1981年、1996年（平成8）、2002年について調査し、その変遷が視覚的にわかるように整理した。

　副都心の形成についてはすでに触れたが、本章における副都心の範囲は、拠点となる各ターミナル駅周辺とし、臨海副都心についてはターミナル駅がないため広域とした。なお、2000年代に指定された都市再生緊急整備地域を赤線で記入することで、都市再生特区以前に行政側が開発を期待したエリア（指定容積率の高いエリア）と比較対照できるよう配慮した。

　これらの図を概観すると、五つの点が指摘できる。第一に七つの副都心エリアの指定容積率は2002年までほとんど変化していない。第二に新宿・渋谷・池袋ではターミナル駅を中心として、800％の指定容積率が設定されてきた。第三に大崎では駅周辺の容積率が低く抑えられ、隣接する五反田駅周辺の容積率が高い。第四に上野では駅西側に広がる文教エリアを除いて800％の指定容積率が設定されている。第五に臨海エリアでは、開発基本構想決定以前から高い容積率が設定されてきた（図1）。

8.2　副都心における用途地域

「都市建築」の用途は、対象地の用途地域指定をベースとして、諸制度の適用により用途をさらに絞り込むことで決定されることが多い。

　本節では、前節の指定容積率と同様に各副都心地域における用途地域を1973年、1981年、1996年、2002年について調査した。その結果、各副都心における用途地域の大幅な変更は認められなかった。

　また、用途地域と都市再生緊急整備地域の関係を考察すると、新宿・渋谷ではターミナル駅

周辺の商業地域エリアと緊急整備地域がおおよそ合致している。一方、池袋では商業エリアに比して緊急整備地域が東池袋周辺まで拡張され、今後の大規模開発が織り込まれている感がある。大崎では緊急整備地域内の商業地域が駅前の一部にとどまっている。また、上野・浅草、錦糸町では緊急整備地域が設定されておらず、東京都区部の東西格差が再び顕在化した。臨海エリアはその大半が都市再生緊急整備地域に指定されており、国や東京都として開発を促進する意欲が読み取れる（図2〜8）。

8.3　副都心における都市開発

本書で扱う「都市建築」は、都市開発諸制度（第3章）、あるいは都市再生特別地区を適用していることが多い。また、事業手法として市街地再開発事業を採用しているものも少なくない。そこで本節では、総合設計制度、高度利用地区、特定街区、再開発促進地区、都市再生特別地区、市街地再開発が副都心周辺でどのように集積したかを集計し（表1）、10年ごとに地図上にプロットした（図9〜16）。

　表1を注意深く読み込むと、1970年代に都内で指定された特定街区24地区のうち副都心に11地区と半数近く集中していることから、副都心建設と特定街区が強く結びついていたと推測される。また、1980年代以後の大崎・臨海地区において再開発促進地区が数多く指定されていることが特徴的であった。一方で、都市再生特区の件数が都内全域で51件中、副都心では10件のみ指定され、副都心が2002年以後の東京の都市開発にとって最重要エリアではなくなっていることが窺われる。

　また各副都心の各年代地図から、以下六つの点が指摘できる。第一に、新宿西口の特定街区には計画どおり超高層が集積し、その周囲に特定街区以外の超高層も数多く建設され、都心か

らの業務機能の移転が順調に進んだ。第二に、渋谷では2000年までに「渋谷二丁目」《東邦生命ビル》と「渋谷道玄坂一丁目開発計画」《渋谷マークシティ》以外の主だった大型再開発が行われず、2010年代には都市再生特別地区制度を活用した巨大開発が同時並行的に進行した。第三に、池袋も渋谷と同様に、「東池袋三丁目」《サンシャインシティ》竣工以後、2000年（平成12）まで主だった開発が行われなかったが、2000年以後は、「南池袋二丁目A地区市街地再開発」《としまエコミューゼタウン》などが建設された。第四に、大崎は2000年までいくつかの市街地再開発が行われたが、大崎駅から1.0km圏内に開発諸制度を用いた都市建築は集積せず、大崎駅から1.5km以上離れた湾岸エリアに総合設計制度を用いたマンション群が建ち並んだ。2000年代に都市再生特区制度を用いたプロジェクトが複数実現した。第五に、上野駅・錦糸町駅周辺では1970年代から2010年代にかけて開発諸制度を用いたプロジェクトが少なかった。第六に、臨海では、再開発促進地区制度を用いた事例と総合設計制度を用いた事例の集積が進み、高層住宅の建設が加速的に進行したことが窺える。その背景として、臨海エリアは東京都が民間事業者に土地を売却する特殊なエリアであったことが指摘できる。

　なお、1980年代に副都心建設を促進した動きとして大型公共建築の建設や都市型イベントが挙げられる。「西新宿二丁目（1、4、5号地）」《東京都庁舎》、《東京芸術劇場》、「神宮前五丁目」《国連大学》、「世界都市博覧会」（臨海部）など、バブル期に東京都がじかに主導するプロジェクトが数多く立案された。

表1　副都心における都市開発諸制度等の件数

総合設計制度	渋谷	新宿	池袋	大崎	上野・浅草	錦糸町・亀戸	臨海	東京都
1970年代	0	0	0	0	0	0	0	16
1980年代	1	2	4	1	1	4	3	144
1990年代	9	7	4	3	6	5	7	262
2000年代	7	4	5	5	1	1	10	255
2010年代	4	1	2	0	1	0	2	71
合計	21	14	15	9	9	10	22	748

高度利用地区	渋谷	新宿	池袋	大崎	上野・浅草	錦糸町・亀戸	臨海	東京都
1970年代	0	1	0	0	0	0	0	13
1980年代	0	2	0	0	0	0	0	47
1990年代	1	2	1	0	0	1	2	49
2000年代	0	2	0	0	0	0	1	39
2010年代	0	1	1	0	0	0	1	36
合計	1	8	1	1	0	3	5	184

特定街区	渋谷	新宿	池袋	大崎	上野・浅草	錦糸町・亀戸	臨海	東京都
1970年代	1	9	1	0	0	0	0	24
1980年代	1	1	0	1	0	0	0	14
1990年代	0	0	0	0	0	0	0	6
2000年代	0	0	0	0	1	1	0	8
2010年代	0	0	0	0	0	0	0	1
合計	2	10	1	1	1	1	0	53

再開発促進区	渋谷	新宿	池袋	大崎	上野・浅草	錦糸町・亀戸	臨海	東京都
1970年代	0	0	0	0	0	0	0	0
1980年代	0	0	0	0	0	0	0	0
1990年代	0	0	1	2	0	0	8	34
2000年代	0	0	1	2	0	0	4	26
2010年代	0	1	1	1	0	0	4	26
合計	0	1	3	5	0	0	16	86

都市再生特別地区	渋谷	新宿	池袋	大崎	上野・浅草	錦糸町・亀戸	臨海	東京都
1970年代	0	0	0	0	0	0	0	0
1980年代	0	0	0	0	0	0	0	0
1990年代	0	0	0	0	0	0	0	0
2000年代	1	1	0	3	0	0	0	19
2010年代	4	1	0	0	0	0	0	32
合計	5	2	0	3	0	0	0	51

市街地再開発	渋谷	新宿	池袋	大崎	上野・浅草	錦糸町・亀戸	臨海	東京都
1970年代	0	0	0	0	0	0	0	12
1980年代	0	1	0	1	0	1	0	43
1990年代	1	3	1	2	0	0	2	52
2000年代	0	3	0	2	0	0	3	53
2010年代	0	0	0	0	0	0	1	4
合計	1	7	2	5	0	2	6	164

図版・表出典

図1〜8　国際地学協会『東京都都市計画図（用途編・容積編）』1973年度版、1996年度版、2002年度版、2019年度版を参照し作成

図9〜16、表1　東京都都市整備局ホームページ「土地利用に関する基本的な計画」を参照し作成
https://www.toshiseibi.metro.tokyo.lg.jp/keikaku_chousa_singikai/keikaku.html

図版出典（p.179〜p.191）

p.179 上図、p.181 図6　提供：三井不動産、撮影：翠光社、p.179 下図、p.180 図2、p.181 図12　撮影：新建築社写真部、p.180 図1、7、p.182 図4、p.185 図10、p.187 図7、p.189 図13、14　撮影：川澄・小林研二建築写真事務所、p.180 図3　撮影：Forward Stroke inc.、p.180 図4、p.181 図10　出典：『建築文化』1971.07、p.180 図5、p.181 図8、9、11、p.182 図2、5、p.183 図7、8、p.185 図6、7、8、p.188 図7、8、11、12、15、16　制作：日本設計、p.181 図13、p.187 図12　撮影：日本設計、p.182 図1、p.183 図9、p.187 図10　提供：日本設計、p.182 図3　提供：安達和男、p.183 図6　提供：千鳥義典、図10、11　撮影：エスエス東京、p.184 図1、2、3、5　提供：東日本旅客鉄道、図4　撮影：田原幸夫、p.185 図9　提供：三井不動産、撮影：新建築社写真部、p.186 図1、p.190 図4　制作：森本修弥、p.186 図2、6、p.187 図8、p.188 図2、p.189 図6、9、10、p.190 図7　撮影：森本修弥、p.186 図3『建築文化』1978.07、p.43の図をもとに森本修弥が制作、図5『日刊建設工業新聞』1981.02.22の図に『建築文化』1978.07を参考にして森本修弥が加筆、図5　撮影：日刊建設工業新聞社、p.187 図9『日経アーキテクチュア』2003.11.10、図11　撮影：翠光社、p.188 図1　出典：三井不動産「〈CENTURY PARK TOWER〉」（販売パンフレット）1997.09に森本修弥が加筆、p.188 図3、4、5出典：都市基盤整備公団東京支社設計・技術監理部・建築課編『都市の魅力シリーズ1　大川端リバーシティ21のまちづくり・設計記録』2000.06、p.189 図6　撮影：マツダ　プロ・カラー、図7、8、11、12、15、16　制作：日本設計、図9　アマナイメージズ、p.190 図1、2、3、5　出典：日本設計「技術提案書 東雲地区A街区建物基本設計」1999.08、図6　提供：IBA／PIXTA、p.191 図1　都市基盤整備公団 東京支社編『都市の魅力シリーズ3東雲キャナルコートCODAN設計記録』2003.07、p.7の図をもとに森本修弥が制作

III 「都市建築」を語る

第9章 座談会1：これまでの／これからの「都市建築」

田中健介*＋山下博満*＋廣瀬健*＋永野真義*＋湯澤晶子*＋武田匡史*＋井上弘一＋田島泰*
司会：豊川斎赫*　　　　　　　　　　　　　（＊：「次世代の都市建築」委員会委員）

委員会の設立経緯

豊川：本日は「これまでの都市建築とこれから
の都市建築」ということで、みなさんの活発な
ご議論を伺えればと考えております。まず私の
ほうから、この委員会がどういう経緯で始まっ
たのかを簡単におさらいし、各委員から都市建
築について感じたこと、考えたことをお話いた
だきます。

　今回の委員会が始まったきっかけは、2018
年（平成30）5月に《霞が関ビル》が竣工から
50周年を迎え、日本建築学会『建築雑誌』で「巨
大で街をつくる／かえる」という特集が組まれ
ました。当時、私は当該特集の編集委員として
池田武邦さんにお会いし、「霞が関ビルを回想
する：何のために超高層を設計するのか」につ
いてお話を伺いました。同時に伊丹勝さんから
は「日本の再開発、この50年の歩み」について
お話をお伺いしました。その中で伊丹さんは、
日本設計や他の組織事務所がやってきた過去半
世紀の東京における巨大開発を五つの類型に整
理されました。この類型を叩き台として都心・
副都心の開発履歴を分析すれば、次世代の都市
建築のモデルを構想する足がかりになるのでは
ないか、と考えた次第です。この思いつきを山
下さんにご相談する中で、日本設計と千葉大の
共同研究という形で「次世代の都市建築委員
会」が発足したわけです。その後、委員会メン
バーが日本設計OBの方に毎月一人ずつお話を
伺い、各メンバーが担当の章を執筆しましたが、
今日の座談会がその振りかえりとなります。

各委員の担当原稿と今後の展望

豊川：では、ご担当の原稿について、まず田中
さんからお願いします。

田中：私自身が担当した第6章は21世紀以後
の都市建築のパートです。2000年までを一つ
の区切りとして、そこから現在まで20年経っ
ているということで、その間でどういうことが
あったのかを最初に整理しました。2000年以
降何が変わったかというと、一つは1990年代
のバブル崩壊で不景気になり社会全体が沈滞化
した中で、特に東京都心部をどういう風にして
いくかが問題になりました。2000年までは東
京を多心型にしていこうというプロセスがある
一方で、都心部の中の業務や商業について明確
なヴィジョンがなく、また開発手法がいろいろ
ある中で、統一的な運用がなされておらず、制
度間で不整合な面が存在していました。

山下：企画や基本計画のプロジェクトでは、適
用制度の比較をやっていてそう感じていまし
た。

田中：そうですね。そうした状況から東京都は、
2000年以降都心部の業務・商業のあり方、複
数の開発諸制度を見直すための方針を打ち出し
ました。これまで課題に即応的に対応するスタ
ンスから、ヴィジョンを掲げてそれに対して制
度をどう運用していくかに方針を切り替えよう
というのが新しい開発諸制度の運用指針の趣旨
でした。一方、時をほぼ同じくして2002年に
は都市再生特別措置法ができ上がり、都市再生
特別地区という既存の枠にとらわれない都市計
画制度と、民間が都市計画の提案を行えるとい
う都市計画提案制度がつくられました。ここで
どう変わってきたかというと、これまで行政が
都市計画の枠組みをつくるという形から、民間
が都市計画の提案を行える形になり、民間事業
者自身もエリアの将来像を考える必要が生じま
した。

東京の巨大建築年表

Chronology of Big Architecture
in Tokyo

作成＝石榑督和・三井祐介・吉本憲生（会誌編集委員）
写真＝杉本健（東京理科大学大学院）

霞が関ビル以降の日本の巨大建築について伺ったインタビューにて伊丹勝氏が示された
東京の巨大建築の型と事例をもとに関係する法制度（すべてではなく、大きな流れ）を示し、年表としてまとめた。
本特集では、日本の巨大建築の嚆矢である霞が関ビルと、最新事例である渋谷駅中心地区の再開発を取り上げたが、
その間にはこうした巨大建築の系譜が存在する。
ここで示す巨大建築の型は次の五つであり、年表ではそれぞれの型のまとまりを●で示している。

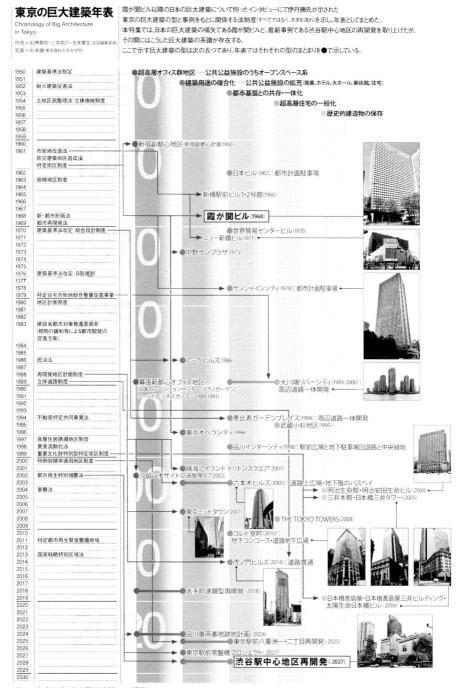

1950	建築基準法制定
1951	
1952	耐火建築促進法
1953	
1954	土地区画整理法：立体換地制度
1955	
1956	
1957	
1958	
1959	
1960	
1961	市街地改造法
	防災建築街区造成法
	特定街区制度
1962	
1963	容積地区制度
1964	
1965	
1966	
1967	
1968	新・都市計画法
1969	都市再開発法
1970	建築基準法改正：総合設計制度
1971	
1972	
1973	
1974	
1975	
1976	建築基準法改正：日影規制
1977	
1978	
1979	特定住宅市街地総合整備促進事業
1980	地区計画制度
1981	
1982	
1983	建設省都市対策推進委員会
	「規制の緩和等による都市開発の
	促進方策」
1984	
1985	
1986	民活法
1987	
1988	再開発地区計画制度
1989	立体道路制度
1990	
1991	
1992	
1993	
1994	不動産特定共同事業法
1995	
1996	
1997	高層住居誘導地区制度
1998	資産流動化法
1999	重要文化財特別型特定街区制度
2000	特例容積率適用区制度
2001	
2002	都市再生特別措置法
2003	
2004	景観法
2005	
2006	
2007	
2008	
2009	
2010	
2011	特定都市再生緊急整備地域
2012	
2013	国家戦略特別区域法
2014	
2015	
2016	
2017	
2018	
2019	
2020	
2021	
2022	
2023	
2024	
2025	
2026	
2027	
2028	
2029	
2030	

●超高層オフィス群地区 ── 公共公益施設のうちオープンスペース系
　●建築用途の複合化 ── 公共公益施設の拡充（商業、ホテル、大ホール、美術館、住宅）
　　●都市基盤との共存・一体化
　　　●超高層住宅の一般化
　　　　●歴史的建造物の保存

●新宿副都心地区（新宿副都心計画1960-）

●日本ビル（1962）：都市計画駐車場

新橋駅前ビル1・2号館（1966）

霞が関ビル（1968）

●世界貿易センタービル（1970）
ニュー新橋ビル（1971）

●中野サンプラザ（1973）

●サンシャインシティ（1978）：都市計画駐車場

●アークヒルズ（1986）

●幕張新都心オフィス地区　　●大川端リバーシティ（1989-2000）：
（日本コンベンションセンター、テクノガーデン、　周辺道路一体開発
ワールドビジネスガーデン1989-1991）

●恵比寿ガーデンプレイス（1994）：周辺道路一体開発
●武蔵小杉地区（1995-）

●東京オペラシティ（1996）

●品川インターシティ（1998）：駅前広場と地下駐車場回遊路と中央緑地

●晴海アイランド トリトンスクエア（2001）

汐留シオサイト（区画整理完了2002）

●六本木ヒルズ（2003）：道路上広場・地下階のバスベイ
●明治生命館・明治安田生命ビル（2004）
●三井本館・日本橋三井タワー（2005）

●東京ミッドタウン（2007）

THE TOKYO TOWERS（2008）

●コレド室町（2010）：
地下コンコース・道路地下広場

●虎ノ門ヒルズ（2014）：道路貫通

●大手町連鎖型再開発（-2018）

●日本橋髙島屋・日本橋髙島屋三井ビルディング・
太陽生命日本橋ビル（-2019）

●品川車両基地跡地計画（-2024）
●東京駅前八重洲一・二丁目再開発（-2025）
●東京駅前常盤橋プロジェクト（-2027）

渋谷駅中心地区再開発（-2027）

図1　東京における巨大建築の5類型

山下：実務上も大きな転換点でした。

田中：それに加えて、この20年の間には社会的影響のある出来事も多く、テロ、東日本大震災、観光立国、オリンピックなど、さまざまな状況に応じて開発諸制度の運用の仕方が変わりました。その中でも、民間事業者がエリアの話をする際、単体の敷地ではなかなかまちづくりを語れなくなってきたため、もう少し複数の街区で連携して街自体をどういう風に発展させていくのかということを考えるようになった。最終的には行政に決定権がありますが、その前段でエリアのヴィジョンを描くことが、開発計画をコンサルティングする組織設計事務所に求められていると思います。都心部は更地からやるわけではなく、もともとあった街を変えるので、そこで街を再開発し、容積や高さを緩和していこうとすると、これまでのまちづくりの考え方を変えてなぜその開発を行うのか、何かしらのまちづくりの大義、理由が必要になってきています。最近は、特にインフラの更新を契機に一体的に開発をしていくという風な動きも見られ、こうしたインフラの再編も含めて、ダイナミックに街を変えていくための仕掛けが今後も求められると思っています。

豊川：続きまして、第4章で都市建築とプレイヤーの関係を分析した廣瀬さんにお願いします。

廣瀬：私のところでは、都市建築の超高層の黎明期から2000年代初頭までのプロジェクトに関わったプレイヤーに焦点を当てました。当初の都市建築は、高層化や都市政策を実現するために建物単体の課題をクリアするところから始まりますが、少しずつ制度をエリアの課題を解決していく手段として活用していく流れが生まれます。その都市建築が扱う領域の広がりの中で、設計者・民間事業者・都市建築に携わるプレイヤーの役割がどう変容してきたかを振りかえりました。都市建築の役割という視点で委員やインタビューした方々と議論してきましたが、これからの都市建築におけるプレイヤーの

役割はいったい何かという問いをあらためて議論するいい機会であったと感じています。

豊川：これからの都市建築を考えるうえでも有意義な整理でした。

廣瀬：本論では触れませんでしたが、次世代の都市建築のプレイヤーの役割を考えるうえで、2020年の今現在我々が対峙している新型コロナウイルスの問題は、二つのテーマを提示していると思っています。

一つ目は、これまで業務や住宅や商業といった用途は、開発諸制度の枠組みの中で都心エリアで誘導されてきましたが、コロナ禍を機にニーズが大きく変わろうとしています。その社会の変化に対応したヴィジョンと、それを実現する制度をいかにして策定していくか、「行政」「民間事業者」「有識者」「施工者」「設計者」といったプレイヤーは協働して策定していく必要があります。たとえば、人と人が直接会う場所は必要ですが、働く場所や住む場所という区別自体が暮らしの中で曖昧になっている中で、都市建築やエリアが「暮らす場所」としてどのようにあるべきか。また、今までのような大規模な開発自体が必要とされるのか、誘導用途という枠組み自体が適切なのかを問い直す必要があります。

二つ目は、コロナ禍で屋内の公共空間や公共施設が軒並み閉鎖された中で、屋外公共空間をいかに使っていくかという点です。そのためには単に建物単体やエリアの再開発というハードの考え方だけではなく、屋外空間も含めた地域全体を使いこなす主体をともなうエリアマネジメントが必要で、公共空間の活用が都市整備とともに重要なテーマになっています。これからの都市建築は、公共空間とともにさまざまなアクティビティの背景となり、それらの活動を支える場づくりとそこに関わるプレイヤーをいかにつなげるかに役割や目的がシフトしてくるのではないかと思います。

豊川：次に第5章で都市建築とデザイン思想について担当した永野さんにお願いします。

永野：このたび、たくさんの関係者にインタビューする機会をいただきました。少なくとも日本設計の中で設計思想が脈々と引き継がれていることをあらためて感じましたし、他の設計事務所と比較してみると、時を同じくしてノウハウが蓄積され、設計思想が共有されるプロセスもあったとわかりました。都市建築の発展を支えるデザイン思想がどのように展開してきたかを書かせていただきました。

　私の担当した章は大きく四つに分かれていて、一つ目は「高層化」からの展開に注目し（5.1）、超高層のあけぼのとして《霞が関ビル》、西新宿の《新宿三井ビル》から始まる展開を追いました。同時期に前川國男さんが丸の内に《東京海上ビル》を設計しています。西新宿と丸の内に建てられた超高層とその足元広場について対比的に紹介しました。また、《東京都庁舎》コンペでの丹下健三案と池田武邦率いる日本設計の案を対比しましたが、池田さんは自然換気する超高層を提案し、高層化の発展の先にどういう展開があったのかを紹介しました。

　二つ目は「複合化」からの展開に注目し（5.2）、土木と建築が融合する際のデザイン思想を扱いました。そもそも複合化は終戦直後の駅前広場整備から始まって、藤沢駅前のデザインや品川駅東口の駅前広場からスカイウェイにつながるデザインに都市建築の特徴が表れていると思います。特に鉄道については《渋谷のマークシティ》や新宿の大通り構想を取り上げ、巨大建築と鉄道との融合・複合化を扱いました。同様に、道路との融合として《虎ノ門ヒルズ》の立体道路に触れています。

豊川：これもまさに「2.2 複合化」とつながります。

永野：さらに、三つ目は「不燃化」からの展開に注目し（5.3）、都心居住のデザイン思想を扱いました。戦後、都心周縁には木造密集地域が広がり、特に江東デルタのレジリエンスの低さが指摘されたため、都主導で白鬚などの再開発が行われました。日本設計は江東デルタで再開

発の実務経験を積むことができ、その後の再開発を推進するノウハウを得ました。一方で、東京の都心を高層化すると同時に夜間人口が減少し、いかに都心居住に戻すかが東京の都市計画にとって重要な課題となるわけで、《大川端リバーシティ21》に端を発する超高層マンション群を考察し、デザインの関心がランドスケープや外装などに矮小化していく流れを書きました。

豊川：「都市建築」が生じた要因ごとにデザイン思想の系譜があるのですね。

永野：さらに、四つ目は時間的重なりに注目し、都市建築の更新に関するデザイン思想をまとめました（5.4）。一番わかりやすいのが、《霞が関ビル》が50周年を迎えるまで日本設計を中心に何度もリノベーションを行い、現在では「霞テラス」という広場を中心に群造形ができあがっていることです。一つの設計事務所[1]が、脈々と都市建築の更新を考え続けてきたことによって、時間的積層がある都市建築ができるわけです。

　それから歴史的建造物の保存・復元について、《三井本館》《旧新橋停車場》《東京駅》の保存についても触れました。田原幸夫さん中心に保存のノウハウが都市開発の中で育まれ、そこから都市開発の理念自体も新しく変わっていく過程を紹介しています。

豊川：今後のデザイン思想についてはどう思われますか。

永野：この章をまとめながら、ふと考えたのですが、新型コロナによって今の世代は初めて東京で命に関わる都市問題を考えなければいけなくなったのだと感じています。第二次大戦に出征した池田さんは何があろうと「殺されることはないんだよ」といつもおっしゃってきたのですが、今回に限っては死ぬこともあるわけです。「生存の拠点」としての都市建築という視点に、

<hr/>

★1　正確には、山下寿郎設計事務所から日本設計事務所への移行という問題がある

あらためて立ち戻る必要があると思います。生存の拠点という言葉は、池田さんと同世代の大谷幸夫さんの言葉です。

山下：薫陶を受けたそのお二人がここで結びつくとは実に感慨深いです。

永野：それから田原さんのインタビューの際に私が大事だと思ったのは「リバーシブル」という言葉です。保存再生の仕事では、当然コア部分は本物性を追求してデザインするが、その周辺はリバーシブルにつくるんだ、と。もとに戻せるように、他のモノとの違いを差別化してつくるということを指摘しています。「リバーシブル」とは「戻せる」ということですね。都市建築に読み替えると「コンバージョナブル」という風に呼びたいと思っています。今回の新型コロナでもホテルが病室になりました。非常時にいかにコンバージョナブルであるかが、レジリエントな都市をつくるうえで欠かせません。100年もつ都市建築であれば、一度は大きなショックに襲われるはずです。そのときに使い続けられるような、コンバージョナブル性を次世代の都市建築に求めたいと思います。

豊川：続きまして、湯澤さんにはランドスケープの観点から都市建築を整理していただきました。

湯澤：私は第7章で《新宿三井ビルディング》と《サンシティ》の紹介をしました。私が担当したのは、使い続けられ、成長していく緑があり、コミュニティがつくられるような広場がある事例です。

　まず《新宿三井ビル》は西新宿の特定街区11個のうちの一つという特徴があります。西新宿では、SKK（新宿新都心開発協議会）に代表される民間主体の団体で開発ガイドラインがまとめられ、インセンティブ型のまちづくりが展開されましたが、その中で《新宿三井ビル》は大きな布石になっています。《新宿三井ビル》は、エリアに対して開かれた広場をつくり、隣接する《新宿住友ビル》とつながるペデストリアンデッキの開通を竣工後に実現しています。

また近年も、建築を改修しながら緑地の価値を高めるような、時代の社会的要請にあったオープンスペースのリノベーションを行っています。

豊川：2017年の「55SQUARE改修」ですね。

湯澤：そうです。西新宿は1970年（昭和45）頃から新しい街としてつくられましたが、中央通りの並木など、植栽後50年ちかい緑が成長している街になりました。この建築低層部とランドスケープの一体改修は私が設計担当したものですが、西新宿の街の緑を風格ある緑の借景として扱い、建物内部と外部の人の居場所のつながりが生まれるよう、都市計画制度への対応もしながら設計しました。改修を通して、第8章でも書きました《新宿三井ビル》が大切にしてきたコンセプトが再確認できました。いつまでも使われ、愛されていくビル・施設になっていくことが次世代の都市建築にとって大切だと思います。

豊川：《サンシティ》も緑のランドスケープが特徴ですね。

湯澤：《サンシティ》は、それまで主に住宅公団が行っていた大規模団地開発を民間が取り組んだ事例の一つです。その特徴は、住民が緑の管理をしていく中で住民同士のコミュニティが醸成されたことです。緑地管理のために住民が専門業者も入れながら、自分たちで管理していくことでより豊かな緑を育ててきたというのが特筆すべきところです。

　《新宿三井ビル》と《サンシティ》に共通するのは、場の特性を生かしてその場所らしい緑地とか広場とかパブリックスペースの探求が継続されてきた点です。時間を経るごとに進化し、価値を増すようなオフィスビル、集合住宅であると感じています。

豊川：今後への展望はいかがでしょう。

湯澤：これからの都市建築への問いかけとして、「本当の高度利用って何だろう？」と考えています。高度利用の本来の意味は高次利用からきているというのを読みましたが、より都市の環境にふさわしい開発のあり方や都市構成を実現

するのが本来的な高度利用であると思っています。そのときに高密度もあれば、低密度という選択肢も将来ありうるのではないでしょうか。《新宿三井ビル》の改修は、敷地内に法規制にとらわれない緑地・空地があったことがコンセプト実現のキーになりましたが、そういった余白がある空間をつくっていくことがコンバージョナブルであり、より進化しうる次世代の都市建築である、と感じています。

豊川：ありがとうございます。続いて武田さんには80年代に着工していた再開発について再評価をお願いしました。

武田：私の担当分である第7章の一部については、基本的に伊丹さんの書かれた文章を尊重し、一部手直しする形としました。白鬚東地区や江戸川橋第二地区に関する解説文の構成は変えないで、伊丹さんが書かれたもともとの骨子を理解・共有したことで、過去の歴史ある開発を振りかえることができました。それら先例を読み返すと、当時は防災や基盤整備など立ち遅れた部分を何とかしていかなければならないという公共の要請がトリガーとなり、大きな開発が推進されていました。

豊川：現在のお仕事とも関係しますでしょうか。

武田：今、私は新宿西口の開発を担当していますが、白鬚や江戸川橋と比較すると、特区など都市計画の手法が進化したことにより、公共ではなく民間主導による開発に様変わりしていると感じています。また、かつては社会的な課題を解決することが建築の目的であったことに対し、昨今は時代の要請がつねに変わると予測しつつ、いかに余白のようなものを建築空間にもたせられるかが重要視されています。

豊川：なるほど。

武田：新宿エリアにおいては、2017年（平成29）に学識経験者・国土交通省・東京都・新宿区・渋谷区・鉄道事業者からなる「新宿の拠点再整備検討委員会」が立ち上げられました。西口開発もその一翼を担い、基盤整備・デザイン検討など、個々の事業者による単独の開発で

はなく、新宿の街をどうつくっていくか互いに連携して進めている点で新しいやり方だと思います。

学識の先生からは、この先都市間競争で世界に勝っていかなければならない、ニューヨークやシンガポールなどグローバル・シティに対して東京が勝つためには、おそらく一事業者で頑張ってもとうてい勝てない、といわれています。そこで民間事業者がそれぞれの思惑はありながらも、手を携えて、都市として成熟させ価値を高めていく、俯瞰した目で都市計画や開発を考えていくといったところが、非常に新宿らしいと感じています。

豊川：ありがとうございます。井上さんには東京の都市計画制度の歴史を担当いただきました。

井上：私のパートは第3章で、江戸・東京の街がどのようにできあがってきたか、都市計画の視点からまとめました。その中で戦後の都市開発諸制度、いわゆる特定街区、総合設計、高度利用地区、再開発等促進区の4制度がどのような役割を果たしてきたかを整理しました。各々の制度には成立するためのきっかけがあり、社会的な課題、社会的要求をもとに、それを解決する方法が都市開発諸制度でした。

先に挙げた4制度は、制度をつくった時代や目的が異なり、それぞれ独自で運用されていました。しかし、2000年代に入ると、全く違う方向を向いていた各諸制度のベクトルを同じ方向を向かせ、制度間の均衡を促すことで、新しい都市づくり政策を実現するための流れができたわけです。

豊川：田中さんが話された諸制度の見直しですね。

井上：はいそうです。私は都市計画を生業としているので、これからどういう都市建築をつくりたいかというよりは、どういう都市や街に誘導していきたいかに興味があります。これまでの運用基準における用途名称は非常に簡単な表現がなされており、たとえば、「業務」や「住宅」

と書いてあるだけで、どういう業務や住宅かは書かれていない★2。しかし最近制度が変わって、住宅でも「分譲マンション」「サービスアパートメント」「建替え用住宅」などといろいろなキーワードが並ぶようになりました。「こういう住宅をつくりたい、つくってほしい」という提案が、行政側から出てきているわけです。つまり、量的から質的に代わってきています。まして、今回のコロナ禍の中で、同じ業務といっても使われ方もかなり変わってきています。

山下：「用途」という言葉本来の意味である「使い方」が重要になっていますね。

井上：そうですね。どういう人が使うかで使い方も変わるし、もち方も変わるので、いちがいに単純な用途だけで決めて進めるだけではできなくなる時代がもうきています。そういう点で、スケルトンインフィルの発想が重要で、今までは箱をつくったら終わりでしたが、今後は箱をつくりながらその中でどんなオペレーションビジネスが展開できるかとか、自由度をもってもっと幅広く建築や都市計画の誘導ができるようになっていったら、もっと面白い建築ができるんじゃないかと感じています。

豊川：ありがとうございます。山下さんには第1章で都市建築の定義をお願いしましたが、ここまでの報告を受けてコメントいただけますか。

山下：みなさんの話をここまで聞いてきて、自分の考えてきたことと同じことをいわれていて心強く感じています。今日配付している現状の原稿を見ていただくと、私が担当した「第1章 都市建築の概念」は、「1.1 都市建築とは」「1.2 時代との関係」「1.3 本書の対象」という3節で構成しました。本文の最初に結論を書いていて、「東京都区部にあって、時代の公益的な思潮を切り拓く建築」を都市建築としています。

それを三つの節で、場所や時代などの観点から整理しています。

豊川：少し具体的にお願いします。

山下：場所については、我々が最近、設計したり計画をしている都市建築というのは、江戸時代からのお堀、運河、街道に始まって、鉄道、道路などの交通基盤で切り取られた敷地の中で成り立っていることを書きました。時代との関係については、時代区分を示す表★3をつくりました。先ほど井上さんから、時代時代の課題や要請にしたがって制度ができてきたという話がありましたが、その時代区分も参考にしながら構成しています。都市建築の時代区分は、いわゆる災禍、今のコロナ禍や、震災、公害問題、経済的なショックなどで世の中が落ち込んだときに、このあとどうしようかということで、そのときの課題に都市や建築でどう答えていくのか、という時代時代の要請として都市建築が立ち上がってきたということなのだろうと思います。

豊川：災禍が次の時代の思潮を切り拓くということですね。

山下：そう思います。表中の災禍を軸とした時代区分は、1.0明治維新から始まって、2.0第二次大戦、3.0オイルショック、4.0バブル崩壊、5.0リーマンショック、6.0新型コロナ、という六つになっています。それに対して制度的には第3章で整理されていて、2.0のところの戦後復興期から始まって、高度成長期、安定期、バブル期、都市再生期という時代区分になっています。各章で紹介されている都市建築も対応させて、時代区分をもとにいろいろ整理してみたいと思ってつくっている表です。

これからの「都市建築」を考える

豊川：第1章の表1で、一番新しい時代区分は「次世代」となっています。今まで出た話も関係しますね。

山下：大いに関係しています。先ほど、みなさんの話で心を強くしたといったのが、表の一番

★2　育成用途例示には若干書かれている。あくまで事業者の裁量に任せられているのか

★3　第1章「表1　都市建築の時代区分」

214　Ⅲ　「都市建築」を語る

下にある新型コロナ禍後の「次世代」、これからの都市建築がどうなるのか、というところです。今のところは思いつくことを書いたという感じなのですが、課題や変化としては「持続可能性、SDGs、Society5.0」。コロナ禍がくる前から次の時代はこうするんだと世界でも日本でもいわれていたことが、コロナ禍後には進むのではないか。持続可能性と関係ある話をしてくれたのが、永野さんが引かれた大谷先生の言葉「生存の拠点としての都市」、それって人間が持続するために都市をどうしたらいいのか、もう一回立ち返って考えようということだと思います。あと、廣瀬さんがいっていた「使う主体のマネジメント」。これは持続的に使い続けるためのポイントだと思って聞いていました。

豊川：まさにそうですね。

山下：交通基盤の欄に書いた「次世代モビリティ」の特徴は、先ほどの運河や鉄道や高速道路が新たに整備された時代とは違って、今すでにある交通基盤を使いながら走れるもの、ということだと思います。自動運転であるとか、何かつくる必要はあるのかもしれないのですが、新たにそれ用の、たとえばリニア新幹線専用の軌道を引くということではなく、今ある道路を使いながら、そこを動く交通デバイスのほうを変えていくという発想が特徴のような気がしています。そこと関連する話が、制度の欄でいうと、都市建築は時代を切り拓いていくものと考えると、今まであったことを疑ってかかるというか、いったんチャラにするぐらいの勢いがあってもよいのじゃないかということで、「用途区分・用途地域・官民境界の解体」と書いています。

豊川：解体ですか。

山下：はい。先ほどコンバージョナブルとかフレキシビリティとか、使い方の話も出てきましたように、用途については、今までは事務所、住宅、宿泊などで分けられた枠組の中で設計や計画をしています。あるいはそれをどこに建てていいのか、という用途地域。違う視点では官民境界とか、今我々が寄って立っている過去に誰かがつくった区分でしかない、ものをつくるうえでの規制の枠組みが、一回解体されるとよいのではないか、そのうえですでにあるものの使い方を変えるための新たな枠組みを構築する必要があるのではないか、と思いました。たとえば自分の家を考えても、住宅だと思っていたところが在宅勤務で仕事場になっていたりするわけで、もしかすると今後は人を呼んで自宅で会議をしたりするかもしれない、というような、もっとフレキシビリティというものを根本的に考え直すこともあるのかもしれないなと思っています。

豊川：なるほど。

山下：それと関係するのですが、用途とか境界とかを外して考えてみると、建築を箱じゃなくてもっと開かれたようにつくるということも含めて、寸法とか、強度とか、景観とか、つくることによって立ち現れてくるもの、使うときに気にする性能などで、建築や地域の体系をもう一回構築してみるということが起こるとすごくよさそうだなと思って「寸法／強度／景観／環境性能による建築／地域の体系構築」と書いています。それと関係する話としては、余白とかフレキシビリティとかコンバージョンとかまさにぴったりなのですが、他の事業者と連携する、単体から連携へという田中さんの話にもあったようなことは、主体が今までと違ってくるという話だと思うんです。

空間を整備する主体が、よくよく考えれば自分の土地だけを整備するのだけれども、その枠組みがまちづくりガイドラインみたいなものを含めて、土地から外に広がってくる。今までの枠組みから離れて、広がって連携していくという動きがあるんじゃないかと思って「都市空間整備プロセス／主体の再構築」と書いています。

豊川：制度を解体して、都市建築の体系や主体を再構築するのは骨が折れそうです（笑）。

山下：実行するのは簡単ではないですね。あと、都市建築の欄に「ぜんぶリノベーション」と書

いたのは、これから新たな都市建築、表の上に並んでいるような新しい何かが出てくるだろうかと考えたときに、もしかすると新築しなくてもよいのじゃないか、という思いがあります。あまりこれを外でいうと怒られるかもしれないですけれども（笑）。たとえば、廣瀬さんがいっていた、公共空間の活用が大事、建築の仕事は場づくりなんだ、という話では、場はすでにいろいろなところにあるわけで、スクラップアンドビルドしないで、リノベーションするという選択がまずあるのではないか。

豊川：そうかもしれません。

山下：先ほどの持続可能性を考えてみると、壊さなくてよいものは壊さずに使ったほうがいいんじゃないかと思いますし。湯澤さんの話もそれにちかいものがありました。緑地や空地をどう活用していくか。どうつくっていくかを、活用中心で考えていく。そういう流れにもちかいと思います。井上さんがいっていたように、ビジネスもオペレーションビジネス的なものになる。ということで、これらは仮に書いていましたけれど、みなさんの話から、このままにしようと意を強くしました。

豊川：この表について補足することで豊川の意見とさせてください。山下さんにご相談して、表の右端に「非都市建築的な構想」という欄を設けていただきました。なぜこの欄を入れたかというと、先ほど井上さんが社会の要請にしたがって都市開発諸制度ができたと指摘されました。また、山下さんは都市を襲う災害が都市建築を揺れ動かしたと指摘されました。一方で都市開発制度が要請され、災いがあったあと、必ず反都市的なユートピアが語られ、一定の支持を得てきました。たとえば渋沢栄一らの「田園都市」、堀口捨己の「非都市的なもの」、石川英耀の「生活圏構想」、岸田文雄の「デジタル田園都市」、安宅和人の「開疎化」というキーワードに該当します。要するに都心に何かつくらなくても素晴らしい生活環境が郊外に建設可能・持続可能である、という理想論です。こうした

視点は都市建築を相対化し続けることで20世紀の日本に適応してきました。

山下：現在もその論調が多くみられますね。

豊川：そう、最近、ポスト・コロナ、ウィズ・コロナの議論が盛んですが、「都心の巨大開発が三密の元凶だ」「地方都市に移住したほうがエコだ」という話が山ほど出てきます。多くの人が東京を脱出するのは結構だけれども、国の膨大な債務は誰が払うのか、格差社会は克服できるのか、どういう社会をつくればよいのか、といった根本的な課題を何一つ解決しないのではないか、と。言い換えると、国の膨大な債務への見通しを立て、格差社会の克服を感じさせるような都市建築こそ要請されている、ともいえます。

　ここまでの委員のみなさんの指摘が都心部の開発に集中しているのですが、「非都市建築的な構想」を批判的に捉えることも次世代の都市建築を考える際に重要かと思います。

　続きまして、委員会に複数回ご参加いただいた田島さんから次世代の都市建築についてコメントいただければ、と思います。

田島：私は次世代の都市建築はこれまでとは異なる次元の提案でなければならない、という話をしたいと思います。以前に三井不動産が霞が関ビル50周年記念の分厚い本を出版しました。この本に掲載された当時の写真を見ると、《霞が関ビル》だけが高く聳え建っていて、遥か彼方まで見渡せる風景がありました。おそらく当時の人はこの建物を見て「何だ、あれは！」とびっくりしたと思います。半世紀前と今の都市建築の状況は全く違うフェーズにあることがわかります。

山下：まさに新たな思潮をつくった都市建築です。

田島：図3は横軸を「時間」、縦軸を「次元」としていて、何か外的なものが要因（エポックメーキング）となって、パラダイムシフトが起きる状況を示しています。まさに《霞が関ビル》は、新しいパラダイムを築いたこの時代の都市

建築の金字塔だったと思います。超高層ビルを日本で初めて実現するために、都市開発の制度体系を変え、テクノロジーの提案があり、新しい意思決定組織で成し遂げたという三つのエポックメーキングな要因が重なり、パラダイムシフトが生じたと考えています。

この3点から《霞が関ビル》を語ると、まず1点目の都市開発制度について、この時期、高度経済成長のあけぼのの時代は戦後復興からの脱却の転換点であって、新しい産業モデルをつくる必要に迫られていました。当時は都市問題が激化し都心部の過密解消が叫ばれましたが、これを実現するために特定街区制度が導入され、建物を高層化することによって空地や広場を創出しました。まさにコルビュジエが提唱していた近代都市の姿そのものでした。

豊川：少し具体的にお願いします。

田島：2点目のテクノロジーを振りかえると、H型鋼の採用やコンピューターによる構造解析が可能となり、カーテンウォールのプレファブ化によって生産効率をあげ、工期短縮に貢献した。さらに高速エレベーターによって高層階のオフィス床の不動産としての価値を確保し、中央集中管理システムによって設備・空調をコンピューターで制御ができるようになりました。これらすべてが当時、《霞が関ビル》で実現したテクノロジーです。

3点目の組織は、各種専門委員会とこれら委員会の代表も参加する建設委員会によるフラッ

図2　《霞が関ビル》完成時の東京

トな意思決定組織があり、日本初の超高層ビルが実現しています。

豊川：第4章の「4.1　高層化を実現した協働体制」に廣瀬さんが書かれた組織ですね。

田島：また、私は20年間大高建築設計事務所に在籍したのですが、大高事務所の標語であるPAUからも次世代の都市建築を考えてみたいと思います。AはArt & Architecture、UはUrbanism、つまりAUは都市建築を意味します。ではPは何かというと、この時代のテクノロジーであったPrefabricationを意味しました。現代のPに該当するテクノロジーはプレファブじゃないですよね。じゃあ何か。時代背景の要請があって、どういうテクノロジーがその時代の都市建築に必要なのか。つまり、Pはその時代ごとに変わる技術テーマであり、AとUはいつの時代も変わらない普遍的テーマです。今の時代のPは、私はICTを頂点とするテクノロジーだと思っています。たとえばオフィスで働く人のアクティビティを中心に何か新しいことを起こそうとする場合、それを実現するのはテクノロジーだと思っていて、部

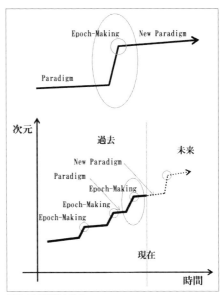

図3　次世代型とは？

屋の使い方、空調のコントロール、あるいは人がどこにどれだけ集まっているかをリアルタイムで集計する。これらはGPSがあれば制御できる話で、いろいろな可能性が広がります。

山下：《霞が関ビル》に匹敵するパラダイムシフトが起こるのでしょうか。

田島：かつて《霞が関ビル》がドーンとできた頃のようにびっくりするようなことは現代では起こらないと思いますが、使い方、使われ方が格段に変わってきています。特にコロナ前・コロナ後の都市建築の使われ方というのは劇的に変わる変わり目なのかなと思っています。

　これまでみなさんの話に出た人のアクティビティ、スペースの使い方、サスティナブルは重要なキーワードだと思います。こういう中で次世代の都市建築はどうあるべきかを考えていかなければいけないと思います。

豊川：一巡しましたので、自由討議にしたいと思います。

山下：テクノロジーの話は田島さんしかしていなくて、たしかに《霞が関ビル》のときもそうだし、その後の時代の潮流を切り開いてきた都市建築も新たなテクノロジーが入ってきていて、たとえば超高層だけど外気を導入するなど、テクノロジーの視点は大事だと思います。でも、これからの都市建築となると、驚くようなつくるテクノロジー、建てるテクノロジーというのはあまり想像できなくて、建てるとかつくるじゃなく、使うとか育てるためのテクノロジーとしてのICT、デジタルテクノロジーが出てきているのだと思います。「"つくる"から"つかう"へ」という方向性が、いろいろな方の話と符合しています。

田中：先ほどインフラ整備が焦点になってきているとお話しました。たとえば新宿駅では1960、70年代に整備されて、そこから路線も増えて、街も拡大し、便利になって、たくさん人もくるようになりました。一方で、現在の新宿駅は複雑で相互の乗換など十分に連携できていないと指摘されています。結局、今の時点で

どうすれば一番使いやすいのか、今のニーズにあうのかという視点でインフラを変えることがこれからの都市建築の動機付けになると思います。

豊川：やはりまずインフラですか。

田中：新宿駅周辺での最近の議論は人中心の都市計画を目指すことを目標に掲げていますが、「そもそも人中心ってなんなんだろう？　なんのために人中心ってあるんだろう？」という問いを突き詰めていくとかなりの難題です。単純に人が気持ちよい空間というだけでなくて、たとえばニューヨークのハイラインは空間的な魅力ももちろんありますが、加えて整備によって新しく人が集まるようになって、周囲で交流する人が増えて、商店が増えて、防犯性が上がって、結局最後は社会的に還元されるというのが人の場をつくることにつながっています。単に大勢の人が流れるだけでなく、そこに見所があって、いろいろなことが起きて、街として活性化することを目指すというのが最近のウォーカブルなまちづくりの議論の視点の一つであり、歩行者の流動をスムーズにして通行を便利にするのは当然として、今後そうした魅力ある場をどうやってつくっていくのかが重要な話になります。

豊川：なるほどそうですね。

田中：それからエリアマネジメントの視点です。街をきれいにしましょうということから始まり、賑わいを生むような仕掛けを生み出すためにイベントなどの活動を地元と民間事業者らが連携し行うエリアマネジメント活動は、エリアでまちづくりを進めていくうえでの基本的な要件としてこれまでも求められていますが、今回のコロナになって活動拠点が多様化する中で、その重要性はより幅を増すものと考えます。今までの都心に人が来なくなってよいのかというとそうではないと思いますし、都心に何か人を呼び込む仕掛けというのが必要で、多様な活動を生み出せるようなエリマネ的な発想が重要だと感じています。

コロナが問題になって以後、リモートが進んだものの、対面で仕事をするニーズは変わらずあるとされていて、効率だけでなくよりよいものを生み出そうとする活性のある業務を行うには、人や体験とさまざまな接点・刺激をもつことが必要なのではと思います。街の活性化のアプローチも同じで、ふだんの活動の中で人が遊びに来たい、いろいろなことを体験したいという機会を増やすことで、街に触れる回数が増え、それによって街に対する愛着・関心が高まり、再び街を訪れる意識が芽生える、そうした活動の回数・接点をいかに多く、継続して生み出すかが街の活性化には重要と感じていて、ウォーカブルなまちづくりを進めるにはエリアマネジメントと一緒に考えていかなければ、と感じています。

豊川：では、今のエリマネの話を受けて廣瀬さんはいかがですか。

廣瀬：都市計画における空地や壁面後退などの形態制限と容積は、いわばトレード・オフの関係にあり、都市貢献項目は容積割増しの免罪符的な役割を担わされてきました。しかし、コロナ以後、エリアマネジメントを駆使してこうした空地をより積極的に使っていこうという流れが加速してきたと感じています。

また、不動産の証券化や、一部の民間事業者による再開発は、資産価値を向上させていくための手段として都市建築が目的化していたわけですが、これからは少しずつ変容していくのではないかという期待をもっています。つまり床をつくることを目的とせず、都市としてどうあるべきかというヴィジョンに本格的に向きあわないと、単体の開発は目標を見失ってしまうのではないかと思っています。

井上：空地のよさを語る際、空地の一番いい季節、一番いい時間帯を見て語りがちですが、そもそも日本の屋外空間は厳しい時間のほうが多いですね。真夏は以前より熱くなっていて、夏の夕方にはゲリラ雷雨は起こるし、冬は寒いので、本当は屋内のほうが快適なんです。「屋外

の空地は厳しい部分のほうが大部分だけど本当にそれでいいの？」っていうことが課題だと感じています。

湯澤：先ほど田島さんがテクノロジーの話をされましたが、まさに井上さんがおっしゃった屋外の不自由さを快適にするようなテクノロジーが求められているのかなと思っています。

屋外空間が快適化されることで、単純に居場所の選択肢は増えますし、屋外空間には地域らしさを表す要素が数多くあります。武田さんが指摘されたような、都市間競争の中、人を呼び込む際、その土地らしさが都市空間に表れ味わえるよう工夫された街が選ばれる街になっているのではないでしょうか。その際、屋外でより快適に過ごせることがこれからの都市に重要で、そこにテクノロジーが生かされるべきだと思います。また、建築の外と中の中間領域となる半屋外の活用も重要なトピックと思います。

田島：私は湯澤さんの意見には賛成ですが、井上さんの日本の気候で屋外空間を評価しない考えには反対です。たとえば最近、《新宿住友ビル》で屋外広場を室内化した取組みがありましたが、どのように評価していますか？

井上：《新宿住友ビル》は、これまでの無機質な公開空地から「よく頑張ったな」という面と「もっとこうなったらよかったな」という面の両面の視点で評価しています。

山下：あれこそ全天候型の広場で不快な要素を排除しようとして屋根をかけているわけでしょ？　だから井上さん的にはいいんじゃないの？

井上：そうなんですが、空地の利活用や緑化の工夫、半屋外的機能が加わればよかったなと思っています。

田島：空地に屋根をかけたということですか。

山下：そうです。特定街区の容積割増しはそのままで、エレベーターの床カウントしなくてよくなった分を広場にできたと聞きました。私は、田島さんが反対したのと違う視点で井上さんに反論したいのですが、湯澤さんが話した場所の

多様性、選択肢が多いことが全体としては重要で、多様な個人個人に対して、さっき話のあった人中心の都市計画ってそんなことできるのかよと思うのだけど、突き詰めて考えると選択肢を増やすということにいきつくような気がしています、人は好みが違うから。井上さんが不快だと思っている夏のカンカン照りを快適だと思う人もいるでしょう、極端な例ですが。いろいろな場所があって人が選べるということが大事、明らかに不快な場所はだめだけど。別のいい方をすると、春と秋にものすごく快適だったらそのほかのときには使われなくてもいいじゃないか、ただ季節を通じて誰も使わないのはだめですけどね。

田島：田中さんの話にあったように、単純に空地面積の確保のみで容積を得るのではなく、これからはもっとマネジメントとアクティビティの評価が重要なのではないか、と。今は空地におけるアクティビティも計測できるので、それによって空地の評価を決める考えもあるのかと思います。もう一つの論点は先ほどの屋外か屋内かの議論にあったように、室内空間よりも屋外、人工地盤よりもグラウンドレベルの土に生えている木、四季によって変わるもの、暑い日もあり寒い日もある、というその多様性が評価の対象となることがあってよいのではないでしょうか。

井上：公開空地の過酷な時間を完全に否定しているわけではないのです。行政と協議する際、必ずといっていいほど一番いいところしか説明しないので、「悪いときはこういう空間です」と協議する必要があると思っています。

　そのような状況も前提としつつ、これまで数多くの都市計画手続きを行ってきましたが、「こうしたほうが街や建築に貢献できる」と思えば、運用基準の見直し（ルールの修正）を積極的に提案しています。その際、自己中心的な提案をするのではなく、その修正提案を第三者が聞いても納得するようなストーリーが必要です。《COREDO日本橋》を計画する際、地方分権一

括法にともなう下位者への権限移譲において、区独自の運用基準を策定しました。我々、プランナーやコンサルタントは、ルールどおり計画をつくり上げるのではなく、どのような街や建築をつくれば、まちづくりに貢献できるのかという観点からふだん、業務を行うべきです。

豊川：今の話を少しだけ補足させていただくと、1964年（昭和39）に池田さんが《霞が関ビル》の設計をされているときに磯崎新さんと座談しています。その席で池田さんは、丹下健三のような建築家が法律を無視した壮大な未来都市を発表し、残りの大半の建築家は法律を所与のものと見なして建築を狭く考えがちだが、《霞が関ビル》の設計を通じてさまざまな提案が法規に反映される機会が広がっており、日々の設計の中から都市環境や現行法規の更新に努めるべきだ、と指摘しています。先ほど井上さんがおっしゃった行政の運用規準を乗り越えるべしという提言は、かつての池田さんのスタンスと近いな、と思って聞いておりました。

山下：まさに公益的な思潮を切り拓く姿勢ですね。

豊川：その池田さんは、これからの都市の発展にとってよりよき法を設計者側から提案することは大きなプロジェクトに携わる設計者の責任である、と熱く語っているのだけれど、磯崎さんは、数百億円の設計をやっているからいえる理想論であって、ふつうそんなビッグプロジェクトに参加できないでしょ、と指摘しています。

　繰返しになりますが、都市建築に備わる規模は非常に巨大で、都市そのものや法規に与える影響は甚大で、設計者の責務の点で、池田さんと井上さんは同じようなことをおっしゃりたかったのではないかなと思います。

井上：そうです。

豊川：新宿駅西口のプロジェクトはチャレンジできることがたくさんあって、岸井先生や内藤先生とうまく協議できれば、いろいろなことがチャレンジできるわけです。そういうときに多様な意見を吸い上げ、まとめ上げるのが組織設

計の一つの重要な責務であろう、と感じます。

山下：今のお話で、さっきいったことと逆のことをいうのですが、人中心で人はいろいろいるから多様性は重要だといったのだけど、井上さんがいうようにこうあるべきだというヴィジョンがあって、それはどのケースでも人中心なんですね。ただ漠然と人中心というだけでは何もいっていないのに等しいのかもしれなくて、その時代ごとに考えている「人々のために」どうするかという多様ではない特定の傾向があって、人は何を求めているのかというのを時代ごとにクリアにしないと次のステップにいけないということがあるんじゃないかと思います。

豊川：どういうことでしょうか。

山下：さっきは、ただ選択肢が多ければいいと拡散的にいったんですが、これからの都市建築は人中心だというときには、そこでいう人が何を求めているのだろうということを収束的に考えていかなければいけない。人間の歴史というのはつねに人のためにあるもので、高度経済成長だってお金そのもののためではなくて人がお金を求めていた。狩猟社会や農耕社会だって人が食べ物がほしいから。狩りをするのは人のため、安定して食料確保する農耕も人のため。工業化社会も情報化社会も全部人のためなんですけど、時代によって人に何があるとよいのかが違うんです。じゃあこれからは何なのか、っていうことを考えたい。

廣瀬：不特定多数の人と公共空間の関係性はデリケートな問題を孕んでいて、多様な人の存在を安易に一般化していいのか、という疑問もあります。不特定多数に含まれる多様性を引き受けられる余白や個性がこれからの公共空間には重要なのではないかと思います。多様性をユニバーサルという言葉で片付けず、個性的な場や特色のある場の中から個人が選択できるような豊かさをつくりだす枠組みがあってもよいのではないかと考えています。

山下：豊富な選択肢はダイバーシティの基本ですね。

廣瀬：また、ICT化についても使い方と管理運営のバランスもすごく難しいと感じています。たとえば、某テーマパークは、コロナ禍を経て、スマホがないとテーマパークの中を回れず、入場者は全部トラッキングされる運用に変わっています。テーマパークとしてはある種の理想郷の中にいるのですが、外界との接点の象徴で一番現実を喚起させるスマホが頼りになっている。これは、今後日本の都市空間にも展開される可能性があり、その場合ICTによって完全に管理されている都市になってしまうのですが、本当の都市の魅力は、予測不可能な出会いのあるファジーな界隈性みたいなところにあると思っています。

豊川：最近のコンビニはスマホさえ不要で、全部手かざしで会計できる店舗をテレビで紹介していました。自分の指紋情報とクレジットカードの情報を与えてしまえば、買物は自由になるけれども、すべてのアクティビティがコンビニの管理下におかれるというジレンマというのがキーワードになるのかなというふうに思います。

廣瀬：アクティビティ調査により平均値は見つけられますし、最大多数の幸福に向けて公共空間を最適化するためには必要な過程でもあります。一方で、調査に基づきルールでアクティビティを制限するのではなく、多様なアクティビティを誘発したり許容する余白をもった制度設計に導かないと窮屈なものになってしまいます。

豊川：上野や新宿でアクティビティを研究されている永野さんはどうですか。

永野：テクノロジーの話については、技術をもちだすときは人間性の回復とセットで考えろ、というのが《霞が関ビル》での池田武邦さんの教えだと思っています。そこはつねに頭においておきたいという思いがあります。

そのうえで、人中心とはということですが、廣瀬さんがユニバーサルの問題点に触れられました。ヨナ・フリードマンという都市計画家が、

誰しもに受け入れられようとするとある種のアベレージマン（平均的な人）を想定した空間が生まれ、誰にも好かれない結果になる、というような話をしています。ある種ニッチな空間だとか、専有化した空間を用意しないと、アベレージマン向けの空間ができてしまう、というのが廣瀬さんのご指摘だと解釈しました。「人間のため」といったときに、ワンパターン化・平均化しないように注意すべきで、そのために余白をうまく実験的に使っていけたらと考えています。

山下：そういう余白もダイバーシティにつながるのだと思います。

永野：ストック社会に突入し、つくる機会よりも使う機会のほうが圧倒的に多くなり、ユーザーのほうが圧倒的に都市のことをよく知っている時代に入ってきた感があります。アクティビティ調査はその場所が心地よいかどうかを数値化しようという試みです。その空間が本当によいかどうかは人間に聞くのが一番近道だということで、人間をカウントしたりするわけです。これって森でも全く同じなんです。森づくりの専門家の方に教えていただいたのですが、生きものがどれだけそこに増えたかというのを毎年カウントして、その整備がはたして生きものにとってよかったのか、多くの生物種に好まれているのかを確認して、次の整備を考えていくそうです。

豊川：それを人間にもやってみよう、と。

永野：まちづくりは人間のためといいますが、本来は生き物のため、地球のためであって、生き物のうちの一つが人間と考えるべき時代だと思います。アジャイル開発などとよくいわれますが、人間を含む生き物の声を聞いて空間を変えて、また聞いて空間を変えていく。そんな仕組みが公共空間にあっていい。先ほど田島さんがアクティビティの量によって容積割増しの係数を変えるとおっしゃっていて、すごく面白いと思って聞いていました。実際にその空間が魅力的に改善され続けないとペナルティあるよ、

という姿勢は間違っていないじゃないかと。設計者の役割としても、その空間を使って、あるいはよくするところまで見せ続けることが求められてくると思います。

山下：ちょっと危険を感じたんですけど、人々が求めている魅力を分析してそこに向かうという話だと思うんですけど、自分のことを考えると、自分の知っている快適さに対してはよいと反応できても、その向こう側、知らないよさの側には永遠にいけない。ほかの人に聞いても、その人はその人が知っている快適さにしか反応しない。その、知らない世界の快適さに切り込めないままでよいのか、というのが危険な感じがしたんです。要するに、顕在化していないよりよい快適さを提案できなくなっちゃうんじゃないのかと。

廣瀬：PDCAのサイクルの中でしか回らない。

山下：わかっていることの人気投票というか、そこが一番だって決めてみんなそこに従うということだと、新たな思潮を切り拓く都市建築は生まれないと思うのですが。

永野：活動の量だけを見るとそういうことになると思います。新しい空間の使い方をピックアップして調べてみるとか、質を見るようなタイプの調査を考えていく必要はあるかもしれません。

山下：難しいと思うんですね。初めてよさに気がついた人を見つけないといけない。でもそれを我々だけで考えてやるんじゃなくて、アクティビティ調査などをうまく使いながら違う次元にいくことができればいいなと思います。

井上：そこで難しいのは、制度活用の際、最終的に空間なり内容を評価するのは行政なんです。

山下：なぜこれがいいのか、ということを説明する必要がある。

田中：結局、実証を積み重ねるしかやりようがないんじゃないかと思います。社会実験的かと思いますが、都市建築の中で特異なコンセプトを掲げて「ここだけはまず実験的な空地であ

る」「空地のふつうではない使い方を、社会貢献とまで現時点でいえるかはわからないけどトライアルさせてください」と提案し、場を生み出すことから実績を積み上げていく。そうした場は住みよい街、働きやすい街のための居心地のよい空間とはまた異なるかもしれないですが、都市に高揚感や刺激をつくるための仕掛けは空間の良し悪しだけではない気がします。

豊川：社会実験は必要ですね。

田中：エリアマネジメントの話になるのですが、単に公共施設の管理や、今できる範囲でのイベント開催というだけでなく、若干これまでのルールからは逸脱するけれども、刺激のある活動を展開できることで、そこに新たな投資を生み出して、協力してくれる人材や会社がでてくる、資金源のつくり方も多様に考える必要があるかと思いますが、新しい活動が、街づくりのコンソーシアムを新たに生み出すきっかけになればいいのではないかと思います。

山下：切り拓くためのきっかけづくり。

田中：湯澤さんのいう余白とは少し違うかもしれませんが、街で人々が交わるところ、多いところにさまざまな活動を許容する余白を入れていければ、それを望む人が集まる街にもなっていくんじゃないかと思います。この街にはチャレンジングな活動を生み出せる場所になりうるんじゃないか。だったらここで働こうという話になるかもしれない。そういう人を呼び込むような使い方を提案できればいいと思います。

井上：都市計画をやっていると、結局制度というのはついてまわります。先に触れた４制度も、総合設計は建築許可だけど、それ以外は都市計画で、明らかに行政の扱い方が違うのです。

建築行政は前例主義だから、新しいことをしようとすると基本的にはハードルが非常に高い。それに対して都市計画は一個一個の制度で話が完結するので、他の事例に波及しないということから、新しいこと、いろいろなチャレンジがゼロではないのです。

田島：諸制度にある基準だけではなくて、たと

えばLEEDやWELL、緑の評価であるSEGESやJHEPなどの評価システムがたくさんあって、いろいろな指標があるじゃないですか。こうした指標でちゃんと空間や建築を評価することが重要で、ある程度たくさんの事例が蓄積して多様な評価をすることで、そこに価値があるということも組み合わせながらやっていく。そういう多様な評価システムにあることが当たり前な世の中になっていく気がしますね。

武田：そういう評価制度は現状でもあるのですか。昔から知識創造だとか、知的生産性だとか、定量化できないものは結構あって、快適性も実は定量化できていないと思います。空間の質を都市計画の容積割増しに資するよう定量化する方法はありますか。

田島：CASBEEの体系は意欲的で時代ごとの多様な評価に連動しているところはいくつかありますが、まだ実務のプロジェクトに数多く適用されるほど一般化してはいないと思います。

井上：諸制度では、景観など数値化できない項目があります。景観も数値化できればよいのですが、数値化できないものは行政裁量なんです。

武田：新宿も結局は空地の面積や貢献する内容について評価をもらっています。先ほどの話では、本来そこで何が行われるかを想起して、空間の質やアクティビティを定量化できる形が望ましいと思います。先に触れた都市間競争の話にもつながるのですが、この新宿はなぜ評価されているのかということも定量化できるとわかりやすい。

井上：田島さんがいわれたように、数値化できるような方法が確立しつつある。

田島：たとえば品川には風の道の指針がありますが、それに新しくヒートアイランドの概念を導入しようということで、風と温熱、両方で評価しています。温熱のことを評価するときには、たとえば複数の建築が建つとき、これまでは日陰の何時間規制というように日陰になる時間を計算していますよね。この規制の中に収めよう

として建物形状を変えている。逆に夏至の日の日中の日向の部分がどれだけあるのか、日射に晒される過酷なところがどれだけあるか、そこにたとえばパーゴラをかけることを評価しよう、という基準を提案しています。冬至の日影ではなく夏至の日照が基準になります。今温熱環境はかなりシミュレーションができて、地表面や壁面材料の比熱とか木の植え方によって、そのときの風を考慮して、日中温度がどれくらい上がるのか、そういうシミュレーションもできるので、空間の快適性を数値化できます。ただし、技術的には可能ですが、ただそれはまだまだ市民権を得ていません。

武田：先ほどの建築行政の話ですが、建築基準法の大きな考え方は昔から変わっていません。かつての38条認定のように個別に規制緩和したり、ルートCにより法解釈の幅を広げることは法を破るという概念ではなく、シミュレーションや最新技術など高度な検証により安全性を確保することでよりよい空間を提供しよう、という考えだと思います。

　たとえば駅直結のTODであれば、既存の駅施設の上に建物を建てるため構造上・法規上の問題が絡んできます。現行法規の枠を超えて丁寧な検証を尽くしたうえで、特例的な解釈を行政が認めていくという流れはつくらざるをえないのではないでしょうか。TODに限らず、ストックを活用する開発には不可避な流れだと思います。

廣瀬：先ほど街中ウォーカブルの話が出ましたが、建物を建てるよりは建てたあとの公開空地を街路空間といかに融合して新しい制度の枠組みを都市整備計画の中で位置付けるのか、活用に対して国交省側が柔軟に減税も含めた措置を出してきているというのは新しい動きだと思っています。

田中：その流れのままになっていくといいですよね。その際、どうしても管理者との協議が必要で、行政のまちづくりセクションよりも道路を管理するセクションで難航しがちです。

井上：まちづくりセクションで運用方針を好き勝手に出せるけど、実際管理する人たちにとってはいろいろな弊害がありますね。

廣瀬：一方で、これらの新しい制度を活用することを見越して都市建築の建つ場所とか、配置というのをある程度考えていく必要も出てきます。

田中：複数の開発や複数の事業者が連携してまちづくりの方向性を決めていく際、建物の配置や形を想定しておくことも重要ですし、その前提として、コンセプトを行政や専門家を交えて整理して共有できるものに昇華させることが、その後さまざまな制度の運用やステークホルダーとの調整につながるのだと思います。国交省の制度を活用するためにも応援団をどうつくっていくかが重要です。田島さんがいう要素の「組織」をデザインしながら今の「テクノロジー」を想定し「制度」の緩和につなげる、そのプロセスづくりが重要だなとあらためて思いました。

まとめ

豊川：そろそろよきお時間となりました。最後にみなさんからひと言ずついただいて終わりにしたいと思います。

湯澤：本来の「高度利用」の実現には、先ほど来のみなさんのお話にあったとおり、開発後・竣工後の空間の使われ方を見ながら、ハード面・ソフト面から場を調整していくという視点が重要と思います。その調整の中で改修の必要性も自然と表れてくるものと、《新宿三井ビルディング》のランドスケープ改修の仕事を通じて感じました。竣工後の利用を見ながら調整するという行為は、生物多様性に配慮した緑地の順応的管理という手法とよく似ています。緑地を訪れる生き物の生息生育状況を把握するモニタリングを継続的に行い、植物の変化やそこに生息する生き物の状況に合わせ、水緑を管理・調整する手法のことをいいます。都市空間における環境調整やハードのリノベーションと、空

間を享受する人のアクティビティの導き方には、順応的管理と共通の視点があると感じています。そのような視点・手法を生かして、これからの都市には、環境調整とアクティビティ活性化が好循環を生むようなパブリックスペースが求められていると思います。そのためには、都市の中の自然のダイナミズムを誰もがゆるやかに共有できる場として、ほどよい快適性を創出しながら、天候や四季の変化を肌で感じる屋外の居場所を実現することが重要だと思っています。

廣瀬：本の中では都市建築をつくってきた人の役割に焦点を当てていました。これからは都市建築を使っていく人々の役割が多様化して、重なり合っていくのだなということを感じています。その産学官民が連携する中での化学反応がこれからの時代の都市建築を切り開いていくのだろうと思いました。

永野：座談会の前半で武田さんが「国際競争力を高めるために事業者が連携しないとだめなんだ」と指摘されました。もはや個々の事業者だけでは国際競争に勝てるような都市空間をつくれない、というのは決定的なことだと思います。今までも、国際競争力を高めるために事業に容積を与えたり、幕の内弁当のようにいろいろな用途を組み込んだり、競争力ばかりいうのはどうなのかとなんとなく思っていましたが、武田さんの言葉を聞いて腑に落ちました。都市建築だけだと国際的価値をもつものはつくれない。公共空間とか、自然環境とか、街並みとか、そういうものが国際競争力たりえるのだとすると、その背景となって下支えするような都市建築でもいいのではないか。そのエリアで何が国際的価値をもちうるのかという視点でまずは考え、そこに都市建築は協力していくんだということかなと。答えが出ているわけではないですが、国際競争力という曖昧な言葉への新しい視点が開けた気がしました。

武田：たまたま新宿西口が複数の民間事業者と行政・学識との協働に向いているエリアだから

とも思いますが、単体ではなく連携による都市建築によってエリアの差別化を図って、魅力を高めていくような時代がくるのかなと感じています。それを模索しながらやっていますが、先に触れたとおり、これがなぜよいのかを見える化・定量化する必要があります。個々人がそれぞれ多様であるし、考え方も違う。しかも時代とともにさらに価値観が変わっていくのは避けられない中、定量化の手法がないと全体の中での差別化は図れないと思います。「よい」「悪い」をみなと共有できる言葉ができれば、と思います。

田中：国際競争力という面もありますが、都市スケールとして今後人を集めた空間をどうつくるのかというのと、やはり実際にそこにいる人のスケールに立った仕掛けの両面が重要だと思っています。どちらかだけだとあまり発展性もなかったり大きい空間ができるだけということになったりするので、先を見据えていろいろなことにチャレンジしていくというヴィジョン、モチベーションをもてるような空間や仕掛けづくりが次世代の都市建築をつくっていくうえでできればいいなと思います。

田島：先日、中国から「上海2035」というマスタープランが出たので、日本の都市開発の現状との比較論で、このマスタープランに関するコメントを書いてくれという依頼がありました。簡単にいうと、上海市は関東地方くらい大きいのですが、そこに住む総人口を決めていて、開発エリアの範囲も決めている。水域や緑地をネットワークさせながら全体のマスタープランを描いています。それを見て考えたのですが、国際競争力の強化といいながら我々も都心地区のいろいろな場所で国交省や東京都、地元自治体と行政協議をやっていますが、日本の場合、開発推進の立場もあれば根強い開発抑制の力も働いています。その双方のコントロールが非常に混乱しており、協議が難航する。こうした問題は上海では起こりえないと思いながら、「成長管理の概念をもつ上海は何て素晴らしいんだ

ろう」と思いました。開発するところは事前に
ちゃんと決めて、容積割増しという概念はない。
開発すべきところはする。ただ残すべきところ
は残すというのを決めていて、そのあたりの統
制が日本と比べると全然違います。これからの
都市建築は進んでいくベクトルはあるけれど
も、一方で抑制する力もあり、つねにその戦い
の中に我々は立たされていると感じています。

井上：国際競争力と都市建築の話がみなさんか
ら出ていたし、これまでもいろいろなところで
キーワードで使ってきました。今回こういった
話をしていて、国際競争に勝つとはどういうこ
とか、どうも我々は理解していないんじゃない
かと思います。どうなったら勝ったといえるの
かをわかっていない。単に人がたくさん来てく
れれば、訪日外国人が増えれば勝ったというの
か。どの都市とどういうことで競争して勝てた
といえるのか。そういう概念が全くないのにお
題目として国際競争力という言葉が簡単に使
われますが、そんな簡単に使う言葉ではない
んじゃないかというふうに思えます。一つの言
葉を使うためにものすごい議論をしないといけ
ない。

廣瀬：私も国際競争に勝とうとするライバル国
が国外にあるようでいて、実は東京と地方の地
域間競争を煽っている面が強いのではないかと
いうことを常日頃感じています。それによって
都市の空洞化や一極集中が起きていたりする課
題もあるのではないでしょうか。

井上：海外に勝ったにしても負けたにしても結
果がすぐに見えないから難しいですね。国内な
ら衰退してきたところはすぐわかるし、東京の
中でも新宿や池袋、品川とか比較しようと思え
ば比較しやすいじゃないですか。それはやはり
国と国の間の競争では厳しいなと。国際競争で
もなかなか何を指標にして比べるのかを我々が
まだ理解していないと思いました。

豊川：井上さんの言葉を引き継いで私のほうか
らコメントさせていただくと、1950年代に日
本建築学会で超高層ビル建設を検討した際、モ

デルになったのがSOMが設計したニューヨー
クの《Lever House》でした。戦後の日本はア
メリカのように豊かな国になることを渇望し、
アメリカの豊かさを象徴するニューヨークに東京
を近づけることが政財界の夢であったろうと思
います。その後日本は高度経済成長を経て豊か
になり、いくつもの都市建築が実現したわけで
すが、いまだにその夢を抱き続けているのが森
ビルではないか、と推測しています。

これに対して今日の座談会の終盤では、図ら
ずも21世紀のニューヨークと東京の競争力で
はなく、上海と東京の競争力が比較されたの
は時代の変化を感じさせるものです。さらに
ニューヨーク、上海、ソウル、ロンドン、パ
リなど世界中のグローバルシティがコロナ・
ショックに襲われる中で、東京を舞台に次世代
の都市建築を考えるとなると、海外に理想など
なく、自分たちで次世代の都市建築モデルを考
えなければいけないという時代に入った、と強
く感じました。言い換えれば、自ら歩んできた
足跡以外に行く先を照らすものがない、と。こ
の点で日本設計OBのみなさんから貴重なお話
を伺えたのは大きな成果であったと思います。
また、現業をこなす中ではなかなか話づらい大
真面目なテーマをこうした座談会で議論できた
こともこの委員会の大きな成果の一つだと感じ
ております。

では、山下さん最後にまとめをお願いします。

山下：やってみるまでどうなることかと思って
いましたが、非常に意義深い座談会になりまし
た。豊川さんの話にもあったように、どこかを
真似してというところから始まっているわけで
すけれど、今やそうではなくて、どこかのお手
本になるようなものを自分たちでつくり上げな
ければいけない。都市空間の整備をするときの
今までのやり方をみなさんに書いていただいた
のですけれど、これら自分たちがやってきたも
のを反省的に参考にするのはいいと思うんです
ね。そのつくり方のプロセスや主体が再構築さ
れざるを得ないというかされつつあるところ

で、自分たちで打ち立てようとする次世代の都市建築はどうあったらいいのか。さっきの、人が集まるところがいいのか悪いのかという話と関係するんですけど、どんな価値観をもって、どんな世界観を目指すかということを明らかにしたいという思いで、今日の話からいくつかキーワードを挙げることでまとめにしたいと思います。

　今までひたすらつくってきたけれど、都市や建築を「"つくる"から"つかう"」にスタンスがシフトしている。つくることをやめるわけじゃないけれど、使うことを中心につくるというのが一つ。

　そして、都市建築を「"たてる"から"そだてる"」。湯澤さんの話から発想したのですが、植物だけではなくて、場所の使い方も含めて、0から100を建てるよりも、今あるものを使いながら育てていくという態度がもう一つ。

　これらが今日の、そしてこれからのキーワードかなと思いました。

（2020年9月30日）

図版・表出典
図1　作成：石榑督和・三井祐介・吉本憲生、写真：
　　　杉本健『建築雑誌』2018.05
図2　提供：三井不動産、撮影：翠光社
図3　作成：田島泰

第10章　座談会2：次世代価値の可能性を「都市建築」に埋め込もう

千鳥義典＋篠﨑淳*＋田中健介*＋田島泰*＋武田匡史*＋永野真義*＋廣瀬健*
司会：山下博満*＋豊川斎赫*　　　　　　　　　　　（*：「次世代の都市建築」委員会委員）

今回の趣旨と前回の振りかえり

山下：今日はお忙しい中、ありがとうございます。委員による座談会の第一弾に加えて、千鳥さんと篠﨑さんお二人のご意見やコメントについても座談会第二弾として記事にしたいというのが今回の趣旨です。今日の進め方としましては、まず私から紹介する座談会第一弾の概略をベースとして、お二人から今までの都市建築を振りかえっていただいてのお話を伺うのが前半です。そして後半は、委員会で日本設計OBの方10人ほどにヒアリングした内容のキーワードを豊川さんから紹介いただきますので、お二人の考えられる次世代の都市建築に関するキーワードやコンセプトをご紹介いただければと思います。

豊川：では、前回の振りかえりからお願いします。

山下：座談会第一弾の前半では、委員それぞれが執筆した部分の概略と関係するコメントをいただきました。第6章の田中さんは、「複数街区での連携」「エリアのヴィジョン」「まちづくりの大義」の必要性。第4章の廣瀬さんは、「コロナを受けての協働」「暮らす場所のあり方」「大規模開発や誘導用途は必要か」「屋外の使い方」「地域全体を扱うエリマネ」などの問題意識。第5章の永野さんは、「命に関わる都市問題」「リバーシブル・コンバージョナブル」の時代認識。第7章（一部）の湯澤さんは、「いつまでも使われ愛される施設」「本当の高度利用とは」「低密度という選択肢」「余白のある空間がコンバージョナブル」などの考察。同じく第7章の武田さんは、「余白のようなもの」「いろいろな主体の連携」に着目。第3章の井上さんは、「量的な用途から質的な用途へ」「オペレー

ションビジネスの自由度を」というご指摘。私は第1章で書いた、「持続可能性」「Society5.0」「用途区分・用途地域・官民境界の解体」「必須要素による建築／地域の体系構築」「整備プロセス／主体の再構築」「ぜんぶリノベーション」などを再確認。豊川さんからは、「非都市建築的な提案も理解して批判的にとらえる」との示唆。田島さんからは「パラダイムシフト」の解説がありました。

豊川：そして自由討議へ。

山下：後半では、「人中心って何？」「エリマネ」「都市のヴィジョン」「屋外・空地」「多様性・選択肢」「第三者が納得するストーリー」「多様な意見をまとめ上げる組織設計」などのキーワードから、「人が何を求めているのか」「予測不可能な出会いのあるファジーな界隈性」「ワンパターン化平均化しない」「平均的な快適さ」「未知の快適さに切り込む」「空間の質やアクティビティを定量化」「都市間競争に勝つ」などの議論を展開しました。そして最後に一人一言ずつ、湯澤さん「自然の変化を肌で感じる屋外の居場所」。廣瀬さん「産官学民の連携による化学反応」。永野さん「都市建築は大事な活動の背景」。武田さん「良い悪いを共有できる言葉」。田中さん「都市スケールと人のスケールの両方」。豊川さん「自分たちで次世代の都市建築モデルを考えなければならない時代」「自分で考えないと行く先を照らすものはない」。最後に私"つくる"から"つかう"、"たてる"から"そだてる"」というまとめとなっています。

　ここまでの振りかえりをふまえて、今までの都市建築について思われるところを、千鳥さんからお願いできますでしょうか。

千鳥：はじめに、豊川さんと山下さんにリード

していただいて、この本がまとめの段階まで進んだことに深く感謝します。豊川さんには高山英華、丹下健三、坂倉準三を含めた戦後・高度成長期の建築・都市の思潮の分析を通して、我々の関わってきた数々のプロジェクトを位置付けていただきました。また永野さんには、前川國男の《東京海上ビル》を《霞が関ビル》《新宿三井ビル》と相対して取り上げて、日本設計の立ち位置をより鮮明なものにしていただきました。日本設計の足跡を体系的にまとめていただいたことに感謝しています。

全編を通して読んでみると、私たちのどのプロジェクトにも池田さんの影響が、私は池田イズムと呼んでいるのですが、色濃く反映されているなとあらためて感じました。超高層の足元に緑をとか、外気を取り入れろとか、トイレにも光をとか、池田さんの一言一言に事務所全体が振り回されたこともあったのですが、結局のところ時代の先を見通して我々を引っ張っていった池田武邦のすごさ、これをあらためて感じましたね。

私が社長になったとき、日本設計の理念を見直そうということで、社内アンケートをとっていろいろなキーワードを整理し、「人を思い、自然を敬い、未来を想う」というフレーズにまとめました。池田さんがつねづね語っていた「人間性の回復」「自然への畏敬」の思いが込められています。こうした姿勢、DNAは今の現役世代にも受け継がれています。

豊川：ありがとうございます。次いで篠﨑さんはいかがでしょうか。

篠﨑：コメントをする前に、僕の世代は都市に対する姿勢が少々こじれているので、まず発言の背景を説明したいと思います。僕は1963年生まれで、まさに東京オリンピックに向かう東京改造の最中に東京で生まれました。70年の大阪万博は都市テクノロジーの祭典で、未来都市の明るい時代に小中学生でした。80年代に入ると、磯崎新さんは「都市からの撤退」といい、建築家が都市デザインから距離をおく。一方で

僕がすごく影響を受けたのが映像の世界で、ブレードランナーみたいに、廃墟のようなデッドテックな世界感が生まれました。都市やそれを計画することのリアリティに非常に疑念をもっていて、結果、大学で歴史の研究室にいって、「どうして近代都市や近代建築はこんなに不自由な概念や手法を手に入れてしまったのだろうか」という問いに基づいて研究しました。90年代を迎える頃、僕は日本設計に入りますが、歴史研究の先にある現代のフィールドワークのつもりで会社に入ったという感じです。2003年に《虎ノ門ヒルズ》の担当になったのを契機に、2000年代以降の激動の中で都市建築のデザインを続けています。

この本についての感想ですが、僕は80年代以降の開発諸制度の整備について知らずに都市デザインの実務に入ったので、「こうした開発諸制度の背景にある思想というのはどこからきたのだろう」と感じていました。この委員会のテーマ群は自分だけではとても調べきれない。だから、この本が諸制度の変遷をまとめているのは非常に価値があると思います。そういう意味で、当初から「次世代の都市建築」委員会の作業には期待していて、資料として僕自身が読みたいと思うものをつくっていただいた、と思っています。

豊川・山下：ありがとうございます‼

篠﨑：僕が社会人になった頃に批評家の粉川哲夫さんが『都市の使い方』（弘文堂、1989）という本を出版しています。その影響もあってか、都市を計画するのではなく、使い方によって都市はいかようにも変容するのだから、使い手側から都市を変えてしまう方法があるだろう、と考えていました。また僕はフランス哲学のフーコーに非常に影響を受けていたので、「上から与えられた制度に対して個はどういうふうに位置付けられるか」ということばかり考えていました。だから卒計では都市の中に旗を立てるだけというものをやって「こんなの建築じゃない」といわれ、危うく卒業できなくなりました。僕

は都市との関係性が非常にこじれていて、当時の思想を実務に使えるのかを、30年以上考えてきたのだと思います。この本の評価という点では、「こういった制度上の出自をもって我々の都市がある」というのを知るべきだと思っていたので、それがまとめられたことについては大変ありがたいと思います。

　ここから先の時代についていうと、「これまでの5〜60年で出来上がった諸制度は今後改定されていかなければならない。我々は今そこにいるのだ」というメッセージとして委員会メンバーの座談会を読みました。ではこれどうするの、まさに諸制度から外れるものを僕らがデザインしていく時代だよね、と考えたときにその前提条件を知るためにあるのがこの本かな、ととらえています。

千鳥：今の話でちょっと思ったのですが、この本では《虎ノ門ヒルズ》は出てくるけれども、対象はだいたい2000年くらいまでですよね、要するに都市再生特区前夜というところまで。そこで、この本は上下巻の上巻にしてもらって、あと5年くらいしたら下巻を出していただけると面白いのかなと思っています。

豊川：今後の課題にさせていただきます。山下さん、今のお二人のお話を受けてコメントいただけますか。

山下：ずいぶん時間がかかりましたが、お話を聞いて、やはりやってきてよかったと思いました。それから、やっていてわかったこととしては、特区前まではWeb検索で調べることが比較的容易でしたが、特区以降はどうやらそうではなくて、デベさんとか設計者とか都市計画プランナーのみなさんに一つひとつ聞いて回らないと明らかにならないことが多いような気がします。

篠﨑：まさに田中さんの文章に関係して、特区前後のところ、《虎ノ門ヒルズ》以降みたいなところで、プレイヤーの構造が一気に変わってきているのですよね。「その本を出すと、結構なまめかしいドキュメント本みたいになるよ」

というのが山下さんの意見ですよね。

山下：実は当初からそのことは予想していて、下巻と千鳥さんがおっしゃった部分は社内で扱うのがいいのではないかということで始まったのですね。

千鳥：みなさんの「座談会1」では、都市と都市建築が一緒くたに議論されています。本来、都市を語ることと都市建築を語ることとは違うと思います。これまでは点だった再開発が、だんだんと面的な広がりをもってきたので、都市建築を語ることと都市を語ることとがオーバーラップしてきた、という状況が今現在なのではないかと思います。

　座談会では、都市のことを語っているのか、都市建築のことを語っているのかがわかりづらいところがあって、しかしそれは今の時代では致し方ないというか、逆にいうと当たり前なのかもしれませんね。

山下：今のご指摘を聞いていて、区別する必要があるのかな、と考えてしまいました。都市と都市建築とを区別せずに考えることが当たり前になってきていて、一緒でいいのではないか、と。

都市開発諸制度マップ

豊川：ここで、豊川研究室で開発諸制度を可視化する地図をいくつか作成しましたので紹介させてください。本を作成するにあたって、山下さんから「次世代の都市建築を考察するための地図をつくってほしい」との依頼がありました。地図をつくる際のポイントとして、開発諸制度の適用がもっとも期待された地区の一つである副都心に注目しました。七つの副都心周辺に、四つの開発制度と経済再生特区が10年刻みでどのようにエリアの中にプロットされているのかという地図をつくりました。これを見ていくと、2000年までは意外に副都心周辺にインセンティブを生かした開発が進んでいません。一方で、2000年代は大崎で、2010年代は渋谷で都市再生特区が次々実現して、インセンティブを

生かした都市開発が加速したことが地図の上からも確認できます。

　一方で、湾岸エリアで総合設計を示す赤い点がいっぱいついているのですが、こちらはディベロッパーが総合設計制度を最大限使って高層マンション開発を進めたことを示していると思います。もともと東京都は副都心で何か建造物を更新してほしいということで開発諸制度を設け、ターミナル駅を中心として基準容積率を高めに設定してきたと思いますが、新宿西口以外は思ったとおりの開発は進まず、副都心から外れた地権者が少ないエリアで急激に開発が進んだ、という見方もできます。

篠﨑：そういう見方ができるのも面白いですね。

豊川：さらに最後のページを見ていただくと、こちらは渋谷エリアの半径500ｍ、1000ｍくらいの範囲で、千鳥さんがご担当された《マークシティ》を含む駅前開発が、いつ頃できたとか、一つひとつの物件名も含めてプロットしています。この地図を作成する際に、東急関係者、渋谷区役所まちづくり担当者、岸井隆幸先生、内藤廣先生にもヒアリングをとって、2020年以後の渋谷がいったいどうなるのか、なまめかしいリアルな側面も含めて、グローバルシティ渋谷の分析をやっています。

委員からのコメント

豊川：それでは田中さんから、千鳥さん、篠﨑さんのご発言にコメントいただければ。

田中：先ほど篠﨑さんから、2000年以後に開発制度が変わったという話がありました。当初、行政は行政なり、民間は民間なりの取組みがあって、制度も変わった。また、空間をつくるだけではなく活用していかないと、最終的に価値が見出せなくなりました。それはおそらく我々設計事務所だけでなく、ディベロッパーやゼネコン各々がいろいろな領域を広げてきているからでもあると思います。座談会の中で、今後どうしていくのかと議論したのですが、大きい都市としてのあるべき論の提案という前提

があるものの、最終的に使われるような、街にとってよくなるような、価値のある空間をどうちゃんと提案していくのかが重要だと思いました。その前提として、地元の街をちゃんと見て、分析して、その中で過去の定義を含めてつくっていく。それはこれまでも日本設計でやってきたことだとは思いますが、都市内の大きなスケールとその対極にある人の目線との両方をもってやっていかないといけないのが我々設計事務所だ、と思いながらみなさんの意見を聞いていた、という感じです。

豊川：ありがとうございます。では田島さんお願いします。

田島：続編ができればよいな、という話に関してですが、まさに生々しい内容になると思います。何が生々しいかといえば、同じ制度運用の下でも各々の地区で協議の過程が一律でなく、それぞれに戦いがあって、合意形成リスクが非常に高い。関係者も複雑なため、本にはなりづらいでしょうけれど話としては面白いと思います。

　先ほど、湾岸エリアにマンションがたくさん建った、という話がありましたが、これはまさに合意形成の結果です。東京の西側は超高層大反対ですよ。ちょっとでも高いとみんな反対します。我々も当該エリアで再開発を行っていますが、なかなか進まない。一方で、合意形成リスクの少ない臨海部はみんな新住民で、互いに気にならない。そこに当然たくさん建物が建つ。オリンピック以後、臨海部の環境が変わっていく中で、あの場所の価値を東京としてどう評価するかというのは、一つのテーマとして面白いと思います。

豊川：合意形成がポイント、と…。

田島：前の座談会で、私が「上海2035」のマスタープランの話に触れました。合意形成の点で中国と日本を比較するのが適当かどうかはわからないですが、世界的な都市間競争として考えると、彼らは都市の価値を生み出す点で相当力を発揮していくと感じています。コロナ対策

一つとってもそうですが、向こうは政治体制が異なるので、徹底してうまく対応して成果も出している。国際競争を謳っておきながら、このまま東京が合意形成で消耗していると、世界で負けてしまうのではないかという危機感を強くもっています。一つの制度の表面的な部分だけ見ていてもわからないので、あまり表に出ない物事を決定していくパワーバランスがうまく表現でき、民主的な決定過程の中でも創造的な仕組みができるとよいなと思っています。

千鳥：ちょっとごめんなさい。話が下巻のほうにいってしまって盛り上がっているけれどよいですか？（笑）

山下：自然な流れです（笑）。

豊川：では、武田さん、お願いします。

武田：今、新宿の開発を田中さんと一緒にやらせてもらっています。先ほど篠﨑さんがおっしゃった、「これから先、特区という制度、それから先の制度がどうなっていくか。そこにどう価値を見出していくか」という点について、ちょうど今が過渡期で、一番先端のところを新宿でやらせていただいていると思っています。そういう目線で振りかえったときに、今回の本で開発諸制度の変遷が大変よく整理されているとあらためて思いました。1970年代はどうやって火災を防止するか、狭隘・密集をどう避けるかという、住環境を変えていくための観点からの都市計画・都市開発が主体だったのに対し、今は明らかに事業者側が仕掛けて街をつくるという観点に変わってきています。これから先、新たな価値をどう位置付けるか、というところに興味が向いています。

山下：価値観が変わりつつある。

武田：新宿では鉄道事業者が開発を推進している点で、一般の不動産開発とは価値観が違っていると感じています。よい意味ですごくローカルな思考をもっている。ローカリティがどうやって価値を生んでいくかというところに、これからのヒントを感じているところです。もう1点特出すべきは、1事業者が一つの開発をつ

くるのではなく、複数の事業者が連携して、エリアとしてものをつくっていくことで価値を高めようとしている点です。今、新宿の開発には複数の鉄道事業者が参加されているのですが、開発に時間差はあるものの、そこでなんとか連携して街の価値を高めたいという熱を強く感じています。それが結果的に、都市間競争に勝つということにつながるのだと思っています。昔であれば、A事業者がB事業者に勝ちたいという会社間の競争だったのに対して、他の街よりこの街の価値を高めていくために何ができるかという観点が重要になっています。今後は、その街の価値をどう見極めていくか、定量化できるのが望ましいと思います。誰もが見てわかる価値基準があって、それを達成している街が優れた街となれば、開発する側の意識もより高まると思います。そこがこれから考えていかなければならない課題であり、5年後あたりにある程度方向性が見えて、続編でまとめられればよいのだろうなと期待しています。

豊川：続きまして、永野さんと廣瀬さん、お願いします。

永野：都市建築のデザイン思想を追う中で、特に公共貢献の考え方がどう積み重ねられてきたかというのはあらためて学ぶべきことだと感じました。一つひとつの建築が都市とどういう関わりをもつかというのは、言い換えると公共貢献がどういうふうに考えられてこの50年間変わってきたのか、ということでもあると思うからです。篠﨑さんがおっしゃったとおり、都市計画諸制度から外れるものがたくさんあるように、公共貢献とひとえにいっても、個々の敷地・事業でそれぞれのデザイナーやディベロッパーが考えることは違うので、必ずしもエリア全体として公共貢献が統一・連動されたものにはなりません。いろいろなバラバラな公共貢献がなされているわけで、それを内藤徹男元会長は「成り行き」と指摘されました。それは、民間ベースで都市をつくっていくうえでは、ある種当たり前の現象です。しかし一方で、公共貢献

をどういうふうにみんなで歩調を揃えていこうかというところが、エリアマネジメントという形になり、評価され始めているのだと思います。公共貢献をどういうふうに、みんなで共同してコントロールしていくのかというところは、まだまだ追求していかないといけない。特区制度はある程度面的にはなってきていますが、公共貢献を他の事業者と揃えるというところまではなかなかできていなくて、丸の内や日本橋など、事業者がかなり限られたところにならざるを得ない現状があります。武田さんが関わっておられる新宿、もしかしたら上野とかはもっと簡単でないエリアだと思いますが、そういう土地で公共貢献がどう団結していくことができるかは、引き続き進化が求められているデザインテーマだと感じます。

廣瀬：永野さんのお話を受けて、エリアマネジメントについて少しお話します。今、東京都心で見られるエリアマネジメントは、特定のエリアを主導する民間ディベロッパー等が地権者としても関わる都市建築のプロジェクトに竣工後も関わり、継続的なまちづくりにつなげていくことでエリアの価値を維持・増進するといったところが重視されています。

　これまでのエリマネは、都市建築に関係する地権者は複数いるものの、エリマネ自体を主体的に運営する民間ディベロッパーは1エリアにつき1事業者であることが多かったのですが、これからは先ほどの渋谷の話も含めて、一つのエリアに複数の民間ディベロッパーが多様に入り混ざって連携して関わっていく中で、利害関係を調整しながらいかにエリマネを進めていけるのかというのが重要な課題になると感じています。おそらく都市と都市建築の境界が曖昧になってきている点とも一致するのですが、都市建築同士が近接してきているため、より広いエリアでのマネジメントや連携が必要になっているのだと思います。

豊川：エリマネも進化している。

廣瀬：一方で、不動産の証券化などで、もともといった地権者さんの顔がだんだん見えづらくなっているというのも課題です。都市建築やエリアマネジメントの範囲が広がるほど地権者さんは権利床をもっていても、次第にその場所から思いが離れていくというか、主体的に、継続的に、関わる場が少なくなってきている印象をもっています。そういった人たちをいかに取り入れて、これまでの歴史とこれからの未来をつないでいくのもすごく重要ではないかと感じています。今回は、都市開発諸制度までをみなさんで議論しましたが、今後は土地や建物の所有などに関しても掘り下げる中で見えてくるものもあるのかなと、都市建築に関わる「人」をテーマに本書を書いた立場から感じています。

次世代へのキーワード

豊川：続きまして、お手持ちの第11章の資料は日本設計OBの方々に伺った話のうち、一番ハイライトとなるところをまとめたものです。簡単に触れていきますと、池田さんは「誰のためのなんのための都市超高層なのか」、細川さんは「組織設計における川上と川下の重要性」を、内藤さんは「都市計画と成り行き」というものを対比的にとらえながら、成り行きだっていいじゃないかという貴重なご提言をいただきました。阿部さんは「オフィス需要なるものが今後東京でどうなるのか」、伊丹さんは「コンサルとこれからのまちづくり」に対して貴重なご指摘をいただきました。大井さんは「日本設計はこれからアトリエ的にいくのか、組織的にいくのか」、安達さんは「開発諸制度をどんどん更新していくチャレンジングな精神と都市の規模」について阿部さんと同じく東京は今後どういう規模を目指すべきかをぜひ議論してほしい、というお話をされていました。六鹿さんは「まちづくりと都市デザインの違い」について強調されていて、高橋琢さんは「周辺領域の重要性」について触れられ、千鳥さんは「都心部の更新とこれからのあり方」を話していただき、田原さんは「保存理念とデザイン」、黒木さん

は「なんのための都市計画が必要なのか」を
お話いただきました。それぞれのコメントは
非常に人柄が滲んでおりまして、千鳥さんから
OBの方々のご意見についてコメントをお願い
します。

千鳥：私が印象に残ったのは内藤さんのコメン
トです。内藤さんらしい言い回しで、ちょっと
皮肉を込めた言い方なのですけれど（笑）。た
ぶん、計画しつくすことはできないよ、という
ことをいいたいのだと思いますが、ある意味少
し共感を覚えるところもあります。何もかもシ
ナリオを書いてもそのとおりにはいかない。何
かアドリブのようなものがあったほうが楽しい
劇になる、予想外の楽しい街になるということ
をいっているのだと…。

　都市においてこれから求めるテーマは、個性
だとか多様性だと思います。その中で個々の都
市建築がどういう役割をもつかということを考
えながら、先ほどいったように点から面になっ
ていくので、その面の中のエリアがどのような
個性をもつのか。東京として多様性のある都市、
丸の内のようなところもあれば、渋谷のような
ところも、浅草のようなところもあるというよ
うな多様性。こういったものをどうやってコン
トロールしていくか、ということが重要だと感
じます。

豊川：内藤さんがイチオシだと（笑）。承知し
ました。篠﨑さんはいかがですか。

篠﨑：楽しく読ませていただきました。それぞ
れのみなさんのキャラが出ているのが第一印
象。みなさんと話したときのことを思い出した
のですが、越えねばならないのはここで書いて
いる二項対立的要素、たとえば「川上と川下」
みたいに組み立てられた二つの要素をつなげて
しまうことができると考えるべきではないか、
と。すごく抽象的な言い方ですけれど、制度的
なものから発信する場合と住む人から考えるの
をつなげるのは大変ですよね。先のとおりどん
どんプレイヤーが複雑化していくし、ステーク
ホルダーもしかりですね。その中で串刺しにす

る定規がないといえばない状態です。それをポ
ジティブにとらえると、内藤さんのように「全
然面白いじゃないか」となるのですが。そうな
るとちょっとね（笑）。内藤さんならでは、で
すが。

山下：内藤さんは、いらっしゃる頃はそんなこ
と一言もいってなかった（笑）。

篠﨑：そうですよね（笑）、僕はいいづらいな
あ（笑）。アドリブは公共性をなかなか生まな
いじゃないですか。そこに一つ筋を通すための
方法論を構築しなければいけない。それが公共
性につながっていかなければならない。すごい
大きな話になりますが、個と公共性をつなぐパ
イプの種類が変わってきているととらえて、そ
れをもう一回分析的に洗い出す作業をして、デ
ザインなるものを組み立て直すということを
求められている、と思っています。その中で多
様な場という言い方をしましたけれど、今考え
ているやり方を、多様性を変えていく。たとえ
ば活動の種類とか密度とか、空間とか、今で
いうとディスタンスとか、そういった複数の
レイヤーに分けてそれぞれ最適化したものを、
ちょっとずつずらしながら重ねていくと選択性
が見えてくる。そういう設計手法というのが大
変で、今まであまりやられていない。それを情
報処理するだけのツールがそろそろ手に入って
いると思っています。今まで時間的にリニアに
考えられていた意思決定のプロセスを同時的に
やるやり方に代えてもよいのじゃないか。そう
すると制度も根本的に変わってくると思いま
す。そういう設計手法の側から一貫するものを
提示して、二項対立的なものを闇鍋的に煮込ん
でしまう。ここでアドリブというと、内藤さ
んになっちゃうからなあ（笑）。そうではなく
て、あたかも理路整然とした構造体として示
す。すごく抽象的な言い方になってしまいます
が、それを目指したいなと。ここ20年くらい
はそう思っています。OBのみなさんのコメン
トのとおりに将来はならないぜっていいきりた
い（笑）。

豊川：ありがとうございます。山下さんいかがですか。

山下：今、篠﨑さんの話を聞いて、昔飲みながら話していたことを思い出しました。

篠﨑：まるっきり同じことをいっていましたね（笑）。

山下：二項対立をどう打ち破るか。2、30年前でしたかね。その頃のアイディアよりも進化していますね。より立体的に取り組むみたいな態度、観点で新鮮だったのですが、闇鍋になるとは驚きました（笑）。いずれにしてもわかりやすい、考えやすい思考や理論だけでは立ちゆかないところがあります。これは東京を扱った本ですが、東京的なカオスをどうとらえるのか。内藤さん的に放っているカオスでなくて、それをどうコントロールするかという意思のもとに、どう理解できるのかというところがポイントだと思います。要するに、わかりやすいことだけでよい世界ではない、というところが難しい時代なのかなと思います。難しいことは難しいまま理解しなきゃいけない。

篠﨑：内藤さんは難しさをセンスで乗り越えようとしているところがある。これ内藤論になってますね（笑）。

山下：内藤さんが社長になられたときに、みんなの前でいわれていたことをよく覚えています。日本設計の人たちは頭がよくて、分析をたくさんして、検討をたくさんする。けれども、これからはそういうことは脇においておいて、まず行動しませんか、といわれました。言葉は少し違うかもしれませんが、趣旨としては分析から行動へ。それがもう一回逆に戻る感じが今しましたね。一つの時代がまた一周したかな、と（笑）。

篠﨑：もっと深く分析すべきだと思っています。今日の諸制度のマップもそうですけれど。もっともっとアクティビティも含めて、あるいは熱環境とか風の状態とか、もっと深く分析すると、その重ね合わせを見るだけでも恐ろしい多様性が生まれています。ここからは少しセンス

が入ってきますけれども、それが重なり合わさったことで生まれている多様性をすっといい形に、少しだけ直してあげる都市デザインができたら新しいモノになるはずですよね。それぞれをレイヤーと呼んでもよいかもしれません。たとえば、環境であるとかアクティビティであるとか、というのは非常に理路整然と解けると思います。そこについては説明可能性、公平性、公共性とかを十分もたらしてあげて、そのレイヤーの重ね方についてはアドリブ、ちょっと内藤さんに引っ張られるな（笑）。設計者や都市デザイナーの創造性みたいなものを足すというイメージでするとどうかな、と。そこにステークホルダーも巻き込むことができると、少し楽しくなると思います。

まとめ

豊川：ありがとうございます。今の発言を受けて、時間も考えて、今特に物申したいことがある方がいれば。あるいは僕から、ご指名させていただくと廣瀬さんいかがですか。

廣瀬：そうですね。専門性が今は細分化していると思うので、その意味で深く分析する手法はできていると思いますので、そういう人たちとどう協同していくのかで新しいものが見えてくるのかなと思いながら、話を伺っていました。わりと今まで規制をどう乗り越えていくかということが多かったと思いますが、これからはもう少し性善説にたって、みんなが街をよくしていこうというアクションが市民活動などを通してシビックテックとして出てきていますので、そういうところから都市に対する提案みたいなものを拾っていって、都市の理論づくりに役立てていけばよいのかなとお話聞きながら思いました。

豊川：ありがとうございます。難しい質問なので、永野さん（笑）。若い人に聞いてみましょう。

永野：ひらがなの「まちづくり」というものが、東京に住む人にとってはもはや当たり前のものというか、かなり浸透してきています。先ほど、

篠崎さんがアクティビティや風環境をレイヤーに整理することからだとおっしゃっていましたが、そこに廣瀬さんがおっしゃるような市民の参加があるとより面白くなってきます。たとえば、ニューヨークの道路局や公園局はいろいろなデータをオープンリソースにしていて、街路樹一つとっても街路樹マップ（New York City Street Tree Map）なるものが出ています。樹木の環境価値や手入れ状況、それに対する市民の声などがつねに見える化されていて、そういうデータベースを行政でもエリアマネジメントの取組みの中でもいいので整えるということが第一歩になり得ます。レイヤーの内容は日々移り変わっていくわけで、レイヤーを重ね合わせましょうというときに、それが5年前のものだとおそらくこれからの時代使い物になりません。基本的な情報や地域のニーズをいかにみんなでオープンリソースにして共有し、重ね合わせて、それをデザイナーがセンスで整えていくような都市デザイン。その前提となるプラットフォームの構築にも、大きなチャレンジがあるのかなと思います。

豊川：ありがとうございます。最後に千鳥さんと篠崎さんから一言ずついただければ幸いです。

千鳥：みなさんが書かれたのを読んで感じたのは…。時代によってニーズは変化していきます。これまでは社会のニーズが比較的明確でとらえやすく、それに対するソリューションを提供するというかたちで対応できました。しかし、我々はこれからの時代のニーズは何かというところを、まだ明確に掴めていないのではないか、という気がしています。

　次世代の技術、たとえばICT、モビリティ等々の技術開発がまだ途中段階で、先が見えていないところがあります。それがはっきりしてくると、我々のソリューションももう少し明快に、そして目標も明確になってくるのではないかと思っています。そういう時代におかれているのだと思いますね。

篠崎：そのままつなげると、都市デザインが昔のパリ大改造のように病気が流行ったから何かやるとかいう課題型から、どんどん付加価値型へと移行していて、インフラも建築も何もかもをミックスしながらつくらなければいけなくなった。このこと自体は明確なのだけれど、その価値が何なのかは掴みづらい時代だと思います。そこにまた多様な人が加わることで、場所も目標も一元的でない。まさに上から落ちてくる計画論とは別の方向で今、動いている。では、僕らはどうするかというと、日本の場合、これまでのように上からのマスタープランというのはあまり存在しないかもしれません。個別事業の中に未来に向けて芽のようなものを見出しておいていく作業だと思うのですよね。どちらが伸びるかはわからないけれども、いくつかの可能性を植え込んでいくというやり方しかないのかな、と。それによって、次世代にいろいろな淘汰が起きていくことが誘発されていく、ということをやるべきだと思います。決まりきった価値に対してものをつくるのではなくて、あとになって価値をつくっていくというような器ということを考える。どんどん用途が変わっていってもよいじゃないかと。2020年以降では、それくらい柔軟な建築でないといけないという認識で、そういう意味ではあとから出てくるものに対して、どれだけ含んでいけるか。順応的な都市建築というものに向かっていくだろうと思っています。

山下：面白いけれど難しいなと。未来の価値の芽を植え込むために現代の価値はおいておいてもよいのか、ということは思うのですが。

篠崎：現在において誰もブレないのは、環境やSDGsであり、Society 5.0になります。隠された意味では資本主義はいまだに強いですけれども（笑）。別の意味で経済であり、ここの原則はブレない根幹として残っていると思います。それを足がかりにしながら、それぞれのバリエーションを組んでいくということになる。ですので、確実につくれるレイヤーは今のような

社会的に共有されたそこからかな、と。

山下：お二人の話を総合すると、どうやら今までみたいに明らかな目標や課題があって、それを解決する能力があれば何とかなるということではなくて、これからはまだない未来の意味を埋め込んでいくように、やり方自体も変わっていく。そうしているうちに、何か明らかな課題が表れればそれに対処していく。そういう方向にいくのかな、と思いました。

篠﨑：最後にリクエストだけ。続編をぜひお願いしたい。今回制度的な視点、人的な視点から分析しましたよね。続編では日本の発展過程の特徴について補足していただきたい。制度の裏というか、ハードウエア側から都市を浮かび上がらせてほしい。

　たとえば、東京の鉄道ができた時期というのは、ヨーロッパや中国の時期と全然違うじゃないですか。ヨーロッパは街ができて鉄道ができたから外側にあって、中が昔の街並みになっている。日本の場合、ちょうど中間くらいの状況ですよ。19世紀くらいですよね。中国では新幹線を今つくっているので、TODのあり方が全然違っていて、核のつくり方がすごくシンプルになっています。日本の今の超複合度は特殊な発展段階というか、僕がいうのもなんですけれど（笑）。そのことを示しておいてくれると、制度の位置付けがとてもわかりやすくなるな、と期待しています。

豊川：あとで山下さんと相談しておきます（笑）。今日はお忙しい中、お時間をいただきありがとうございました。

（2020年12月21日）

第11章　インタビュー：次世代の「都市建築」への提言

将来の都市建築、都市はどのような様相を呈しているのか。都市建築をリードする日本設計の仕事をまとめてこられた方たちに、次世代都市建築について語っていただいた。(順不同)

誰のための、何のための超高層なのか？

池田武邦（いけだ・たけくに　日本設計三代目社長）
日本の経済発展のためには超高層は不可避であり、一方で超高層は手段であって低層部のペデストリアン部分にいかに緑を置くのかが目的でした。目的のための手段が超高層なのです。僕は、緑があれば老人でも子供でも大人でも、それぞれがいろいろなことができると思います。だから、使う人がどうそれを活用するのかになる。建築家は場をつくることができても、どう使うかは個人にお任せするしかしようがない。だから、あとは使う人の責任になるのです。
(2019.02.22)

川上と川下

細川勝由（ほそかわ・かつよし　元日本設計都市計画部）
設計事務所というのは設計料の競争で成り立っているとなれば、どうも川の流れでいうと川下に近いところで競争しているといえるのではないか。会社経営の観点でいうと、もっと川上に立ったほうがいいのではないか、という理解に至りました。再開発というのはしんどいけれど、川上に立てるのではないかと思ったわけです。

　日本設計の設立の精神には、やはり面的なものへの志向があったと思います。超高層もあるのでしょうけれど、面的開発の貢献というのは、東京都の呼びかけに対してなんとかしよう、という取組みを指します。再開発の実例ができて何十年か経ちますが、いまだに東京都の局長クラスがつねに言葉に出すのは「密集市街地の整備がどうしてもまだできていない」と。東京都は誰が局長になろうが、誰が知事になろうができていないといいきるのです。駅前や工場跡地では再開発を実施するけれども、木造密集地域の整備ができていないのですよ。せいぜいできるとしたら、道路拡幅に合わせてやるぐらい。で、そういうところは、だいたい反対運動が起きるからなかなか具体化しない。でも東京の都市改造としては、これからのさらに大きなテーマとなるのではないでしょうか。(2018.12.12)

竣工当時の《霞が関ビル》。撮影：川澄・小林研二建築写真事務所

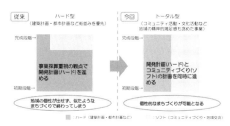

雑司が谷地域のホリスティックまち起こし。提供：細川勝由

都市計画と成り行き

内藤徹男（ないとう・てつお　日本設計四代目社長）

私は1993年の春から13年間、大川端リバーシティの超高層住宅に住んでいました。とても楽しい日々でした。足元には佃島、月島商店街があって、少し離れると富岡八幡宮のある深川、門前仲町辺り、大川の対岸は明治座のある人形町からぐるりと回って、日本橋、銀座まで歩いて行けるし、賑やかな築地は近い。そんな中で大川端や聖路加タワーのある明石町の再開発街区、晴海トリエントスクエアなどは全く異質の雰囲気です。だから住んでいて毎日が全然飽きない印象でした。開発されないところにはそれなりの魅力があるわけです。百間四方の佃島は、もともと家康が大阪の佃から呼び寄せた40人ほどの漁師が開発した中州です。土地の人から話もいろいろ聞けて、親しみやすい雰囲気のあるところでした。しかし、江戸時代から続く利権が絡み合って、開発しようにもできないエリアで、一時期、森ビルが関わったようですが、お手上げだったとか。そういった意味で、「まだら」な開発によるまだらなまちだからこそ、私の日常の生活圏として非常に楽しかったのです。

すべてではありませんが、開発事業がそのときどきの土地持ちや企業の金儲けと絡んで「成り行き」で進められてきた感があります。そのような成り行きによって都市生活が変わりゆくところに興味を惹かれます。成り行きは一見、よくないように思われますが、私はそこには楽しさが十分あると考えています。成り行きから生まれそうな可能性を、まちの魅力になるように上手に掬い取ることが大切なのです。なんでもかんでも右左に揃えるのは最悪ですね。

大規模な容積緩和もやってみればよい。ある程度のところで自然に線引きは出てきますよ。成り行きからの驚くような計画であっても、可能かどうかわからないからこそ挑戦してみればと思います。その大きな時空の流れの中で、都市生活はどう変化していくかを推測するので

す。今はよくても30年後にはどうなるか、大川端は周辺環境も含めてどう変貌するか、予測しがたいわけです。想像のつかないことは、ある程度の成り行きの段階で「見通し」を立て直して、また成り行きになっても繰り返していくのが人間的な思考過程ではないでしょうか。

長い年月の中で、そんなに先までは見通せるものではない、でも先が見えないからこそ楽しいのだと思えば夢も湧いてきます。大阪にカジノをつくる話がありますが、もともと大阪はパチンコ王国。カジノの一般市民への影響なんてわずかだと思います。ギャンブル依存者は増えるかもしれないが、微々たるものでしょう。人間には悪に惹かれるところが多少は誰にでもあるから、そんな楽しさを軽く上手にまちに取り込むのもよいのでは。なんでも健康的というのは馬鹿馬鹿しい話ですよね。馬鹿はおかしいか、大阪でさらっというアホなことです（笑）。健康志向の世の中ですが、何が健康なのかよくわかりませんね。（2019.10.24）

2004年暮れ、雪の佃島。撮影：内藤徹男

オフィス需要とCOVID-19

阿部　彰（あべ・あきら　元日本設計建築設計部）

東京都心部の一極集中過密化はこのままでいいのか、まさに反地球的であり非人間的ではないのか、と感じています。1990年前後の都心一極依存回避を目的とした「首都圏業務核都市構想」による職住近接施策や、21世紀の首都像を戦略的に構築しようとした「環状メガロポリス構想」による業務施設整備を推進しましたが、これらの都心分散施策について、誰も総括して

いませんね。総括しないまま次なる政策的な戦略に乗って、都市インフラスケールを超えた容積緩和だけがどんどん進んで見えるのはいかがなものか。

　今、日本設計で活躍している諸君は、都市づくりの視点でどのような社会的使命感をもって臨んでいるのか聞きたいところです。新しい考え方や情報にうとくなった私の知らないところに将来的な可能性を構築して、それを使命として超高層建物を設計しているのだろうか。

　これを追いかけるように2003年問題、2012年問題という形で都心部オフィスの供給過剰が話題になってきましたが、施策の成果を総括しないままに際限なく都心部のオフィスの棟数も面積も増え続けています。その中に日本設計の仕事もたくさん含まれるわけで、「将来、都心部のオフィスが空き部屋になったときに何が起こるのか」という問いになんの解答も用意できていないのではないか。日本設計には日本の未来をつくる責任がありますから、たしかな理念をもつことが重要で、東京の一極集中が引き起こす問題は、人口減少社会における働き方改革や次世代のオフィスのあり方につながってくると思います。

　世界に蔓延したCOVID-19は感染症に対する過密都市の脆弱性を露呈し、図らずも東京への全員集合本社型オフィスのあり方、企業内での働き方の形を急速に変えようとしています。こうしてコロナ禍で明らかになった今こそ、専門家としての日本設計が地方に目を向け、地域にとってはもちろんのこと、東京にとっても重要な役割をもつ地方のあり方づくりに力を注ぐべき時の到来を早めてくれたのではないでしょうか。（2019.03.18 + 2020.12.17）

コンサルとタウンマネジメント

伊丹　勝（いたみ・まさる　日本設計五代目社長）

再開発は更地を対象にするのではなく、現状の活動があって、それを建て替えるわけです。原則はそこで今やっている住まいも、活動も、そのまま新しいところへ入れるというのが理念なわけで、社会の最先端という認識がありました。それとなかなかすり合わない部分があるわけですよね。計画をつくるほうからいうと、「社会の最先端の流れからいうと、こういう施設構成でこういう空間がよい」と思っても、それを提案してもかえってまとまらないとか、でき上がっても、実際にそこで活動する人が具体的に決まっているのだから、その人が活動できるような設えでなければいけない、という条件があります。どうしても保守的になるところはありますね。その辺のジレンマは感じます。

　時間が経つと、保守的にやったところはやっぱりうまくいかなくなるところもあるのです。できたあと、いかにコンサルがフォローしていくかというのが再開発の最終段階なんだろうなと思います。でき上がってから10年、20年経ってから私も見に行きますと、「ずいぶん変わってしまったな」という地区もあります。

　タウンマネジメントが一般化して、地元の方の熱意なんかも重要ですけれど、コンサルが関わろうと思えば関われる状況ができてきたと思います。地元の方とコンサルでやれる、そういうための補助金はあってもいいかなと思いますね。そういう意味では、再開発は大きなお金が入るとかではなくて、地元の方とコンサルしかいなくて、今の資産しかないという状況で、いかにうまく新しい社会をつくるか、というのが再開発の醍醐味だと思います。そこに大きな会

超高層が建設され続ける新宿副都心。提供：日本設計、撮影：テクニカルアート

社が最初から入っているというのは本来違っていて、そういうお金をもっている人や組織力をもっている人は、地元と個人の集団がまとまったところであとからうまく使うのが再開発の一番の理念だと思っています。そういう意味では、なんとか地権者とコンサルによって最後まで主導するような再開発をやりたい、というのを土田旭さんと話したことがあります。(2019.06.05)

多くの地権者との対話を経て完成した《代官山アドレス》。
撮影：川澄・小林研二建築写真事務所

アトリエと組織

大井清嗣（おおい・せいじ　元日本設計常務取締役）
会社を創設して50年経ちますけれど、スタートの頃から見ますと、建築のものをつくるという段階では、僕らは現寸で考えるというのは当たり前でしたが、最近は現寸では描かせないでしょう。そもそも、ものをつくるプロセスからどんどん上流化しているように思います。

それから発注のあり方について、大型プロジェクトだと企画から基本設計までは設計事務所がやって、実施設計はゼネコンがやります、と。世の中の認識としては、設計事務所は建築をつくって、「あれは作品ですよ」ということ

になっていますが、設計事務所はどこまで上流にいくのか。

一方で上流のことをちゃんと処理できなければ、川下に降りてこないという現実もあります。この間、髙島屋複合開発の見学に行きましたが、ああいうものを日常としてやっていかなければならないということなのかもしれませんが、建築作品をつくろうとしてきた人にはまどろっこしいですよね。でも日本設計はわりとそういう部分は丁寧にやってきたけれども、「みんなそれで幸せか」と問われると、それは建築教育の動機付けの問題もあるでしょう。相変わらず「俺はアトリエ派になりたい」「これは俺の作品だ」というスタイルでいくのか。人間が住まう家が求められるという点は変わらないでしょうけれど、ますます役所の姿勢も変わってきている。

さらなる川上を目指すのか、それとも伝統的なスタイルのアトリエを目指すのか、手法が二つになってきているから、そこに各フェーズで長けた人がいてくれないとまともな仕事にはなっていかないですよね。(2019.05.08)

複雑な課題解決を求められた「日本橋二丁目地区プロジェクト」。撮影：川澄・小林研二建築写真事務所

開発諸制度と都市の規模

安達和男（あだち・かずお　元日本設計建築設計群長）
今の新しいプロジェクトでどういう手法を使っているのか、詳細にはわかりません。かつての手法にも、いろいろな問題がありました。《品川インターシティ》では、できたばかりの再開発地区計画を使いながらいろいろな工夫をしま

した。同じように、今ある手法を使っていく中で、場合に応じ工夫していくことが大事です。

　今でも、総合設計や特定街区は使われています。それを当該地区に適用するとき、必要な解釈や調整がもっとも重要です。そして、みんなが使いやすく手法を変えていけばよいと思います。

　2002年以後、小泉首相がさまざまな規制緩和を行いました。現在、東京都のオフィス床面積がニューヨークを超えているそうです。東京では、これからは超高層オフィスをやめるとか、建築の減築を都市計画で考えていく必要があると思います。少子化の時代にどんどん都市の床面積が増えていくのは問題です。今は新宿が落ち目だとかいわれ、新宿も頑張るそうです。地域間競争に切磋琢磨していくのはいいけれども、全体観が必要です。先生たちには特に都市の規模論をやってほしいですね（笑）。成長に限界がないのか、存続に限界がないのか、考えていただきたい。（2019.04.17）

品川セントラルガーデンは再開発地区計画制度の公共空地で、複数の敷地にまたがる一体計画、一体管理。撮影：安達和男

まちづくりと都市デザイン

六鹿正治（ろくしか・まさはる　日本設計六代目社長）
日本設計では多くの再開発をやっていますね。再開発は権利者の思いのバラバラのベクトルを揃えるという壮大な仕事ですが、そのベクトルを揃える一番中心の力はデザインコンセプトの力だと僕は思っています。だから、そこを磨けと。それはコンセプトを表す言葉でもいい。チームの人間もそうだと思い、クライアントもそうだと信じられるようなものでなきゃいけない。「そのコンセプトを実現するんだったら、私もこの再開発に反対しないで組合に入るわ」といってもらえなければならない。もちろん、経済的利益で再開発に入ってくる人はたくさんいますが、お金だけの動機だと残念ですよね。

　それからもう一つは、再開発というのはさまざまな力が働くから、設計していくうちにいろいろなものがくっついてきていびつになる。でも、基本的には再開発のデザインというものは、絶対に争いの痕跡を残してはいけない。争いの痕跡を残さないエレガントなデザインでなければいけません。もちろん再開発だけではなく、どんな建物においてもですが。権利者の多い再開発だからやむなくこうなったんですよっていう言い訳は許されない。多くの権利者の思いのベクトルがあっちこっち向いている、つまり相反する要求がいっぱいあってどれほど調整に苦労しても、大事なのは争いの痕跡を残さないエレガントなデザインとしてまとめ上げる覚悟だと思います。

　この間、僕はまちづくりから「都市デザイン」の思考が抜け始めているね、という文章を再開発コーディネーター協会の機関誌に書きました。「まちづくり」って今ひらがなになっているじゃ

《新宿アイランド》パティオ。撮影：彰国社

ないですか。それってすごくソフトなプロセスを思い起こさせるし、ひらがなにすることによってなんとなく民主的な気がするし、時間をかけて市民や自治体がやりとりしながら、いろいろな人の考えを大事にして、プロセスを大事にしている感じがする。でもそこにふさわしい、こういう形がいいのではないかというような、最終的にできるモノとしての空間環境というすごく大事な議論が抜けている気がします。プロダクトの議論を怖がらないでやらないと、そのうちに成り行きでこうなったけど楽しくない街だよね、というふうになってしまう。そうならないようにしたいですね。(2019.12.16)

CM・PMと周辺領域の拡張

高橋琢郎(たかはし・たくろう　元日本設計常務執行役員)
日本設計との関係性というものからいうと、私は設計部にいたけれども、設計はあまりやっていないのです。遊撃部隊的に動くというか、「自分の勝手にちょっとこっちに行ってみよう」という感じでやっていた頃があり、本流は避けていた感じがあります。ある人からは「なんで住宅なんかやっているんだ、日本設計は住宅なんかやらないんだよ」といわれたこともありましたが、「だからいいんじゃないですか」というくらいのことでした。あまり人がやらないようなことをやってもいいな、と感じていたのです。ですから、プロジェクトの周辺部分をうまく整理する過程で、新たな制度や仕組の話が出てくる。どちらかというと、そちらのほうも大事じゃないか、設計するのはみんながやっているからいいだろう、というような感じでしたね。それは開発計画部というのをつくった際、都市計画と違って民間レベルの話で新たなプロジェクト起こしをやろうと考えたのです。

そのうち、日本設計の中で「本流だけじゃだめなんじゃないか」「いろいろなことをもっと幅広くやらないと、業績が上がらないかもしれないし仕事も減るよね」ということで、伊丹さんが社長になったときに「新しい分野を考え

ろ」ということになったのです。何人かと一緒に考えて何やろうかと相談する中で、当時からCM・PMという分野があり、「どうも設計監理業務の、コア業務の周りにいっぱい仕事があるんじゃないの」「特に施主の立場になるといっぱいあるよね」というようなことからマネジメント業務に行き着いたのです。「さらにでき上がったあとの建物の保守と管理に関わるところの業務をやらなければいけないところはいっぱいあるよね」ということで、設計と保守・管理をつなぐシステムの話など、7、8名でVMC群の業務内容を確立したのです。その業務のうち、ただ私はマネジメントの仕事しかしていないのです。

要は建築だけうまくつくっても、本当に使われるかどうかが問題となる。しかもそれが時間の経過とともに生きていくためには、ということを考え出すと、やっぱりガイドラインやエリマネの話は大事になってきます。(2019.01.23)

佃堀越しに見る《大川端リバーシティ21》。撮影：内藤徹男

都心部の更新と組織事務所の役割

千鳥義典(ちどり・よしのり　日本設計七代目社長)
今、日本の都市のおかれている状況で重要な点の一つは、多くの建物が更新期を迎えているということです。高度成長期から40年ほど経って、それらが建替え時期にさしかかっているわけです。もちろんリノベーションするものもありますが、多くは比較的零細な土地で個別に建物が建っているので、それらをまとめて一つの街区にして開発しましょうという動きが出てくるの

は必然で、それがまさに今の時期にあたります。

　時代のニーズに合わせて、建物の要求もどんどん高度化・複雑化し、また権利関係もいっそう複雑化している、したがってプロジェクト自体が、長期化しているという特徴があります。そういったプロジェクトをしっかり受け止め、取り組めるのが組織事務所です。

　特に、都市再生特別地区の誕生によって《渋谷マークシティ》を手がけた当時と比べると、計画の自由度が格段に高まったといえます。環境貢献の取組みや必要な都市機能整備を要件とすることで、従前の用途地域等の規制にとらわれずに計画することが可能となり、そして容積の割増し等によって都心部の再開発計画は大きく前進しました。都市計画のレベルも建築のレベルもどちらも合わせて解決に導くのが、私たち日本設計の役割だと思っています。

　しかし、これからは容積のボーナスをもらっても、事業が成立する地域としない地域が出てくるでしょう。それでは成り立たないところはどうするのか。老朽化した建物を放置しておくわけにはいかないので、私たちはそこをどのように整備していくのかという問題に向きあわねばなりません。大手町とか日本橋地区と、神田界隈とは開発のあり方が違うのではないか。同じ東京の中でも、地域によって違う展開があって然るべきです。

　ここ数年経済が好調だったので、中心部の大規模なプロジェクトを中心に手がけてきましたが、そうではない地域の整備をどのように進めて、都市全体としてバランスのとれた活性化を導くのかを、つねに意識していなければいけないと考えています。(2019.09.11)

保存理念とデザイン

田原幸夫(たはら・ゆきお　元日本設計保存プロジェクト総括)
20世紀以来、造建物の保存修復については数多くの国際憲章や理念が発表されていますが、それらは今まで建築のデザイン行為とあまり関係がないものと思われており、日本の建築家で理解している人はほとんどいませんでした。しかしこれらの理念は、建築のデザイン行為にとって非常に重要な意味をもっています。僕は、保存修復の理念からは、以下の四つのデザインに関する原則を導きだせると考えています。

　一つ目は、保存修復の基本である「ミニマム・インターベンション＝最小限の手の加え方」です。歴史的建物を改修する場合に手を加えすぎないという理念で、これは建築家のセンスと能力が根本的に問われることでもあります。自分で全部新しくデザインするのはむしろ簡単な話で、いかに既存部分を残しながら手の加え方が少ない中で建築のクオリティを高められるかというのは、極めてハイレベルのデザイン行為なのです。

　二つ目は、新旧が「調和しながらも区別できる」という理念です。これがデザイン行為にとってはもっとも重要な原則です。日本では、国際的な保存理念である「ヴェニス憲章」などを部分的に引用して、新旧が区別できることだけに言及している専門家が多いのですが、そうではなくて区別できてなおかつ調和もしていることが重要です。これもデザイン的には非常に難しいテーマですが、どちらかだけではだめなのです。区別できるだけでもだめだし、調和しているだけでもだめです。模倣によって、現代のデザインを歴史的意匠と安易に同化させるのは、創造的であるべき建築家のデザインとしてさら

土木と建築が融合したTODの先駆け《渋谷マークシティ》。
撮影：エスエス東京

に問題です。

　三つ目は「リバーシブル＝可逆的であること」で、最近、文化庁の耐震診断指針の中にも盛り込まれている理念です。なぜリバーシブルでなければいけないのか。これはこれから技術がどう進歩するかわからないし、またたとえば、ある用途の建物が令和の時代に用途転用され、それが将来またどのような用途になるかわかりませんよね。だから今の技術だけでガチガチにやってしまうと、将来の転用を阻害するものになる。なおかつ建物の価値を全く変えてしまう危険性があるので、当初の建物の価値をコアにしながら、そこに付け加えるものはリバーシブルで、将来新しいものに置き換えられる可能性を残すということが、建築の性能や文化財的な価値を守る意味でも非常に重要だ、ということです。

　これらの理念は、すべて建築家としてデザインを行う場合の重要な原則だと思っているのですが、実際には難しいですよ。どこかで、厳密には原則どおりにはいかないというところにぶち当たる。しかし、基本的な精神をつねに意識してデザインすることが重要だと思っています。

　最後の四つ目は、「すべての時代の正当な貢献の尊重」です。たとえば東京駅では創建時の辰野金吾のデザインに復原するのが社会的要請だったわけですが、100年の間に建物の維持管理をする人たち、あるいは各時代の設計者がそ

四つのデザイン原則を踏まえて保存再生された《港区立郷土歴史館 "ゆかしの杜"》。撮影：翠光社

の建物を使い続けるために努力して手を加えています。そうした過去の痕跡を正しく評価して、優れたものはオリジナルでなくても残していこうという理念です。当初に復原することだけが設計者の役割ではないのです。

　この四つの理念は、歴史を正しく継承するためのデザイン原則ともいえるでしょう。(2019.08.19)

何のための都市計画なのか？

黒木正郎（くろき・まさお　元日本設計執行役員フェロー）

若い人にはぜひ、高くて遠い目標を異分野の方々と共有してほしいと願っています。これからの日本で必要とされる仕事は、自分一人の手で届くような目標の先にはないと思うからです。私が学生だった1970年代の日本は、社会的には後期の開発途上国で計画経済によって発展を目指す国でした。その頃は建築も都市計画も、その領域内での目標を達成できれば社会全体としての予定調和に貢献すると考えられていたのですが、今はもうそういう時代ではありません。あらゆる分野で分野横断的な目標設定が求められているのです。

　私が考える目標は、長寿社会を迎えた時代にあっての残された脅威に対する挑戦、いわば「新しい公衆衛生」です。西暦2000年を過ぎた頃から先進国の社会では、天寿を全うする前に死を迎えることを怖れるよりも、むしろ想定外の長寿を忌まわしく思うような風潮すら出ていますが、それでもなおいまだに「不慮の死」に襲われる方は後を絶ちません。このことへの挑戦をしたいのです。

　私が生まれた1950年代の一番大きな不慮の死の原因は伝染病でした。結核で毎年10万人、夏の細菌性伝染病で毎年3〜4万人が亡くなりました。小学校でも毎年一人か二人は赤痢などで亡くなっていました。そういう不幸をなくすために、日本は公衆衛生環境の整備を徹底したのです。昭和30年代後半には、夏の伝染病の死者は10人くらいになりました。それを成し遂げたのは医療体制の整備以前に、そもそも病気

にかからないための生活環境改善の効果が絶大だったといわれています。道路を舗装したこと、トイレを水洗にしたこと、それに手を洗う習慣をつけたことなのです。公衆衛生とは医学の一分野ではなく、都市計画から生活習慣までを含む広大な社会環境全体の技術体系なのです。

　建築や都市計画の目標は、人が幸福に生きるための基盤をつくることにあります。洪水がまずいのは、家を流されるからだけではなく、そのあと伝染病が流行るからです。このことが最近の都市水害でいわれないのは、それだけ衛生環境が整備されたからです。かつてはこの国に不可避の宿命と思われていた伝染病死という不幸は、結核対策を含めてほぼ克服されつつあります。次の目標としては、激甚化する自然災害への対応やいまだなくならない火災や交通事故など不慮の事故の根絶がいわれます。しかしながら長寿社会の静かな脅威となっているのは、年間1万人を超える家庭内事故死であり、老境を蝕む生活習慣病です。これらを遠ざけるための日常の住環境の改善こそが、未解決の壮大な問題群なのです。

　幸福に天寿を全うする社会、死を怖れることなく誰もが人生という旅を終えることができる社会をつくりたいと、私は考えています。それができればこの国の社会は世界の憧れとなり、ロールモデルになれるでしょう。そうなってこそ初めて、日本という特異な文明圏の持続が可能となると思うからです。伝染病で人が亡くなることのない国をつくることは、終戦からわずか15年で達成できました。次の目標の達成もまた、異分野の人々が同じ方向に向かって進む目標を共有できさえすれば、必ず可能になると考えています。(2019.11.18)

官民の新しい連携が期待される《としまエコミューゼタウン》。撮影：黒木正郎

あとがき

篠﨑 淳

「今」次世代の都市建築を考えるということ

本書は「次世代の都市建築」を考える委員会の中で構想が始まった。それを「今」纏めていることに運命を感じる。東日本大震災から10年を迎えSDGs達成まで10年と迫った今日、私たちはCOVID-19という見えない困難と向き合い、都市と建築をその本質に立ち戻って再考している。「人が集まること」は人間の根源的欲求であり都市建築の基本的機能である。それを喪失とまではいわずとも大きく制限されることで、私たちが得た「気づき」は多い。失って初めて気づくのでは遅いのかもしれないが、私たちは「今」、10年前と10年後を正しく結ぶ道筋を描くために踠かなくてはならない。

今日を支える下地の起源を解き明かす本

2000年代に入ってすぐの頃、私自身初めての都市建築に挑み、時代が変わりつつあることを体感した。「都市再生」が叫ばれ始めたこの時期から、都市建築は大きくその様相を変え、隆盛を極める今日につながる潮流を形成した。丸の内・大手町、日本橋、虎ノ門・赤坂、渋谷などの都心が大きくその風景を変えていった。小さな敷地や建物はまとめられ、多様な用途を内包した巨大な複合体へと「再開発」された。またその複合体は道や駅、地下街と一体となり、地区の垣根を越えてその外へと広がり、広域でのエリアを形成していった。

こうした今世紀の都市建築の複合化・大規模化・広域化は、量的変化というよりも質的変化と呼ぶべきであろう。事実、都市建築の過半を占めるオフィスの供給量で見ても「都市再生」以降に突出した増加を認めることはできない。今世紀を概観した第6章の言葉を借りて、その質的変化を「20世紀までの課題解決型プロジェクトから、将来ヴィジョンに基づいた政策誘導型プロジェクトへの転換」と表現することもできる。

こうした今日の都市建築を可能にする下地を準備したのが、本書の副題ともなっている「超高層のあけぼのから都

市再生前夜まで」の時代である。私的な歴史観ではある
が、この時代に生み出され、今日を支える下地には大きく
二つの側面があると思う。一つ目はハード的な下地、すな
わち戦後の建築工業化への熱情から始まり超高層建築へと
向かった、建築技術と生産基盤の発達である。そしてそれ
は80年代には成熟期に到達していたように見える。二つ
目は、本書が主な対象とした人や思想、法制度などのソフ
ト的な下地である。本書を読むと今日私たちが都市建築を
扱う道具（概念や制度）の多くが、この時代に起源をもつ
ことがわかる。本書は、それらがどのような社会背景の中
で、どのような意義をもって誕生したのかを、実務の現場
からの証言を基に詳細に解き明かしている。

次世代都市建築のヴィジョンを描こう

ここで「次世代の都市建築」を考えるという課題に戻ろう。
私たちは10年前、東日本大震災で近代文明の脆さを痛感
し、自然災害に対する都市建築の強靱化に尽力してきた。
しかしCOVID-19は違った種類の危うさを浮彫りにした。
またリモートワークの浸透が、まったく新しいライフスタ
イルの可能性を示唆している。そうした今、私たちは「次
世代の都市建築」のための新たなヴィジョンを描くべき時
にいる。しかしこのヴィジョンを、これまでの蓄積の上に
築かれた実行力のあるものにするためには、私たちがどの
ような経緯で、今ここにいるのかを、批評的に理解する必
要がある。それが本書の担う未来に向けた価値である。

　加えて2030年のSDGs達成、2050年の脱酸素達成に向け
た循環型経済への移行に残された時間はけっして多くな
い。こうした中で描くヴィジョンには、ある種の大胆さが
必要であり、従来の延長戦上にのみ留まることはできない。
それを可能にする下地を、私たちはこれまでどれだけ準備
してこられただろうか。その下地の可能性を批評的に計り、
新たなヴィジョンの基で再構成しなおすことが今求められ
ていると考えている。

　最後に、都市と建築の貴重な歴史証言を収めた本書が、
次世代に向けた批評的思考の一助として広く活用される
ことを願って筆を擱くことにする。

（しのざき・じゅん　日本設計代表取締役社長）

執筆者一覧

安達和男
伊丹 勝
井上弘一 *
篠﨑 淳
武田匡史 *
田中健介 *
田原幸夫
千鳥義典
豊川斎赫 *
永野真義 *
東濃 誠
廣瀬 健 *
森本修弥
山下博満 *
湯澤晶子 *
(＊は都市建築 TOKYO
編集委員会メンバー)

インタビュイー一覧

安達和男
阿部 彰
池田武邦
伊丹 勝
大井清嗣
黒木正郎
高橋琢郎
田原幸夫
千鳥義典
内藤徹男
中田久雄
細川勝由
六鹿正治

協力者一覧

日本工営
田島 泰(座談会出席)

千葉大学豊川研究室
吉田奈菜　金谷祐輝
島田大輝　鈴木将真
大隅 峻　林 和輝
藤原裕子　高橋涼太
庄司晴香　中畑佑真
山田雄大　小林わ香葉
柿添 蓮

日本設計技術管理部資料室
佐野千晶　安部 彩

日本設計広報室
平賀 縫

カバー・表紙・本扉デザイン(p.1)
日本設計 PM・CM 部
中山佳子

監修者略歴

千鳥義典(ちどり・よしのり)
1955 年東京都生まれ。1980 年横浜国立大学大学院修了。
現在、日本設計取締役会長。

篠﨑 淳(しのざき・じゅん)
1963 年東京都生まれ。1988 年早稲田大学大学院修了。
現在、日本設計代表取締役社長。

編者略歴

山下博満(やました・ひろみつ)
1960 年神奈川県生まれ。1985 年東京大学大学院修了。
現在、日本設計 PM・CM 部専任部長、
東京大学大学院非常勤講師、千葉大学大学院非常勤講師。

豊川斎赫(とよかわ・さいかく)
1973 年宮城県生まれ。2000 年東京大学大学院修了。
現在、千葉大学大学院融合理工学府地球環境科学専攻
都市環境システムコース准教授。

都市建築TOKYO
超高層のあけぼのから都市再生前夜まで

発行：2021年9月1日　第1刷発行

編著者：都市建築TOKYO編集委員会
発行者：坪内文生
発行所：鹿島出版会
〒104-0028　東京都中央区八重洲2-5-14
電話：03-6202-5200　振替：00160-2-180883

本文デザイン：田中文明（田中デザイン室）
印刷：壮光舎印刷
製本：牧製本

本書の内容に関するご意見・ご感想は下記までお寄せください。
URL：http://www.kajima-publishing.co.jp
e-mail：info@kajima-publishing.co.jp